Stefanie Sohr und Volko Lienhardt

WANDER DICH GLÜCKLICH

Ostseeküste Schleswig-Holstein

34 erholsame Wanderungen

BRUCKMANN

INHALT

Tourenüberblick ... 4
Glück Ahoi! ... 6
Wander dich glücklich ... 8

OSTHOLSTEIN ... 14

1 ES MUSS NICHT IMMER TRAVEMÜNDE SEIN ... 16
Naturschätzchen Dummersdorfer Ufer

2 OSTSEEFRISCH ... 22
Steilküstentour am Brodtener Ufer

3 DER ZAUBER DER HOLSTEINISCHEN SCHWEIZ ... 26
Felder-, Wälder- und Seenrunde bei Eutin

4 ZUR BRÄUTIGAMSEICHE ... 32
Dodauer Forst und Beuthiner Holz

5 LANDPARTIE ... 36
Mit Blick auf Malente

6 ZURÜCK AM STRAND ... 40
Von Grömitz zum Ruheforst Brodau

7 GEH, WOHIN DER WIND DICH TRÄGT ... 44
Vogelfluglinien am Fehmarnsund

8 FEHMARNS WILDER NORDEN ... 50
Vom Grünen Brink nach Puttgarden

9 HAFENLIEBE ... 56
Heiligenhafens Kostbarkeiten

PLÖN UND DIE PROBSTEI ... 62

10 SEELUFT MACHT HUNGRIG ... 64
Auf der Steilküste von Wangels

11 RUNDTOUR KLEINER BINNENSEE ... 68
Von Hohwacht nach Behrensdorf

12 DEICH- UND SALZWIESENTURN ... 74
Vom Schönberger Strand nach Heidkate

13 SCHLOSSVERGNÜGEN ... 78
Lustwandeln am Großen Plöner See

14 SEENSÜCHTIG ... 82
Von Plön nach Malente

15 HANGWÄLDER UND ROSENSEE ... 88
In Schleifen im Schwentinetal

16 LAGUNENLAUF ... 93
Von Laboe zum Bottsand

17 MIT DEM DAMPFER ZUM DINNER ... 98
Auf dem Kieler Förderwanderweg

DÄNISCHER WOHLD UND SCHWANSEN 104

18 CHAMPIONS UND LOKALHELDEN 106
Von Schilksee zum Falkensteiner Strand

19 STRANDSTILLE UND KÜSTENWIND 112
Auf der Stohler Steilküste nach Strande

20 DREIEINHALB STUNDEN FERIEN 116
Rundum glücklich in Schwedeneck

21 ENTSPANNUNGSGARANTIE 122
An der Aschauer Lagune

22 ABSTECHER INS HOCHLAND 128
Genussgipfel in den Hüttener Bergen

23 ZWISCHEN DEN ZELTEN 132
Schleifenwanderung von Waabs

24 NORDISCH GEHEN 136
Das Schönste von Schönhagen

25 ZAUBE(E)RHAFTE SCHLEIIDYLLE 142
Rund um Gut Stubbe

26 DIE GROSSE BREITE 146
Schleidörfertour von Missunde

ANGELN 150

27 SCHLESWIGER GARTENKUNST 152
Schloss-, Barock- und Tiergartentour

28 KURZE RIESENRUNDEN 156
Ulsnis an der Schlei

29 AUF DEM OSTSEESTEIG 160
Von Maasholm nach Falshöft

30 TIERISCH GLÜCKLICH 164
Durch die Geltinger Birk

31 HIMMELS- UND WASSERFARBEN 168
Rundtour an der Geltinger Bucht

32 LIEBLINGSTOUR 172
Westerholz, Osterholz, Dollerupholz

33 HOLNIS SPITZE 178
Zwischen Innen- und Außenförde

34 GLÜCK AHOI 184
Highlights von Glücksburg

Register 188
Impressum 192

TOURENÜBERBLICK

Tour														
1	●	Dummersdorfer Ufer	3.15	12,5	64		•	•	•	•	•	•	•
2	●	Brodtener Ufer	4.00	16,0	19	•		•	•	•		•	•
3	●	Eutin	4.45	18,5	50	•		•	•	•	•	•	•
4	●	Dodau	2.00	8,5	36		•	•	•		•		
5	●	Malente	2.30	9,5	84	•	•	•	•		•	•	•
6	●	Grömitz	3.30	13,5	41	•	•	•	•	•		•	•
7	●	Fehmarnsund	3.30	14,5	28		•	•	•			•	•
8	●	Fehmarn	3.00	13,0	12	•	•	•	•	•		•	•
9	●	Heiligenhafen	3.00	12,0	15	•	•	•	•	•		•	•
10	●	Steilküste Wangels	3.30	14,5	23	•	•	•	•	•		•	•
11	●	Hohwacht	3.15	13,5	11	•	•	•	•			•	•
12	●	Schönberger Strand	4.00	17,0	10	•	•	•	•	•		•	•
13	●	Großer Plöner See	1.45	7,0	20	•	•	•	•		•	•	•
14	●	Plön Malente	3.00	12,0	29	•	•	•	•		•	•	•
15	●	Schwentinetal	4.00	15,0	34	•	•	•	•		•	•	•
16	●	Laboe	3.30	13,5	20	•	•	•	•	•		•	•
17	●	Kieler Förde	2.00	8,0	6	•	•	•	•	•		•	•
18	●	Schilksee	2.30	10,5	30	•	•	•	•	•	•	•	•

Tour			Gehzeit in Std.	Länge in km	Höhenunterschied in Hm	Einkehr	Kindergeeignet	Sehenswürdigkeiten	Wintergeeignet	Viel Sonne	Eher Schatten	Bademöglichkeit	Öffentliche Verkehrsmittel
19	● Mittel	Stohler Steilküste	3.30	14,0	48	(●)	●	●	(●)	●		●	●
20	● Mittel	Schwedeneck	3.30	13,5	45	●	●		●	●	●	●	●
21	● Leicht	Aschauer Lagune	3.00	12,0	43	●	●		●	●	●	●	(●)
22	● Mittel	Hüttener Berge	4.00	16,0	167	●		●	●		●		●
23	● Mittel	Waabs	4.00	16,0	37	(●)				●		●	
24	● Leicht	Schönhagen	3.00	13,0	41	●	●	●	●	●		●	●
25	● Leicht	Stubbe	2.45	11,0	29	●	●	●	●		●		
26	● Leicht	Missunde	1.45	7,0	19	●	●	●			●	●	●
27	● Leicht	Schleswig	1.45	7,0	42	●	●	●	●		●		●
28	● Leicht	Ulsnis	2.00	8,0	26		●	●	●	●		●	●
29	● Mittel	Maasholm	4.30	18,5	8	●		●	●	●		●	
30	● Leicht	Geltinger Birk	2.30	10,5	11	(●)	●	●	●	●	●		
31	● Leicht	Geltinger Bucht	3.00	11,5	22	●	●		●	●		●	●
32	● Mittel	Westerholz	3.30	13,5	70	●			●	●	●	●	●
33	● Leicht	Holnis Spitze	2.30	10,0	27	●	●	●	●	●		●	●
34	● Leicht	Glücksburg	3.30	14,0	62	●	●	●	●		●	●	●

● Leicht
● Mittel
● Schwer

Gehzeit in Std.
Länge in km
Höhenunterschied in Hm

Einkehr
Kindergeeignet
Sehenswürdigkeiten
Wintergeeignet

Viel Sonne
Eher Schatten
Bademöglichkeit
Öffentliche Verkehrsmittel

GLÜCK AHOI!

Die Ostseeküste von Schleswig-Holstein gilt als die sanfte Seite des Landes zwischen den Meeren. Doch das ist ganz oben im Norden natürlich relativ zu sehen. Bezaubernd schön und weitaus jünger als ihre große Schwester, die gradlinige Nordsee, wirkt die Ostsee verspielt und fröhlich, ungestüm und sogar kokett. Sie duftet nach Algen, Freiheit und Sonnencreme. Sie schmückt sich mit feinsandigen Stränden, verschwiegenen Buchten und hohen Steilküsten. Hier wachsen Wälder bis dicht ans Wasser und Meeresarme ziehen sich weit ins idyllische Hinterland.

Mal lullt die Ostsee Wanderer mit Wellenwiegenliedern ein. Mal lacht sie ihnen in Sturmmöwenmanier mitten ins Gesicht. Und manchmal ist sie die Stille selbst. Es gibt Tage, da möchte man an ihren Ufern mehr pausieren als gehen und sich im Moment verlieren. An anderen kann man gar nicht schnell genug gegen den Wind in den sicheren Hafen flüchten. Die Ostsee ist von legendärer Launenhaftigkeit. Aber auch ein Meer zum Verlieben. Man kann sich bei ihr auf beinahe nichts verlassen. Außer, dass sie glücklich macht.

Viel Freude dabei – und immer eine Handbreit Wasser unter dem Kiel – wünschen

Stefanie Sohr und Volko Lienhardt

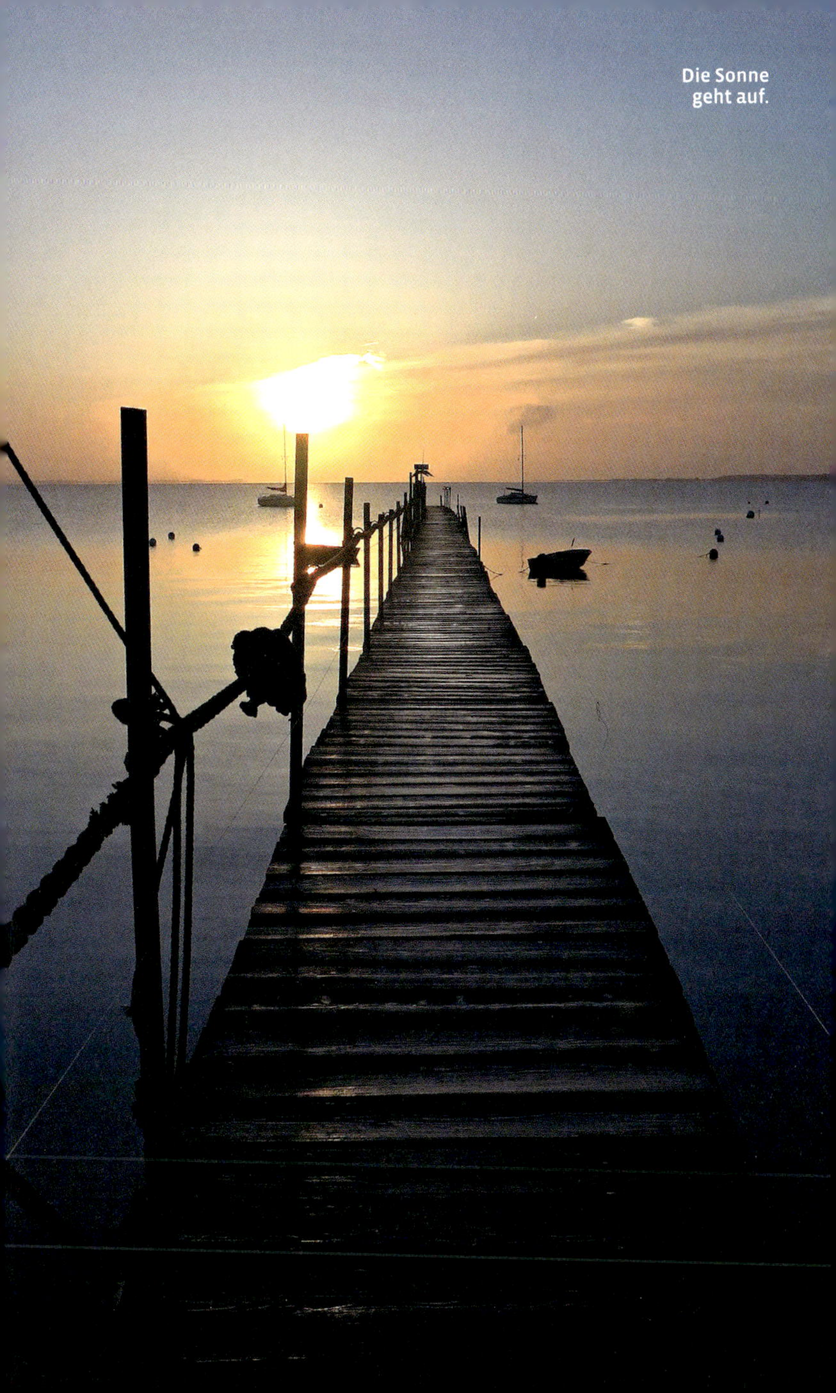
Die Sonne
geht auf.

WANDER DICH GLÜCKLICH

Es ist noch gar nicht so lange her, gerade einmal 200 Jahre, da hielt man Menschen für seltsam, die ohne Not an den Strand gingen. Auf die Ostsee wagte sich nur, wer unbedingt musste. Sie war das Einfallstor für kriegerische Völker, Krankheiten und Sturmfluten. Aber dann breitete sich von Deutschland ein neuer Zeitgeist in Europa aus. Die Romantik veränderte nicht nur Musik, Literatur und Malerei. Sie weckte auch zwei bis dahin ganz unbekannte Gefühle: die Freude an der Bewegung in der Natur und die Faszination für das Meer.

Während die Künste sich bald anderen Ausdrucksformen zuwandten, verankerte eine gar nicht so kleine Gruppe das Wandern und die Liebe zur Ostsee tief in ihrer DNA. »Ich liebe das Meer wie meine Seele«, schrieb Heinrich Heine. »Oft wird mir sogar zu Mute, als sei das Meer eigentlich meine Seele selbst.«

Für Millionen ist die Ostseeküste Schleswig-Holsteins zur zweiten Heimat, zum Sommer-Zuhause geworden. Etliche bleiben »ihrem« Strand ein Leben lang treu. Und wenn man diese Menschen fragt, was glücklich macht,

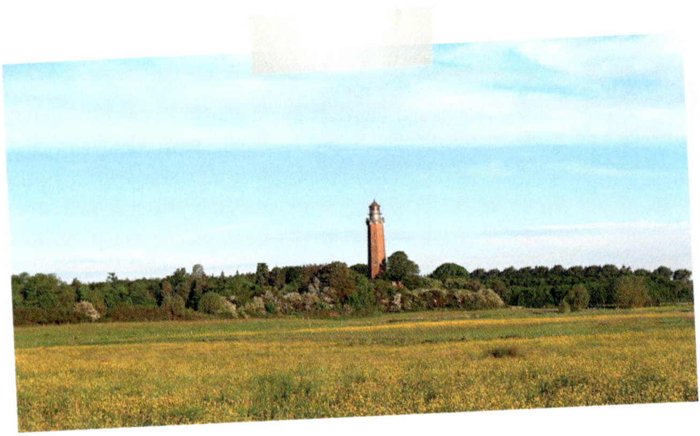

↑ **Leuchtturm Neuland bei Behrensdorf**

Glückskategorien

Die Wanderungen in diesem Buch sind in vier Rubriken unterteilt und entsprechend farblich gekennzeichnet: »Tour für die Sinne«, »Tour der Stille«, »Tour für den Genuss« sowie »Tour ohne Uhr« – je nachdem, welche ganz besonderen Glücksmomente im Vordergrund stehen. Viele der Wanderungen erfüllen natürlich sogar mehrere Kriterien; in diesen Fällen wurde das aus Autorensicht wichtigste Merkmal verwendet.

Tour für die Sinne

Diese Touren kann man ganz besonders mit allen Sinnen erleben. Dazu gehören zum Beispiel ein paar Momente des Innehaltens, um die Schönheit, Geräusche und Gerüche einer bunten Blumenwiese zu genießen, das Gefühl von taunassem Gras unter den Füßen zu spüren oder sich an einem Bach oder See zu erfrischen, zwitschernden Vögeln zu lauschen, an duftenden Kräutern am Wegrand zu riechen oder den Wald bewusst wahrzunehmen.

Tour der Stille

Wir entdecken einsame, unbekannte Wege abseits des Trubels, uns begegnen nur wenige andere Wanderer und wir können diese Zeit fast ganz allein und bewusst genießen.

Tour für den Genuss

Wandern heißt auch genießen! Dafür muss es nicht immer ein trubeliger Biergarten oder ein überlaufenes Ausflugslokal sein. Wir bevorzugen Dorfcafés mit hausgemachten Kuchen, gemütliche kleine Geheimtipps und regionale Produkte aus einladenden Hof- und Klosterläden. Aber auch Tipps für besonders schöne Picknickplätze sind ein Genussfaktor der Touren.

Tour ohne Uhr

Hier kann das Handy gerne mal zu Hause bleiben, beim Wandern stellen wir keine Geschwindigkeitsrekorde auf – im Gegenteil! Wir dürfen ganz bewusst immer wieder stehenbleiben und die Aussicht oder einfach nur den Moment genießen. Dabei nehmen wir die Zeichen der Natur besonders intensiv wahr und auch, wie uns unsere Umgebung die Zeit mitteilt: zum Beispiel über den Sonnenstand oder das Abendläuten entfernter Glocken.

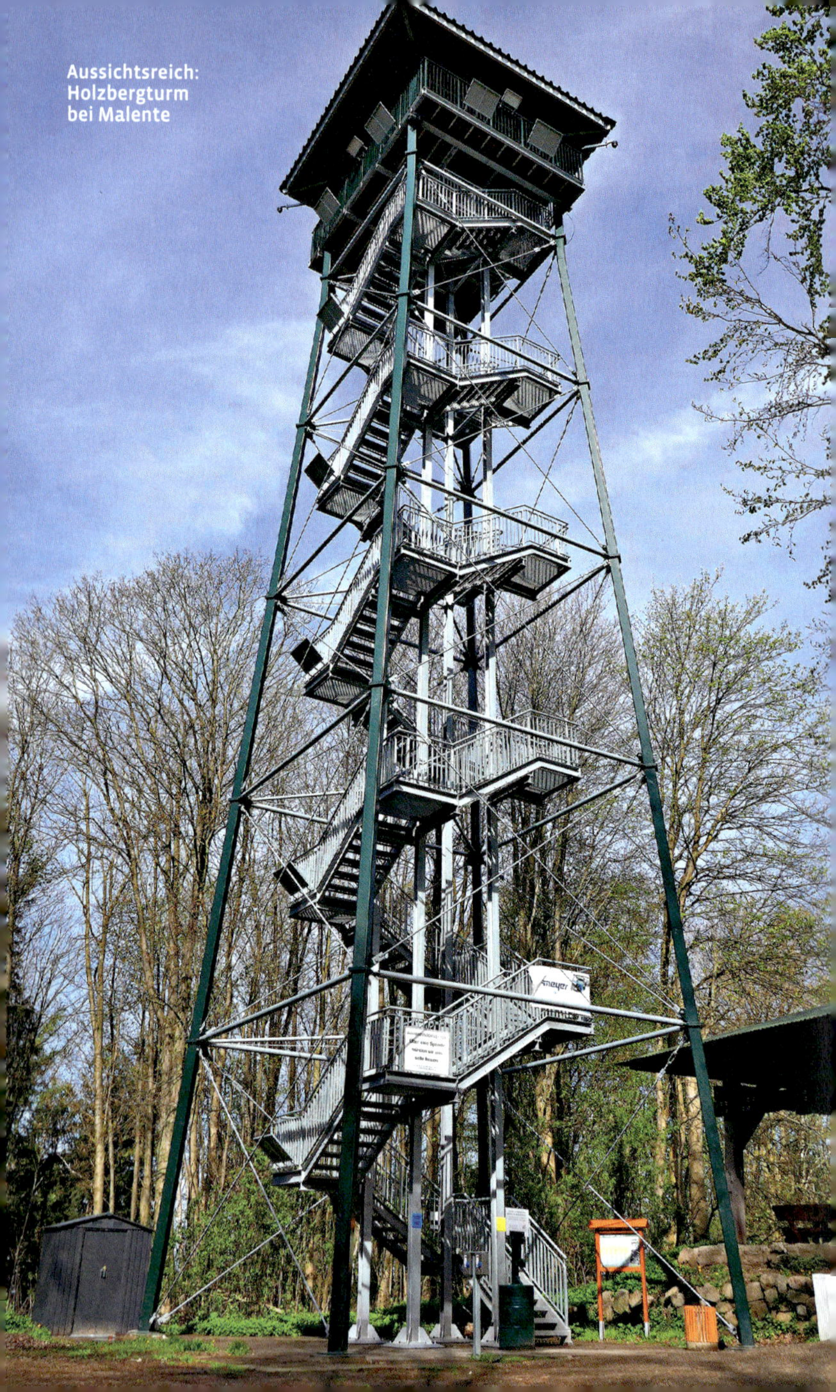

Aussichtsreich: Holzbergturm bei Malente

dann sind die Antworten nicht kompliziert. Ein Sonnenauf- oder -untergang am Meer. Ein Klippenpfad. Meeresrauschen. Der eigene Fußabdruck im warmen Sand, Sturm in den Haaren, eine windgeschützte Bank, Salz in der Luft und ein ganz einfaches Essen nach einer Strandwanderung.

DIE REGIONEN

Man könnte einfach in Lübeck losgehen – immer dicht an der Wasserkante bis Flensburg. Doch nicht jeder der 637 Kilometer ist für jeden zu jeder Jahreszeit zu empfehlen.

Die Bilderbuchstrände Ost-Holsteins beispielsweise sollten Ruhesuchende sich für klare Wintertage aufheben. Im Sommer können sie in die wundervolle Holsteinische Schweiz ausweichen, die mancherorts durchaus als Geheimtipp durchgehen kann.

Das geht auch im benachbarten Kreis Plön. An seinen Stränden in der Landschaft Probstei hat sich die Hochsaison noch nicht auf das ganze Jahr ausgedehnt. Abgesehen von den Ferienzeiten und rund um die großen Seebäder geht es hier ruhiger zu.

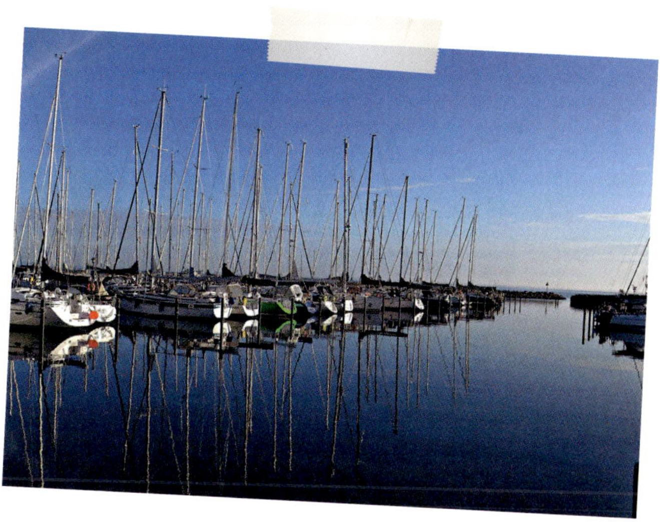

↑ **Ein Meeresspiegel**

Nördlich des Nord-Ostsee-Kanals beginnt mit dem Dänischen Wohld und der Halbinsel Schwansen das Land der Förden. An ihren filigranen Ufern findet man selbst im August noch stille Winkel.
Und wenn man dann erst einmal die Schlei überquert hat, ist man in Angeln, dem Bullerbü von Schleswig-Holstein. Da muss man manchmal weit Wandern, um eine Fischbrötchenbude zu finden. Oder den Rucksack mit Proviant bestücken.

AUSRÜSTUNG UND SICHERHEIT

Bergsteiger-Outfits braucht es nicht beim Wandern an der Ostsee. Regenzeug und wasserdichte Hiking-Schuhe sind hingegen nie verkehrt. Wer sich auf alle Jahreszeiten an einem Tag einstellt, ist auf der sicheren Seite. Kopfbedeckung, Sonnenbrille und Sonnencreme mit hohem Lichtschutzfaktor gehören immer in den Rucksack. Die UV-Strahlung am Wasser ist beträchtlich. Auch bei dichter Wolkendecke. Im Sommer darf natürlich Badezeug nicht fehlen. An einigen Badestränden wird Kurtaxe erhoben. Bewachte Abschnitte sind mit einer rot-gelben Badeflagge gekennzeichnet. Ist zusätzlich eine gelbe Flagge gehisst, müssen Kinder, ungeübte Schimmer und ältere Menschen das Wasser meiden. Die rote Flagge signalisiert gefährliche Brandung oder Strömung. Dann ist ein Bad tabu. Sicher ist sicher.

ANFAHRT

Die großen Urlaubsorte sind meist mit öffentlichen Verkehrsmitteln zu erreichen. In dünn besiedelten Regionen ist die Taktung der Busse nicht immer ideal. Aber oft lässt sich eine Wanderung prima mit einer Radtour kombinieren.

TOURENCHARAKTER UND GEHZEITEN

Wandern an der Ostsee ist zumeist so leicht wie das Herz beim Blick aufs Meer. Die als mittelschwer eingestuften Touren sind entweder länger als 15 Kilometer oder beinhalten knifflige Abschnitte, etwa an Steilküsten oder Geröllstränden. Das Balancieren über Wackersteine drückt ebenso aufs Tempo wie das Gehen im weichen Sand oder frischer Wind von vorn. Die Gehzeiten beinhalten weder Pausen noch Besichtigungen. Und auch nicht den wunderbarsten Moment von allen: wenn Sie ganz unvermutet einen Strand erreichen, nach dem Sie sich schon immer gesehnt haben.

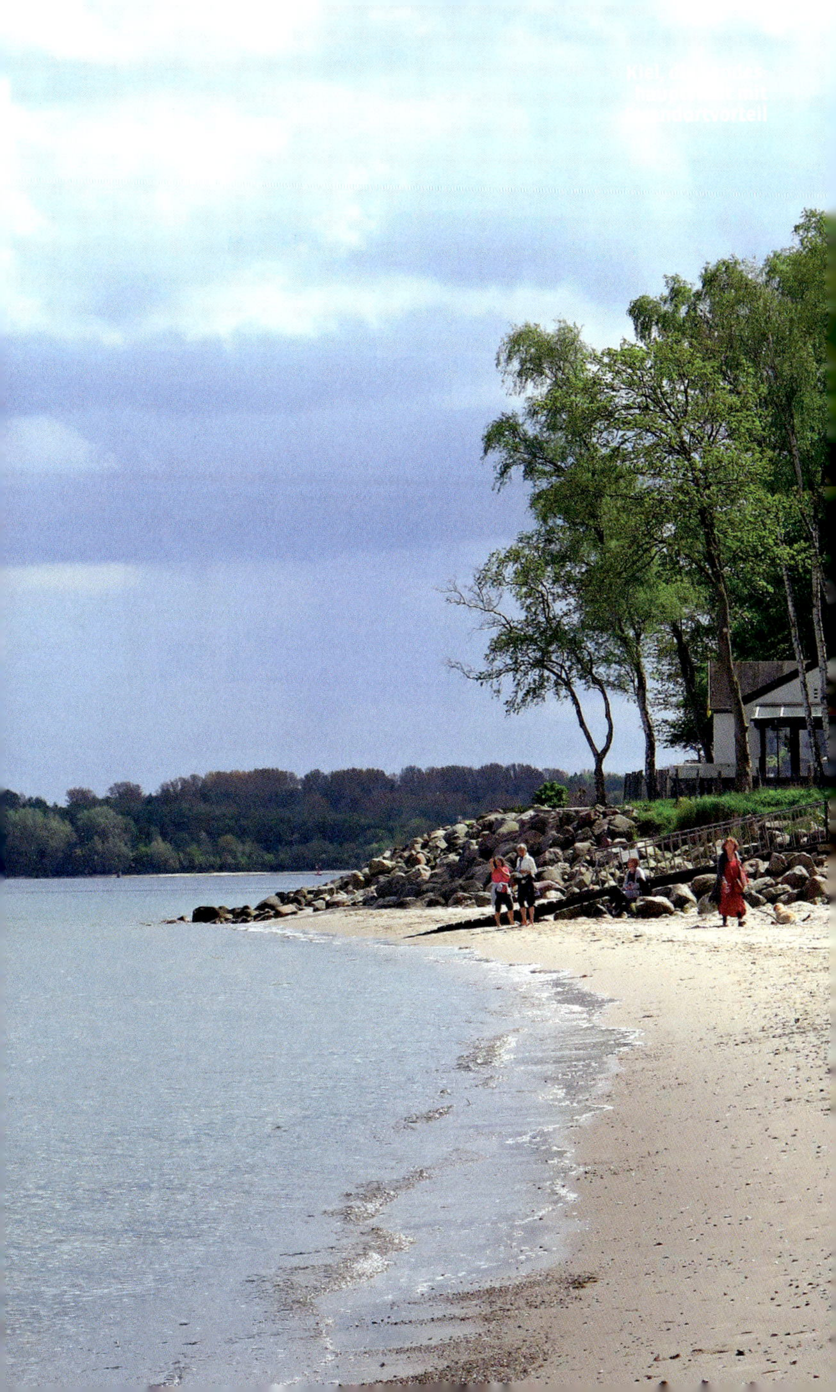

OSTHOLSTEIN

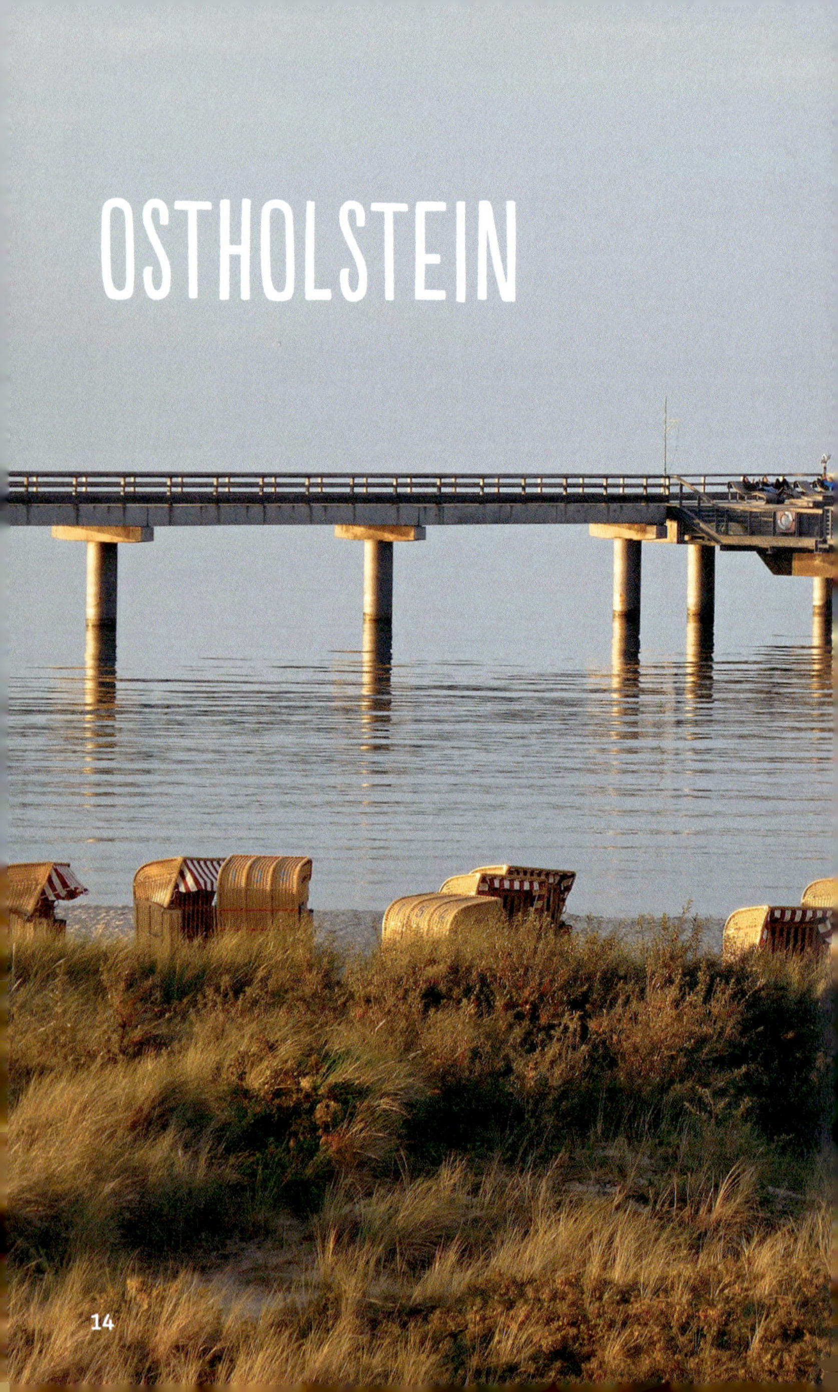

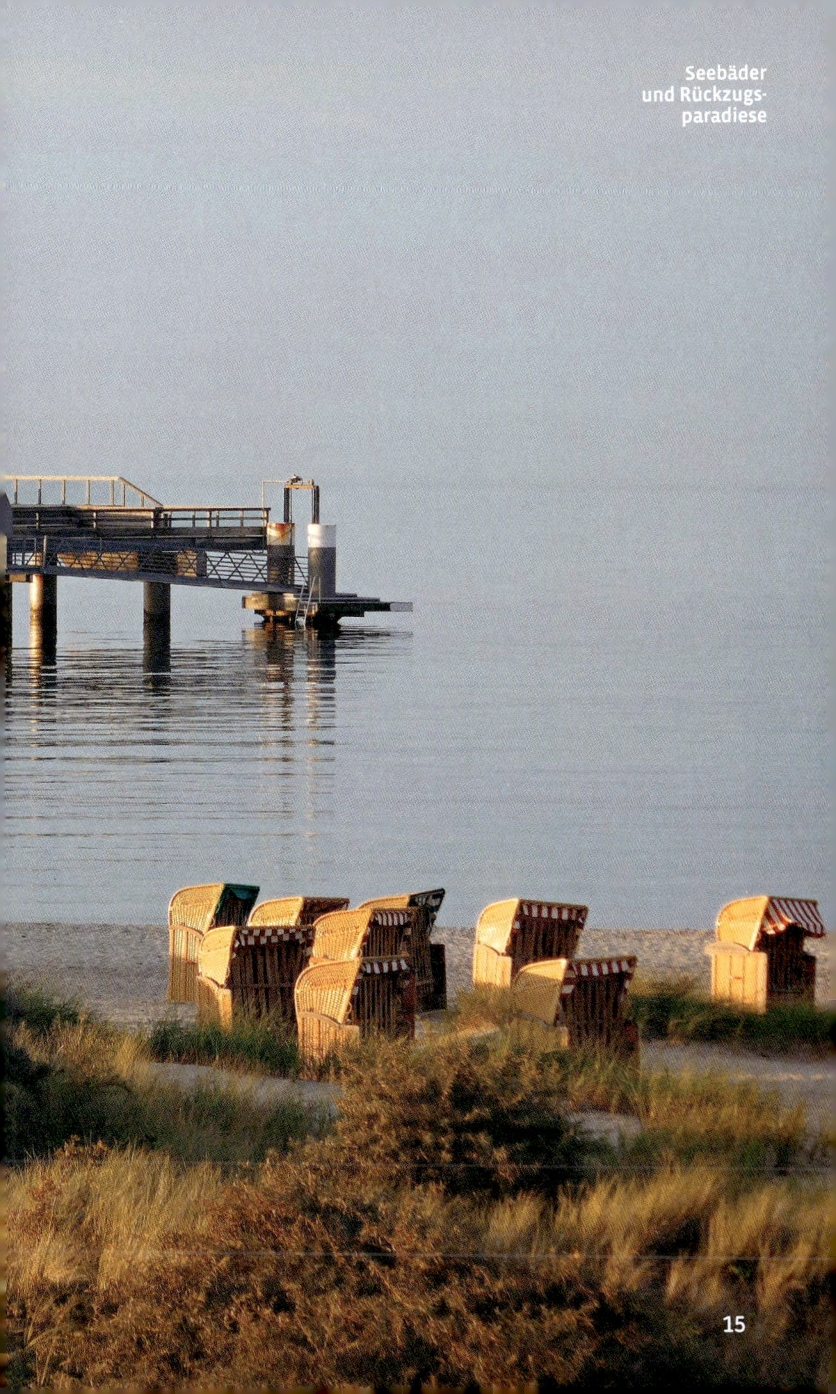

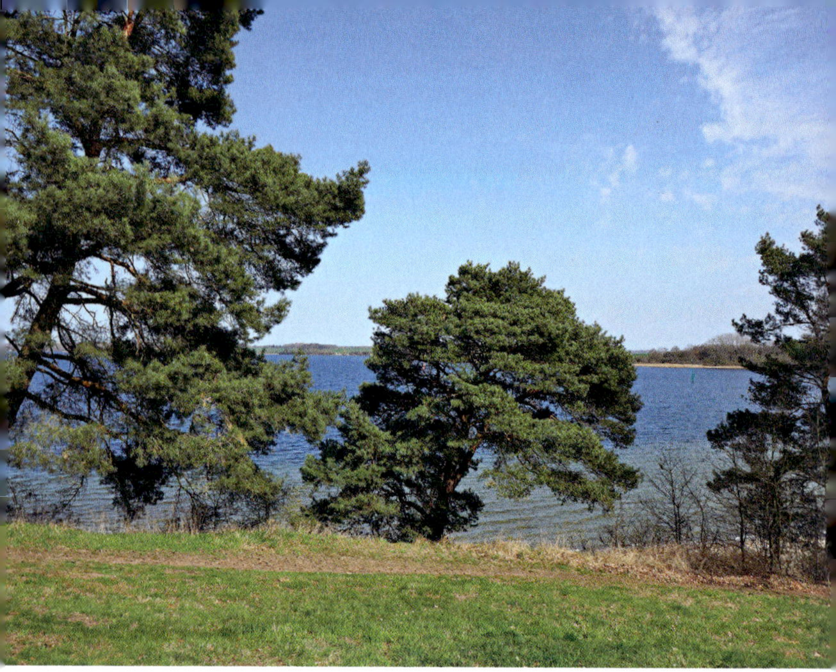

↑ Natürliche Aussichtsbalkone ↓ Hanseaten schufen die Ballastberge.

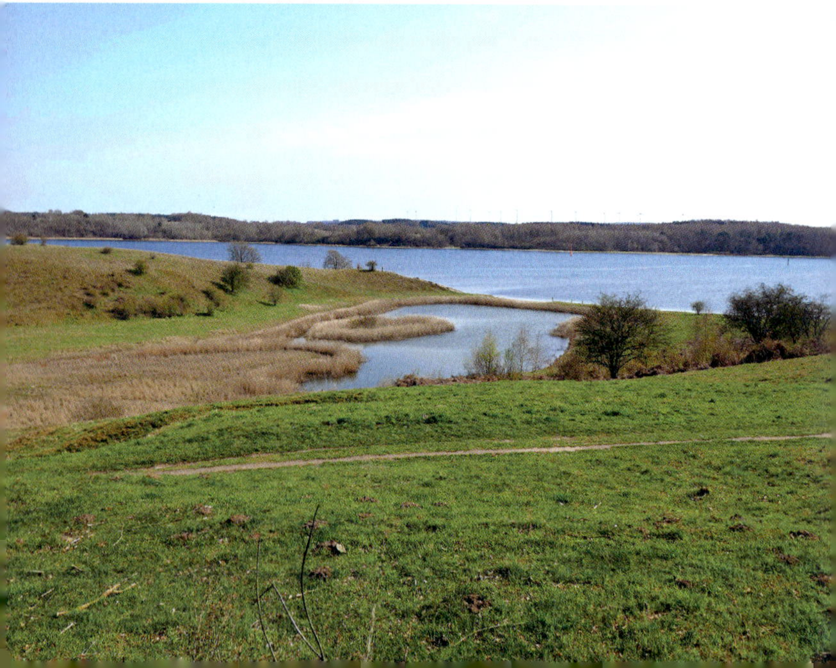

ES MUSS NICHT IMMER TRAVEMÜNDE SEIN

Tour der Stille – TOUR 1

Naturschätzchen Dummersdorfer Ufer

Zum Glück hat die Travemündung neben Beachlife auch noch stille Winkel zu bieten. Ein besonders bezaubernder versteckt sich vor den Touristenströmen an der Traveförde. Das Dummersdorfer Ufer bildet die Südgrenze der Ostseeküste von Schleswig-Holstein.

Südliches Steilufer Das Naturschutzgebiet Dummersdorfer Ufer ist von fünf markierten Routen unterschiedlicher Länge gut erschlossen. Die hier beschriebene Tour kombiniert die Touren, um die Highlights des Naturraums zu erwandern. Wer die Runde verlängern oder abkürzen möchte, braucht nur einen Blick auf die Übersichtskarte am Besucherparkplatz Hirtenbergweg zu werfen. Unendlich groß ist das Schutzgebiet nicht. Unfassbar vielfältig aber die Landschaft. Eine gelbe Ente leitet durch Wiesen und Felder über Neuenteilsredder und Dummersbarmredder zum südlichen Steilufer. Die klimatischen Bedingungen am trocken-warmen Hang sind in Schleswig-Holstein einzigartig und bieten einer Vielzahl von hochspezialisierten Tieren und Pflanzen Lebensraum. Strandsperrungen und Badeverbot schützen vor dem ostseetypischen Jubeltrubel. Wer sich an den Wellenrand wünscht, keine Angst. Es folgen Gelegenheiten genug, ganz nah am Wasser zu sitzen beziehungsweise zu wandern. Dort ist es dann aber auch nicht ganz so ruhig wie an diesem Abschnitt der Trave. Also zunächst einmal bewusst die Stille genießen, bevor es linker Hand weitergeht. Auf federndem Pfad durch den Hangwald bis zum Aussichtsturm. Das gegenüberliegende Mecklenburger Ufer war zu DDR-Zeiten Sperrgebiet. Heute pflegt und hegt der Landschaftsverein Dummersvorder Ufer e.V. das bewaldete Gelände.

Ballastberge und Stülper Huk Vom Aussichtsturm schlängelt sich der Weg am Waldrand zu den Ballastbergen. Die hügelige Landschaft wirkt

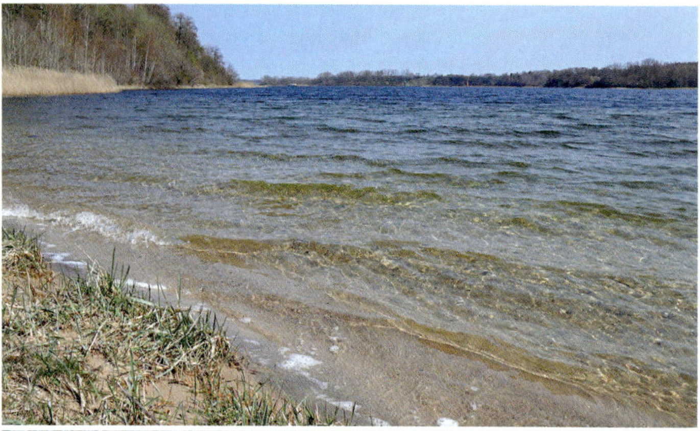

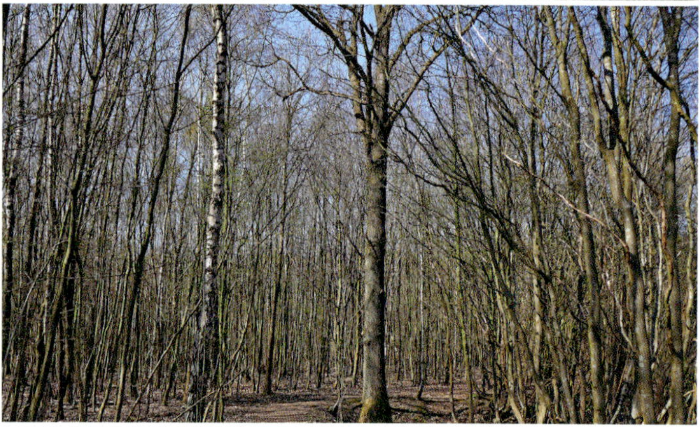

»Also löse die Knoten, laufe aus aus
dem sicheren Hafen. Erfasse die Passatwinde mit
deinen Segeln. Erforsche. Träume.«

Mark Twain (1835–1910)

wie eine Bilderbuchzeichnung, entstand aber ganz unromantisch durch Kiesabbau. In der Hansezeit beschwerte man damit leer auslaufende Koggen, also Segelschiffe. Schafe und Ziegen beweiden in den Sommermonaten die Trocken- und Magerrasen. Sie gehören zu den schönsten ihrer Art in Schleswig-Holstein. Ein Pfad führt hinunter an den von Infotafeln gesäumten Strand. Beschützt von der Stülper Huk, einer vorspringenden Sandnase, laufen die Wellen sacht ans Land. Das kann auf der nördlichen Seite der Huk ganz anders aussehen. Dort weitet sich die Travemündung und klingt beinahe wie das Meer.

Nördliches Steilufer Das Naturschutzgebiet ist nicht nur für Flora und Fauna von übergroßer Bedeutung, sondern auch ein kultureller Schatz. Auf dem Hirtenberg der Halbinsel soll vor mehr als 800 Jahren eine Motte, die Turmhügelburg Alt-Travemünde, gestanden haben. Am Gedenkstein kommt so richtig Ostseefeeling auf. Weiße Segelboote tanzen auf den Wellen, vielleicht zieht ein dicker Pott vorüber und unten am Strand landen Kanuten an. Es geht leicht bergauf und am Holzgatter weiter auf den Rundweg, der mit einem grünen Blatt markiert ist. Er führt in einen Wald aus vornehmlich Buchen, Pappeln und Eichen. Niederwälder wie diesen findet man nicht mehr oft in Schleswig-Holstein und man freut sich darum umso mehr über den malerischen Hangpfad. Wenn Motorengebrumm den Waldfrieden stört, ist einer der größten Fährschiffhäfen Europas nicht mehr weit. Hier fahren die Liniendienste nach Schweden, Finnland, Russland und ins Baltikum. Spannend ist ein kurzer Blick auf den Skandinavienkai durchaus. Doch wer etwas für frische Luft und Lerchengesang übrig hat, ist auch nicht traurig, wenn die Wegbeschilderung zurück in die Natur leitet.

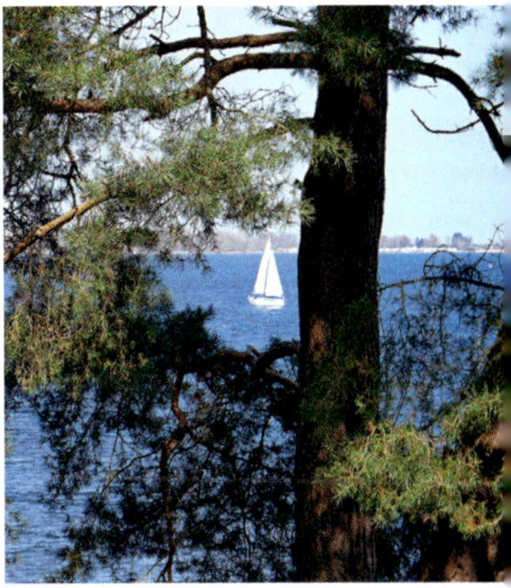

↑ **Glasklar plätschert die Traveförde.**
↓ **Der Wald dient als Windschutz.**
→ **Segler vor Travemünde**

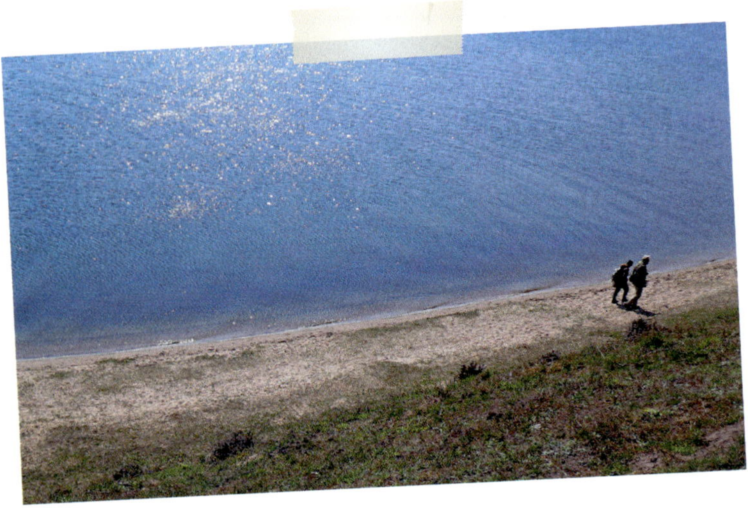

↑ **Wandern, wo andere Urlaub machen**

Dummersdorfer Feld Dass man heute zwischen Wald und Wiesen wandern kann, ist sieben jungen Lübecker:innen zu verdanken. Sie taten sich in den 1970er-Jahren zusammen, um ein geplantes Gewerbegebiet zu verhindern. Entgegen aller Wahrscheinlichkeit gelang ihnen nicht nur das. Das bestehende Naturschutzgebiet wurde sogar noch erheblich erweitert und um ein Landschaftsschutzgebiet ergänzt, das Dummersdorfer Feld. Am Behindertenparkplatz wechseln wir auf den mit einem roten Stern markierten Wanderweg. Er führt zum Ausgangspunkt. Aber erst steht eine letzte Pause an. Von den Bänken auf dem »Kamm« wirken die Ballastberge besonders schön und Verweilen gehört zum Pflichtprogramm.

Tipp

Das Land gegenüber des Aussichtsturms am Skandinavienkai ist der Priwall. Die Halbinsel dockt an Mecklenburg-Vorpommern an, gehört aber zu Travemünde. Zwei Fähren pendeln von dort hinüber. Die Anleger liegen beide am 8,5 Kilometer langen und gut ausgeschilderten Rundwanderweg um den Priwall.

AUF EINEN BLICK

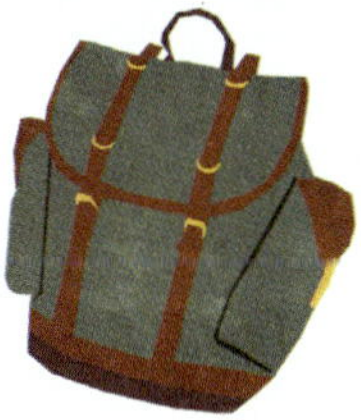

Tour 1: Tour der Stille

Dauer: 3.15 Std.

Höhenmeter: 64 Hm

Länge: 12,5 km

Schwierigkeit: Mittel

Tourencharakter: Naturbelassene Wege und Pfade im leichten Auf und Ab

Ausgangs-/Endpunkt: Besucherparkplatz Hirtenbergweg in Lübeck

Koordinaten: N 53.918172, E 10.849346

Anfahrt: **Pkw:** A 226, B 75, Dummersdorfer Straße, Hirtenbergweg
Bahn/Bus: Bahn bis Lübeck, Bus Linie 32 (Haltestelle Hirtenbergweg) und 1,8 km zu Fuß

Einkehr: Keine

Information:
dummersdorfer-ufer.de

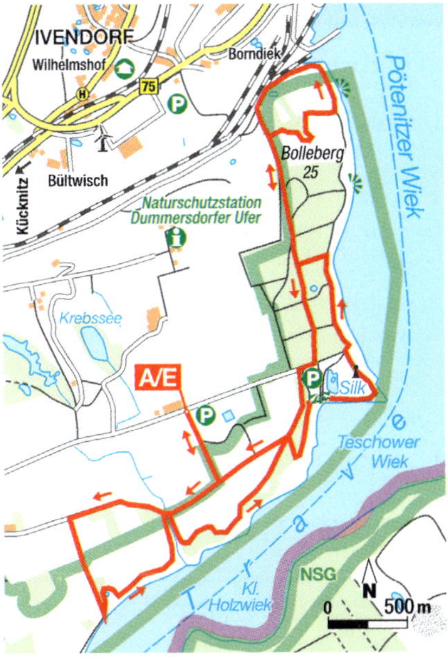

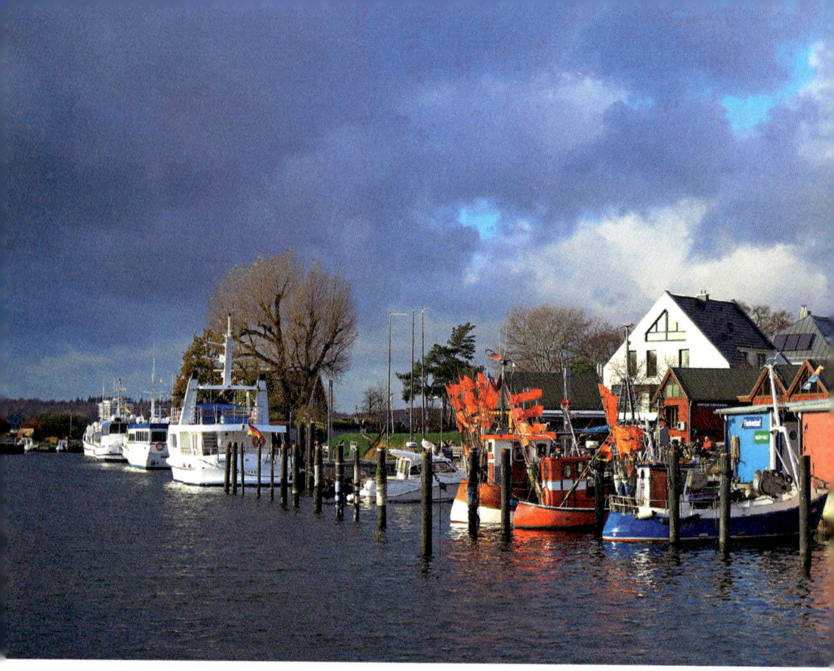

↑ Im sicheren Hafen ↓ Vorsicht an der Kliffkante

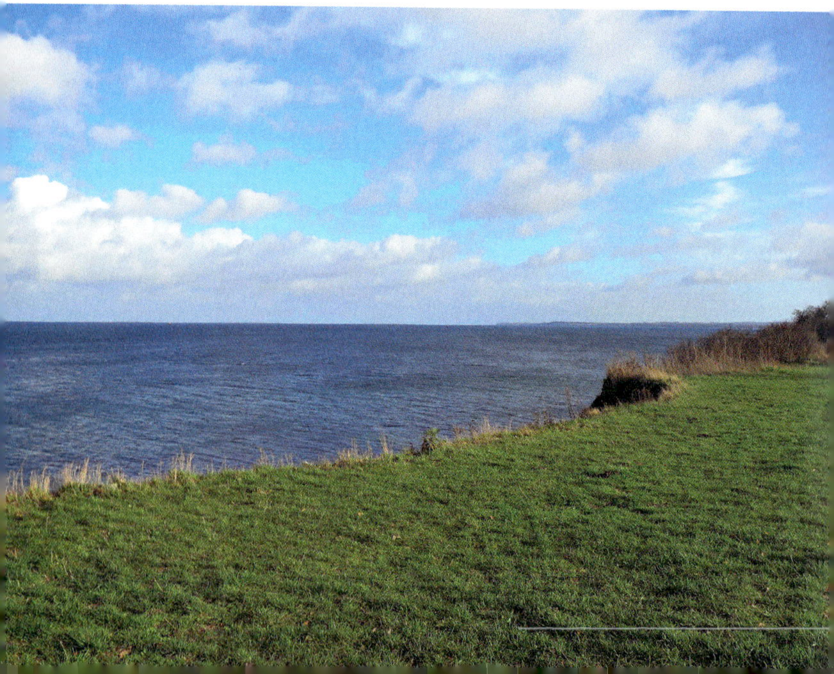

OSTSEEFRISCH

Tour für TOUR 2 die Sinne

Steilküstentour am Brodtener Ufer

Steilküstenwege haben eine eingebaute Glücksgarantie. Die besten punkten mit unbebauten Kliffkanten, traumhaften Meerblicken, urwüchsigen Naturstränden und eignen sich prima für Rundwanderungen variabler Länge. So wie zwischen Travemünde und Niendorf.

Sommerfrische In keinem der 22 Seebäder an der Ostseeküste von Schleswig-Holstein lässt es sich leichter in die mondänen Urlaubsorte des Kaiserreichs träumen als in Travemünde. Vom Strandbahnhof im Jugendstil geht es über Godewind und Bertlingstraße, vorbei am ehemaligen Casino und heutigen Luxushotel, zur Strandpromenade von 1899. Großzügig angelegt, gesäumt von Gründerzeitvillen und Grünanlagen, Spielplätzen und Strandlokalen zieht sie sich in nördlicher Richtung einen guten Kilometer bis zum Jachtclub. An ihrem Ende führt linker Hand ein Pfad die Steilküste hinauf.

Frische Brise von vorn Das Brodtener Steilufer zieht sich gut vier Kilometer vom schicken Travemünde ins familiäre Niendorf. Bis zu 20 Meter ragt die teils bewaldete Steilküste über der Ostsee auf und wird von einem gut zu gehenden Wanderweg gekrönt. Das Traditionslokal Hermannshöhe lockt nach einem Kilometer durstige Ausflügler. Sie kommen aufgrund der spektakulären Lage in Scharen. Wie überhaupt die Wanderung auf dem Steiluferweg zu den Klassikern gehört. Darum wandert es sich hier auch im Winter angenehmer als in der Hochsaison. Dann mag der Wind zwar durch Mützen und Jacken sausen, doch dafür wird man auch nicht von Radfahrern weggeklingelt wie im Sommer.

Frischer Fisch In Niendorf angekommen, geht es hinunter an den Strand und dort einige Schritte durch den Sand, bis bei der Seebrücke wieder eine Promenade wartet. Von hier ist es noch ein sehr guter Kilometer bis zum

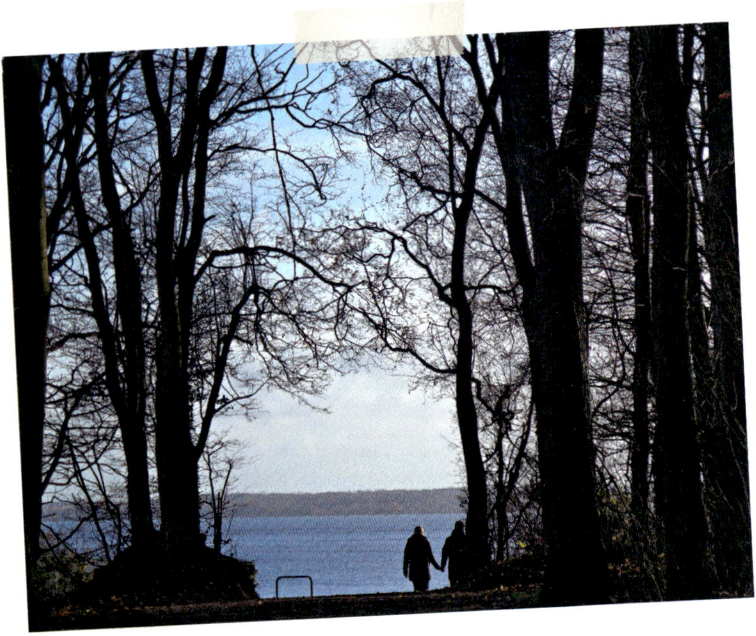

↑ Man verliebt sich leicht in Travemünde.

Fischereihafen. Dort wird der Fisch direkt vom Kutter verkauft. Frischere Fischbrötchen als in den bunten Buden rund ums Hafenbecken sind also schwerlich zu finden. Gestärkt geht es zurück, dieses Mal am Strand. Am Fuße der Steilküste läuft es sich etwas beschwerlicher. Dafür ist auch weniger los. Automatisch passt sich da der Schritt dem Wellenschlag an. Und man atmet deutlich tiefer. Die Luft schmeckt nach Meer.

Tipp

Mehr Meer gefällig? Ein Promenadenweg gesäumt von Villen führt gleich nördlich des Niendorfer Hafens ins Zentrum des bekannten Seebades Timmendorfer Strand. Bis zum Kurpark, der Seebrücke, dem Pagoden-Restaurant Wolkenlos und dem Café Wichtig im Ortskern läuft man zwei wunderbare Kilometer unter Kiefern.

AUF EINEN BLICK

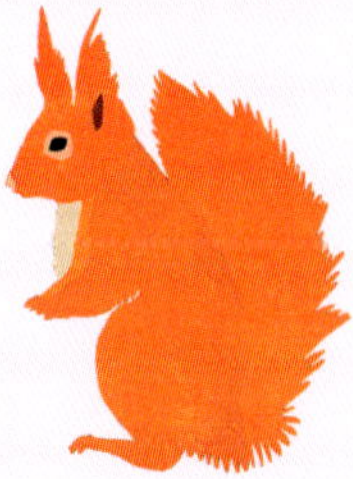

Tour 2: Tour für die Sinne

Dauer: 4 Std.

Höhenmeter: 19 Hm

Länge: 16 km

Schwierigkeit: Mittel

Tourencharakter: Leichter Wanderweg auf der Steilküste, Rückweg am Strand etwas unwegsamer, aber immer noch gut zu gehen

Ausgangs-/Endpunkt: Strandbahnhof Lübeck-Travemünde

Koordinaten: N 53.965222, E 10.876563

Anfahrt: Pkw: A 1 bis Abfahrt Travemünde. Weiter über B 75. Parkplätze sind in Travemünde ausgeschildert, allerdings immer kostenpflichtig
Bahn/Bus: Strandbahnhof Lübeck-Travemünde

Einkehr: Wie alle Promenaden an der Ostseeküste sind auch die von Travemünde und Niendorf mit Einkehrmöglichkeiten gepflastert. Auf den Tisch kommt hier, was das Herz begehrt. Im Ausflugslokal Hermannshöhe geht's regional-rustikal zu.

Information: travemuende-tourismus.de

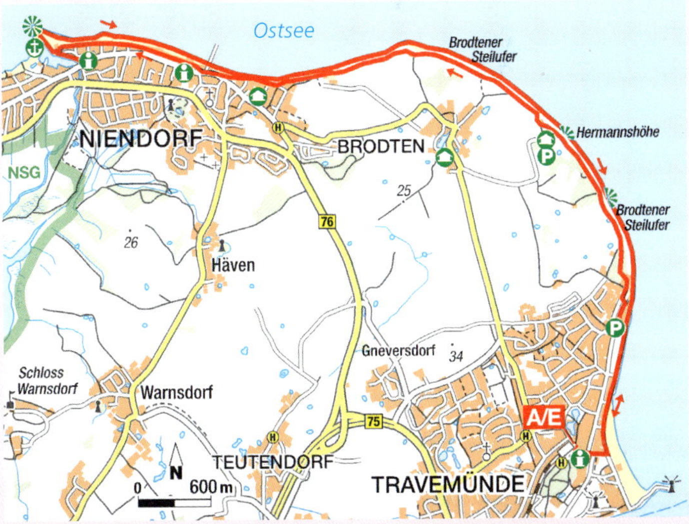

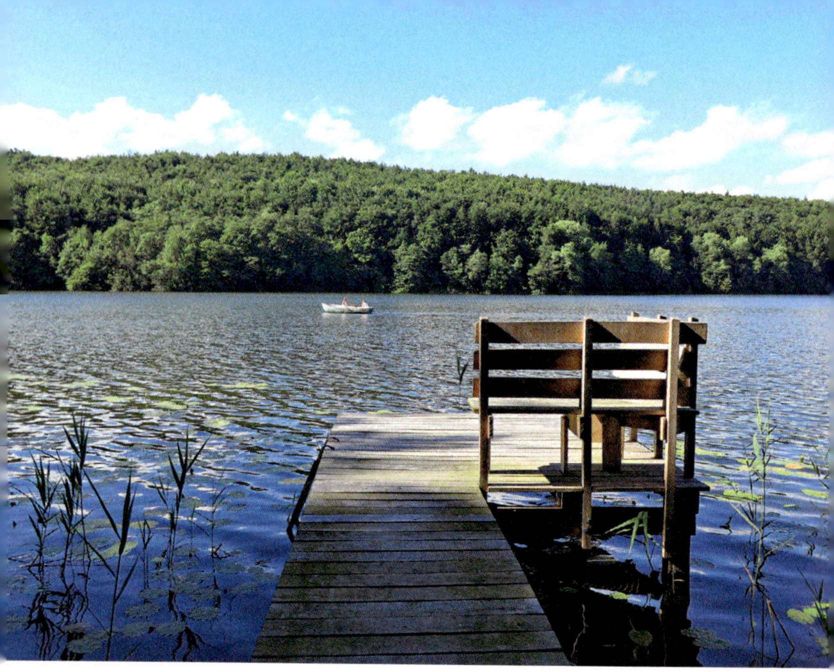

↑ Toteissee, von Wald umgegeben ↓ Jagdschlösschen am Ukleisee

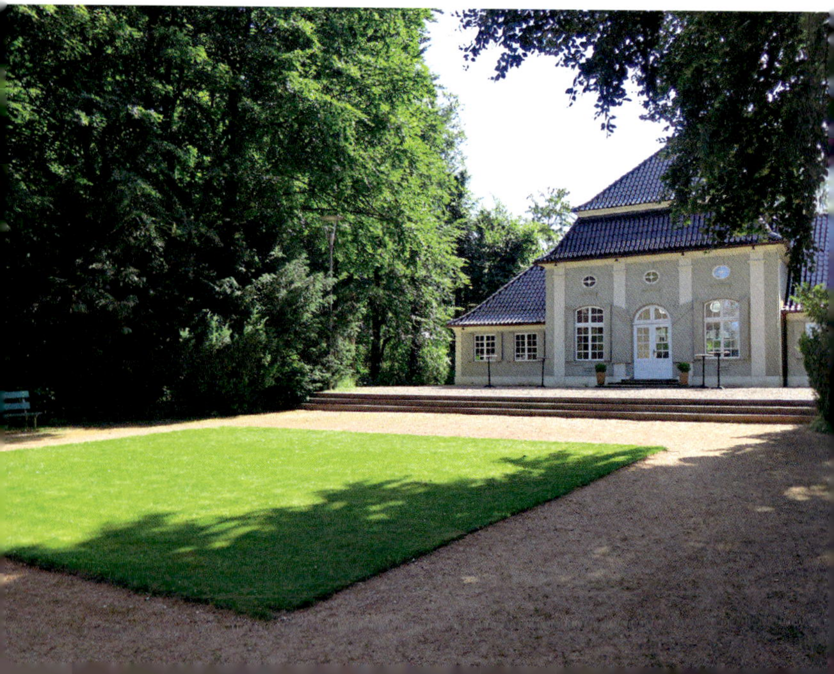

DER ZAUBER DER HOLSTEINISCHEN SCHWEIZ

Tour – TOUR 3 – der Stille

Felder-, Wälder- und Seenrunde bei Eutin

Wenn der Urlaubstrubel in der Lübecker Bucht so richtig ins Rollen kommt, freuen Ruhesuchende sich über diese ausgedehnte Runde im Hinterland. Denn auch ganz ohne Meer zählt die Holsteinische Schweiz zu den schönsten Gegenden überhaupt in Schleswig-Holstein.

An der Rotbuche rechts Alle Wege im Seepark am Großen Eutiner See führen auf diese Tour – beziehungsweise auf die Bebensundbrücke. Seit den 1930er-Jahren verbindet sie die Residenzstadt mit dem Seescharwald. Zuvor konnte man die Badeanstalt von 1914 nur per Seilzugfähre erreichen. Die historische Schönheit in Holzbauweise erinnert schon auf der Brücke daran, dass auf dieser Tour die Kamera nicht fehlen darf. Zumal auf der anderen Seite das stolze Eutiner Schloss bezaubert. Die Sommerresidenz der Oldenburger Herzöge ging aus einer mittelalterlichen Burganlage hervor und lohnt auf jeden Fall den Besuch. Dabei kann man sich auch den Eutiner See noch einmal genauer ansehen. Zwar bleibt der Weg dicht am Ufer, doch der Seescharwald wuchert mindestens ebenso dicht und der See schimmert höchstens im Winter durch die Bäume. Die Runde ist wirklich hervorragend ausgeschildert; ein grüner Balken, umrahmt von zwei weißen, weist den Weg. Gelangt man an eine Gabelung ohne Markierung, kann man ganz sicher sein: Man hat sich verlaufen. Wer auf dem richtigen Weg bleibt, wird nach guten drei Kilometern bei einer gewaltigen Rotbuche landeinwärts geführt.

Gegenüber der Möweninsel Wendet man einem See in der Holsteinischen Schweiz den Rücken zu, wandert man immer schon dem nächsten entgegen. Die Landstraße nach Sibbersdorf wenig befahren zu nennen, wäre absolut übertrieben. Gut möglich, dass kein einziges Auto zu hören

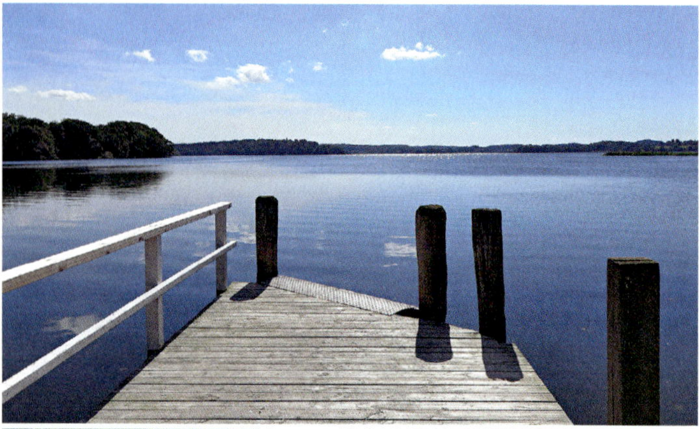

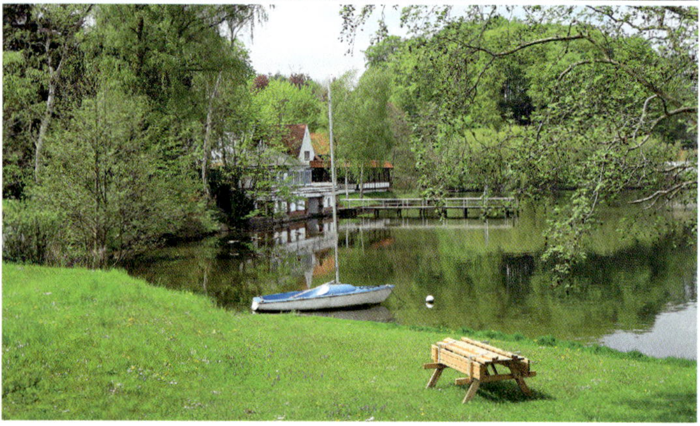

»Vielleicht noch den Rat,
die Einsamkeit ernst zu nehmen,
und wenn immer sie kommt
als Gutes zu empfinden.«

Rainer Maria Rilke (1815–1884)

ist, bis der erste Reiterhof den ruhigsten Ortsteil von Eutin ankündigt. An den Sibbersdorfer See gelangt man am Ortsausgang. Die Bank an der Badestelle eignet sich hervorragend zum Pausieren mit Blick auf die Möweninsel. Seit 1988 das Sammeln von Möweneiern verboten wurde, kreischen dort Lach- und Schwarzkopfmöwen vor lauter Vergnügen mit Kanada- und Graugänsen um die Wette. Austernfischer, Kiebitze, Enten und Schwäne komplettieren den Chor. Hat man genug davon, geht es nach einem kurzen Stück auf der Landstraße rechter Hand in die Waldstille. Dort klopft höchstens mal ein Specht. Die zwei Höfe, die auf den folgenden Kilometern passiert werden, unterstreichen nur die Abgeschiedenheit dieser Etappe. Möglich, dass nach dem zweiten Hof einige Spaziergänger dazustoßen. Denn jetzt geht es »Zum Ukleisee«. Und der ist etwas Besonderes.

Das Märchen vom Ukleisee Mächtige Buchen bestimmen den weitgehend naturbelassenen Wald, der den tiefliegenden Ukleisee umschließt. Im Mittelalter befand sich hier ein slawischer Siedlungsplatz. Heute säumen ihn nur noch zwei Gebäude. Das erste ist das Forsthaus. Dort geht es auf dem Rundwanderweg gegen den Uhrzeigersinn zum zweiten Gemäuer – dem Jagdschlösschen von 1776. Bei einem weiß gefassten Balkon über dem See führen Treppen zu dem barocken Lusthaus hinauf. In den Sommermonaten finden hier Konzerte und auch private Feiern statt. Eine feste Gastronomie gibt es dankenswerterweise nicht. So bleibt es romantisch still auf dem terrassierten Vorplatz über dem See. Kein Pausenbrot dabei und alles Wasser bereits ausgetrunken? Kein Problem. Nur 500 Meter die Anhöhe hinunter, beim Anleger des Ausflugsdampfers Luise, wartet Erfrischung.

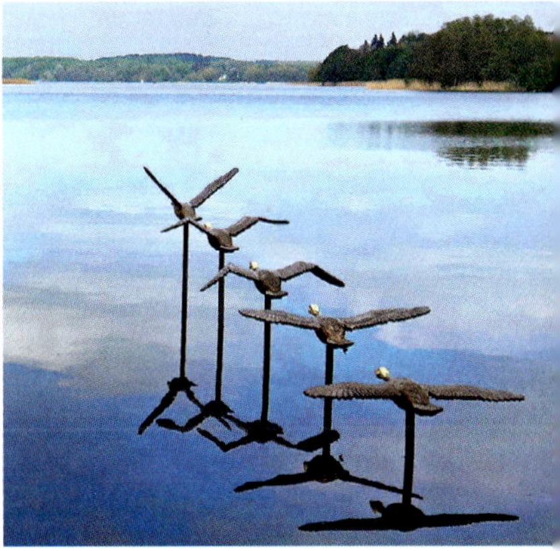

↑ **Romantischer Kellersee**
↓ **Frühling im Fissauer Fährhaus**
→ **Deutsch-dänische Kunst**

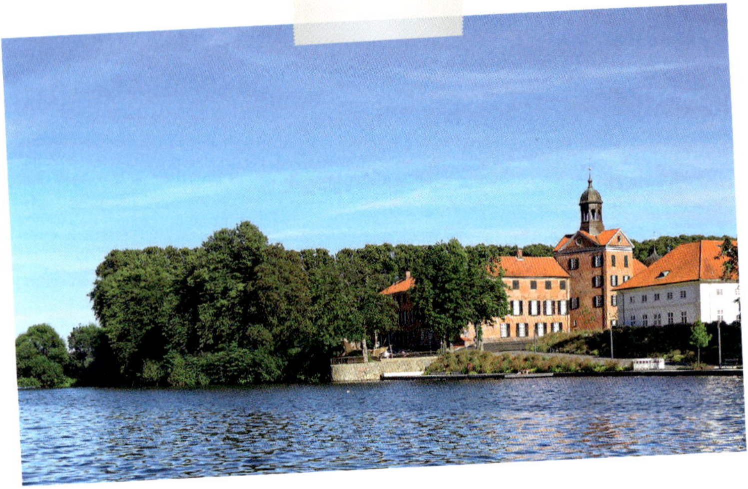

↑ Schloss am Eutiner See

Von Fährhaus zu Fährhaus Das Hotel- und Restaurant Uklei-Fährhaus im historischen Schweizerstil entstand zur Jahrhundertwende, als Sielbeck und der Kellersee zum Sehnsuchtsort der Schönen und Reichen avancierten. Dem bewaldeten Uferweg in südlicher Richtung folgend, ist bald der Hamburger Strand erreicht. Von der kleinen Badestelle ist auf dem gegenüberliegenden Ufer rechter Hand ein schneeweißer Solitär auszumachen: das ehemalige Hotel Holsteinische Schweiz. 1885 eröffnet, war es bald so beliebt, dass sich die ganze Region nach ihm benannte. Auch das frühere Grandhotel im Rücken des Fissauer Fährhauses erzählt noch vom Glanz alter Tage. Von dort mäandert der Rundweg mit der Schwentine etwa 2,5 Kilometer bis zum Ausgangspunkt.

Tipp

Rund um die Seen: Der 8,5 km lange Spaziergang um den Eutiner See lässt sich prima mit Schloss und Schlosspark kombinieren. Die Kellerseerunde mag einen ganzen Tag dauern. Auf den 14,5 km warten etliche Abstecher, Hangouts und andere Besonderheiten.

AUF EINEN BLICK

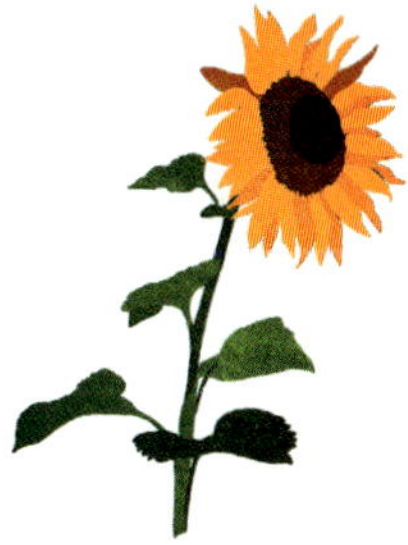

Tour 3: Tour der Stille

Dauer: 4.45 Std.

Höhenmeter: 50 Hm

Länge: 18,5 km

Schwierigkeit: Mittel

Tourencharakter: Gute Wanderwege, naturbelassene Pfade, zwar auch ein wenig Landstraße, dort jedoch kaum Verkehr

Ausgangs-/Endpunkt: Seepark Eutin

Koordinaten: N 54.142067, E 10.617920

Anfahrt: **Pkw:** A 1 bis Abfahrt Scharbeutz, weiter über B 76. Aus Kiel ebenfalls über B 76
Bahn/Bus: Bahn bis Eutin und einen guten Kilometer zu Fuß

Einkehr: Kellersee: Fährhaus Uklei. Eutin: Cox an der Seepromenade

Information: holsteinischeschweiz.de

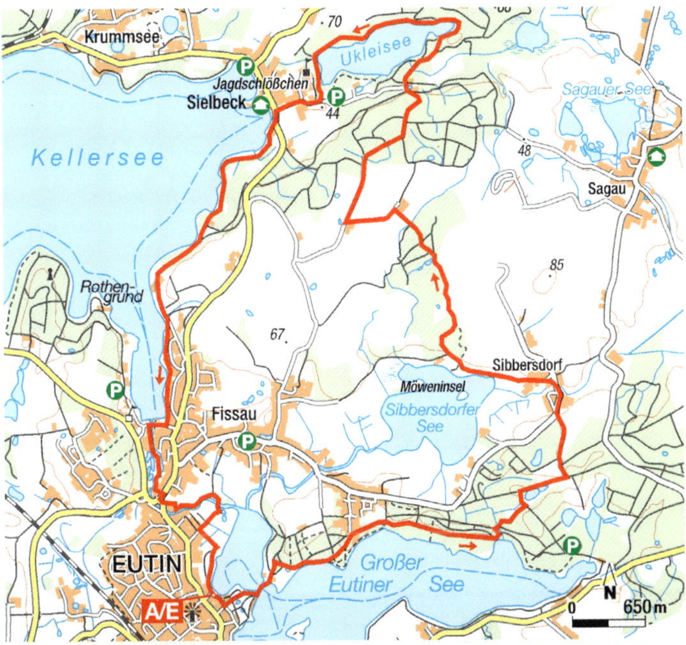

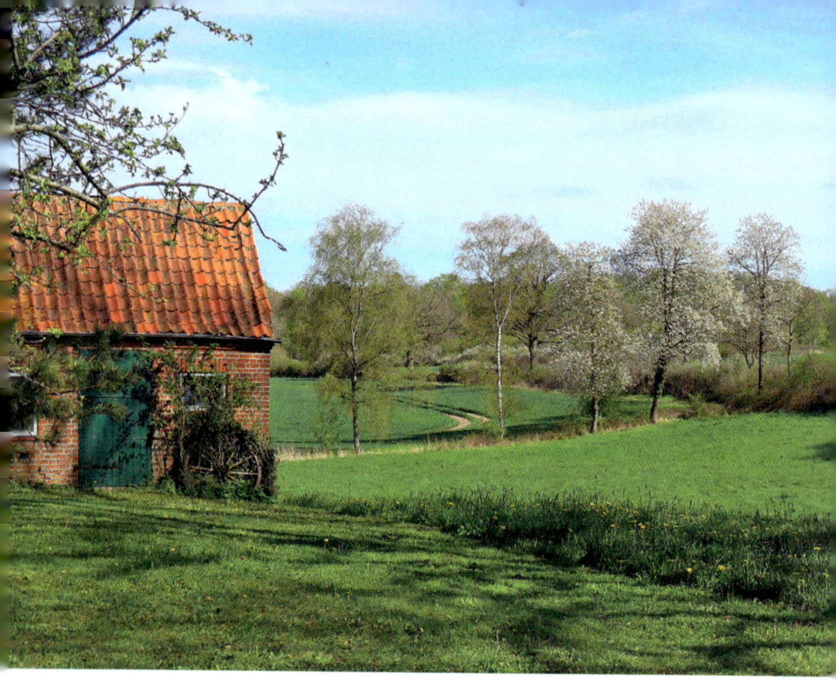

↑ Letztes Häuschen vor der Lindenallee ↓ Kastanienallee mitten im Wald

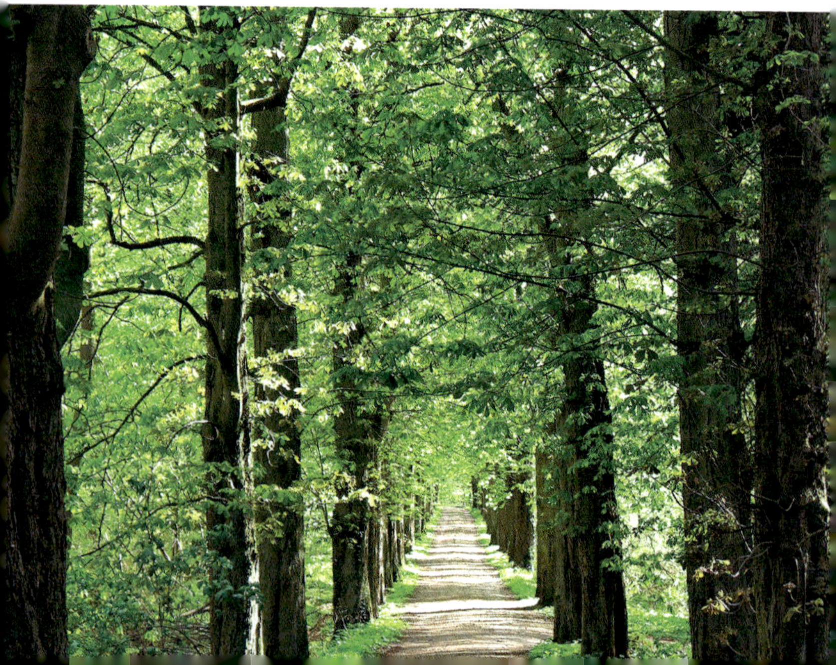

ZUR BRÄUTIGAMSEICHE

Tour
TOUR 4
ohne Uhr

Dodauer Forst und Beuthiner Holz

Diese Tour kombiniert zwei märchenhafte Waldspaziergänge und ist besonders schön im Frühling, wenn Buschwindröschen und Veilchen blühen. Und im Sommer, wenn die Bäume vor Hitze oder leichtem Regen schützen. Oder zur Laubfärbung im Herbst. Und natürlich bei Schnee.

Buchen und Eichen Rund 3000 Ausflüger kommen jährlich in den Dodauer Forst, um Deutschlands romantischsten Baum zu bewundern. Die Bräutigamseiche ist vom Besucherparkplatz in wenigen Schritten zu erreichen. Doch es gibt keinen Grund zu hetzen. Der Baumriese steht dort schon seit 500 Jahren und wird auch noch die zwei, drei Stunden überstehen, die für diese Tour zu veranschlagen sind. Ein schmaler Pfad windet sich nahe der Infotafeln in den Wald. Markiert ist er mit einem gelben Balken und zwar ausgesprochen gut. Der Weg schwingt durch gesunden Buchenwald. Der leuchtet im Frühling im hellsten Grün und bis weit in den Herbst gelb, orange und rot. Nach etwa zwei Kilometern schickt ein Wegweiser an einer Gabelung rechts ins angrenzende Beuthiner Holz. Nur 100 Meter weiter weist ein blauer Balken rechter Hand auf den umrundenden Weg am Waldrand. Das bedeutet: Sonnenschein im Gesicht und offene Sicht auf die sanften Hügel der Holsteinischen Schweiz. Nach 3,5 Kilometern ist die Weggabelung zum zweiten Mal erreicht, auf der es nun wieder dem gelben Balken nach geht.

Gut und Forsthaus Während Dodauer Forst und Beuthiner Holz zu Eutin gehören, ist Gut Rachhut bei Kilometer sieben der Gemeinde Malente zugehörig. Das imposante Herrenhaus mit den entzückenden Landarbeiterhäuschen aus rotem Backstein versetzt direkt in die Zeit der Jahrhundertwende. Eine sandige Lindenallee führt zur asphaltierten Straße. Auf ihr geht es links zurück in den Wald, wo bald das Forsthaus Dodau auftaucht.

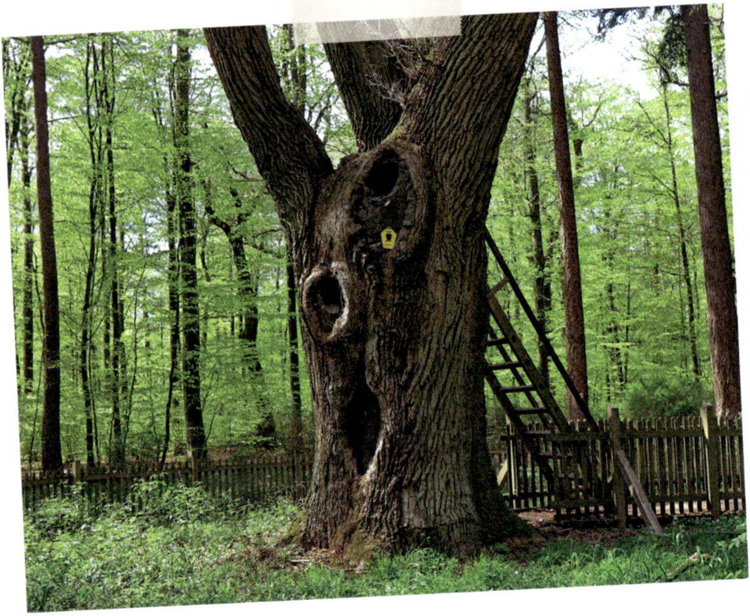

↑ **Die Bräutigamseiche hat etliche Ehen auf dem Kerbholz.**

Wem das reetgedeckte Gebäude bekannt vorkommt, hat vielleicht als Kind »Dick« und »Dalli« geliebt. Die Immenhof-Filme aus den 1950er-Jahren sind allgegenwärtig in der Holsteinischen Schweiz. Im Forsthaus Dodau residierte Paul Klinger, in der Rolle des Jochen von Roth. Auf der anderen Straßenseite verzaubert eine traumschöne Kastanienallee. Von ihr führt ein Pfad linker Hand zum Finale: der Bräutigamseiche.

Tipp

Briefe, die der Postbote in dem Astloch der Bräutigamseiche deponiert, unterliegen nicht dem Briefgeheimnis. Jeder darf sie lesen. Und wer sich berufen fühlt, beantwortet einen Brief. Schon über 100 Ehen soll die knorrige Eiche auf diese Art gestiftet haben. Wer ein Anliegen hat, schreibt an die *Bräutigamseiche, Dodauer Forst, 23701 Eutin.*

AUF EINEN BLICK

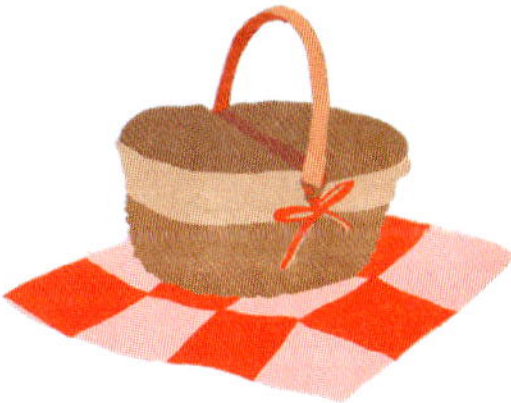

Tour 4: Tour ohne Uhr

Dauer: 2 Std.

Höhenmeter: 36 Hm

Länge: 8,5 km

Schwierigkeit: Leicht

Tourencharakter: Bestens markierte Pfade und naturnahe Wege; wo man sie mit Pferden teilt, manchmal morastig

Ausgangs-/Endpunkt: Besucherparkplatz Bräutigamseiche Dodauer Forst

Koordinaten: N 54.136292, E 10.556576

Anfahrt: **Pkw:** A 1 bis Abfahrt Scharbeutz. Weiter über B 76. A 21 bis Abfahrt Bornhöved. Weiter über B 430 und B 76. Dort ist die Bräutigamseiche aus beiden Richtungen ausgeschildert.

Einkehr: Keine

Information: holsteinischeschweiz.de

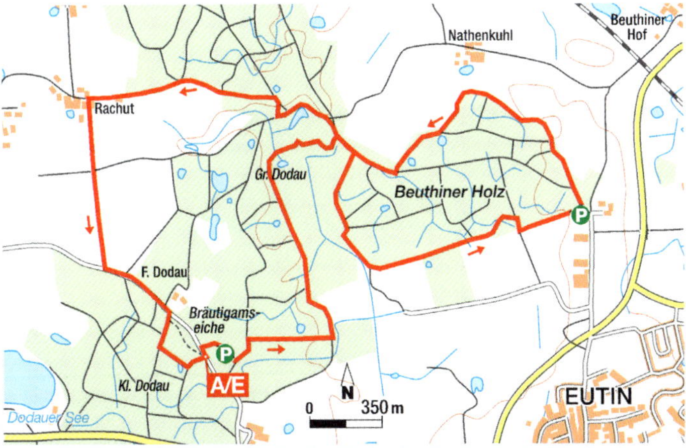

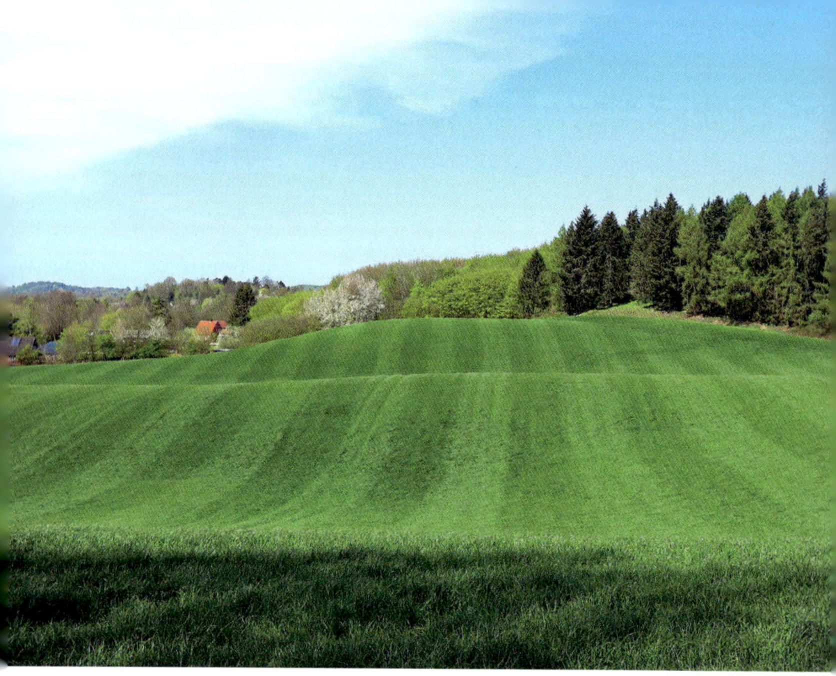

↑ Wandern wie auf Wellen ↓ Blick vom Holzbergturm auf den Dieksee

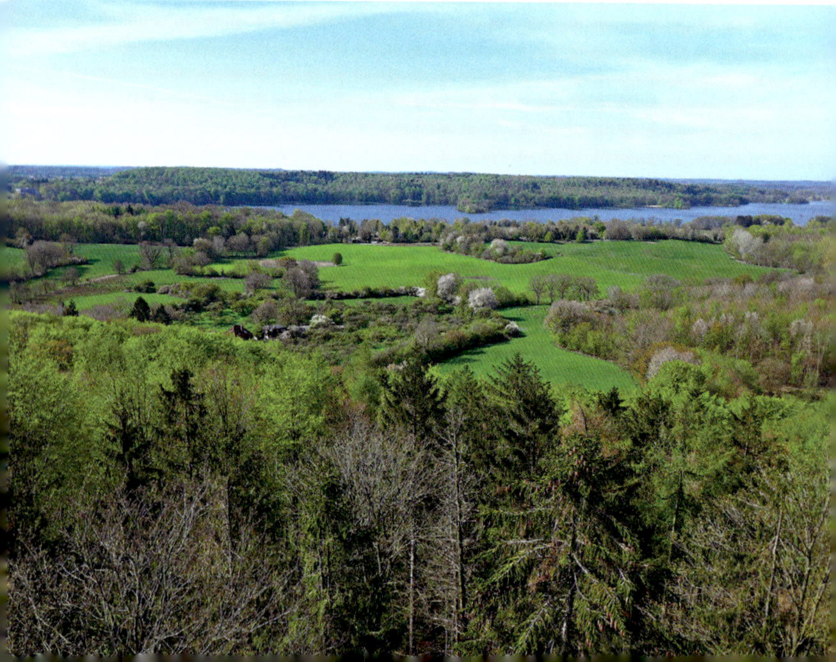

Tour für den Genuss
TOUR 5

LANDPARTIE

Mit Blick auf Malente

Auf dieser Rundtour durch Wälder, Wiesen und Felder kann man sich kaum sattsehen an der Landschaft. Muss man auch gar nicht, denn in der malerischen Holsteinischen Schweiz laden Picknickplätze, Hofläden, Cafés und Restaurants zur Einkehr ein.

Panorama-Picknick Im Café Gleis 3 gegenüber des Bahnhofs von Malente-Gremsmühlen können Langschläfer bis 15 Uhr frühstücken – oder Wanderer im Anschluss an diese Tour. Der mit einem grünen Balken markierte Rundwanderweg führt in den (kostenfreien) Wildpark. Artgerechtes, etwa Gemüse und heimische Früchte, darf gern an die Tiere verfüttert werden. Brot allerdings schadet und sollte lieber selbst verspeist werden. Vielleicht ja auf dem Holzberg. Auf dem Weg dorthin lädt das Labyrinth der Männer noch zu einem Besinnungsweg ein. Es ist ebenso ausgeschildert wie der (kostenfreie) Holzbergturm mit Aussichtsplattform. Aufgepasst beim Abstieg: Markierungen, Karten und Dateien, die vor 2020 erstellt wurden, weisen hier in die Irre. Sicherer gelangt man über den Grebiner Weg nach Neversfelde.

Hofladen Radlandsichten Kurz hinter den letzten Häusern zweigt linker Hand der Zubringer zum Ferienhof Radlandsichten ab. Dort kann im Hofladen der Rucksack mit einer Vesper oder Mitbringseln gefüllt werden. Im Anschluss geht es durch wunderschönen Laubwald. Tritt man aus ihm heraus, funkelt unterhalb der Felder und Wiesen auch schon der Dieksee – je nach Wetter wie ein Saphir oder Smaragd. Auf dem Begleitweg der Dorfstraße geht es links Richtung Malente. Nach einem guten Kilometer liegt ein erhöhter Picknickpavillon am Weg. Kurz darauf führt ein Pfad zwischen Gärten zum Seeufer.

Seeblickterrassen Ob ein Schluck aus der Quelle der Gebrochenen Herzen tatsächlich Liebesleid heilt, ist nicht gesichert. Die belebende Wirkung

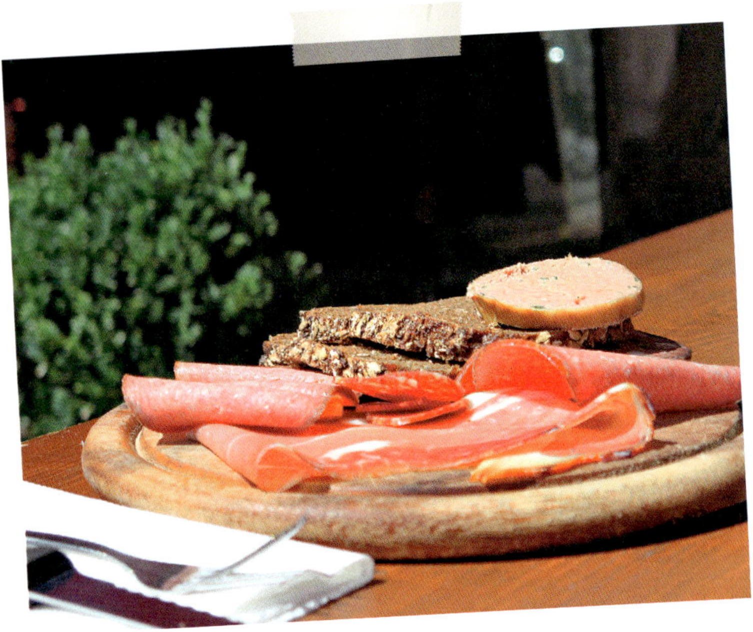

↑ **Norddeutsche Brotzeit**

einer Kneippkur in der natürlichen Wassertretanlage hingegen schon. Noch besser ist natürlich, in den See zu hüpfen. Dafür den Rundweg verlassen und der Ausschilderung über die Fußgängerbrücke zum (kostenlosen) Strandbad folgen; einer architektonischen 1960er-Jahre-Perle mit Sandstrand, Sprungturm und Flachwasserbereich. Der Wanderweg mäandert mit dem Seeufer 1,5 Kilometer zur Diekseepromenade, wo sich beliebte Ausflugslokale aneinanderreihen.

Tipp

Bereits seit 1600 gilt Holsteiner Katenschinken als Delikatesse. Köstlich ist das Angebot bei Petersen in der Bahnhofsstraße. Im Winter knistert ein Kaminfeuer im Gastraum. Im Sommer sitzt man draußen – oder deckt sich mit Proviant zum Wandern ein.

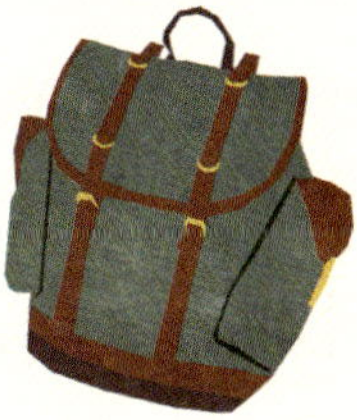

AUF EINEN BLICK

Tour 5: Tour für den Genuss

Dauer: 2.30 Std.

Höhenmeter: 84 Hm

Länge: 9,5 km

Schwierigkeit: Leicht

Tourencharakter: Gut markierter Rundkurs über Wanderwege, Pfade und Asphalt. Davon aber nicht abschrecken lassen – selbst Straßen bezaubern in der Holsteinischen Schweiz.

Ausgangs-/Endpunkt: Bahnhof Bad Malente-Gremsmühlen, Hindenburgallee

Koordinaten: N 54.167584, E 10.551030

Anfahrt: **Pkw:** A 1 bis Abfahrt Scharbeutz. Weiter über B 76. A 21 bis Abfahrt Bornhöved, weiter über B 430, B 76.
Bahn/Bus: Bahn Bad Malente-Gremsmühlen

Einkehr: In den Ausflugslokalen mit Seeterrasse am Dieksee zahlt man den Blick mit. Er ist es wert.

Information: holsteinischeschweiz.de

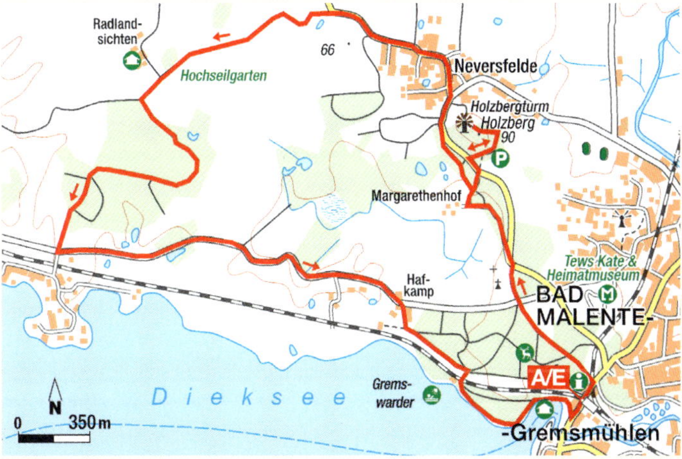

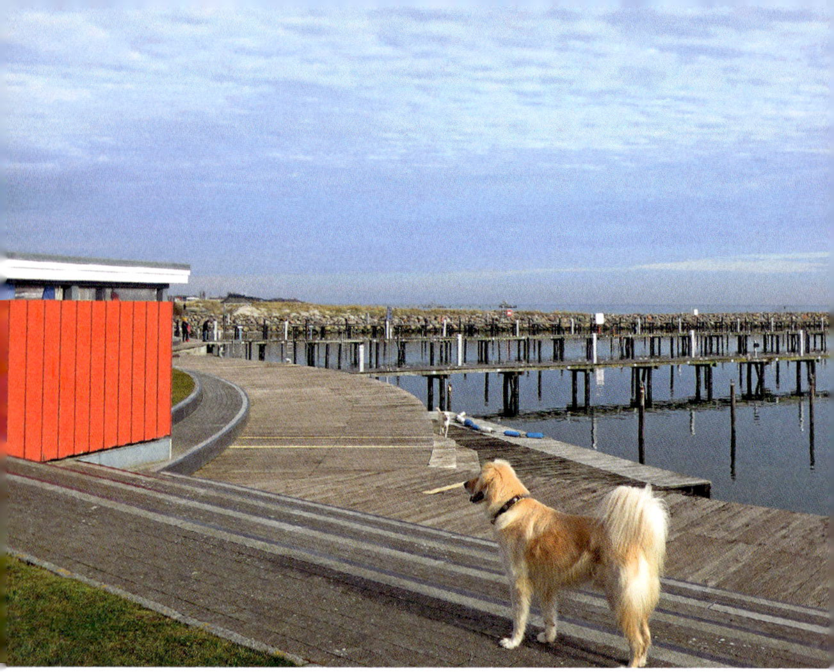

↑ Im Winter liegen die Bootsstege verwaist. ↓ Am Strand ist immer Saison.

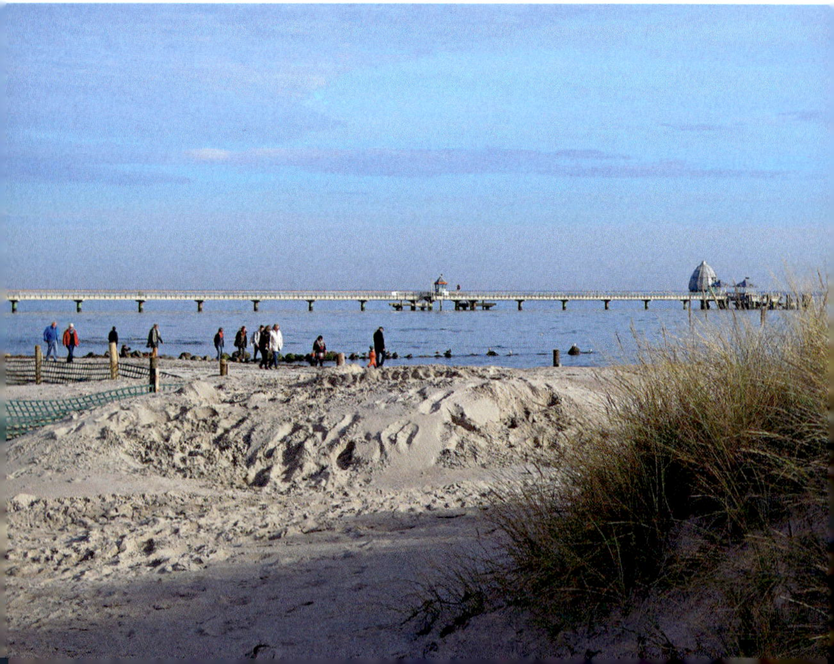

ZURÜCK AM STRAND

Tour für die Sinne
TOUR 6

Von Grömitz zum Ruheforst Brodau

Schon seit 1198 wandern Jakobus- und Jerusalempilger auf der Steilküste von Grömitz nach Brodau. Im Sommer sind die Küstenkilometer fest in der Hand von Campern und anderen Touristen. Darum empfiehlt sich diese Tour für die Wintermonate.

Pilgerweg Via Scandinavica »Herr Godd, bliew Du uns Stüermann« steht auf dem Buntglasfenster über dem Eingang der Grömitzer St.-Nikolai-Kirche geschrieben – das steht für den Wunsch, Gott möge am Ruder bleiben, damit das Lebensschiff nicht untergeht. Von hier schickt ein deutscher Jakobsweg in den angrenzenden Kurpark. An der Wichelsdorfer Straße vereinigt er sich mit dem Mönchsweg und führt in südliche Richtung über die Uferstraße auf die Kurpromenade. Man mag es angesichts der dominanten Architektur aus den 1960er- und 1970er-Jahren kaum glauben, aber Grömitz ist eines der ältesten Seebäder an der Ostseeküste. Wenn die ersten Segelboote den Jachthafen ankündigen, geht es rechter Hand den Königsredder hinauf; dann gleich wieder links auf einen Rad- und Wanderweg.

Entspannte Steilküstentour Auf der Steilküste angekommen, verjüngt sich der Weg bald zu einem Pfad. So dicht an der Kliffkante sind beeindruckende Meerblicke garantiert. Nach insgesamt drei Kilometern taucht der Küstenpfad in das Wäldchen Kagelbusch. Jenseits kündigt sich Bliesdorf mit einem Campingplatz an. Der ist privat! So verrät es das Schild, das Wanderer für etwa 500 Meter auf den Strand verweist. Bald ist der Ruheforst Brodau erreicht, ein alter Buchwald, der bis an die Steilküste wächst. Für die Umrundung einfach dem breiten Waldweg gegen den Uhrzeigersinn folgen.

Strandspaziergang Zurück geht es nun am Wellenrand. Auf feinen Sand folgt Geröll, auf Algenkissen folgen Muschelfelder und wo kleine Bäche in

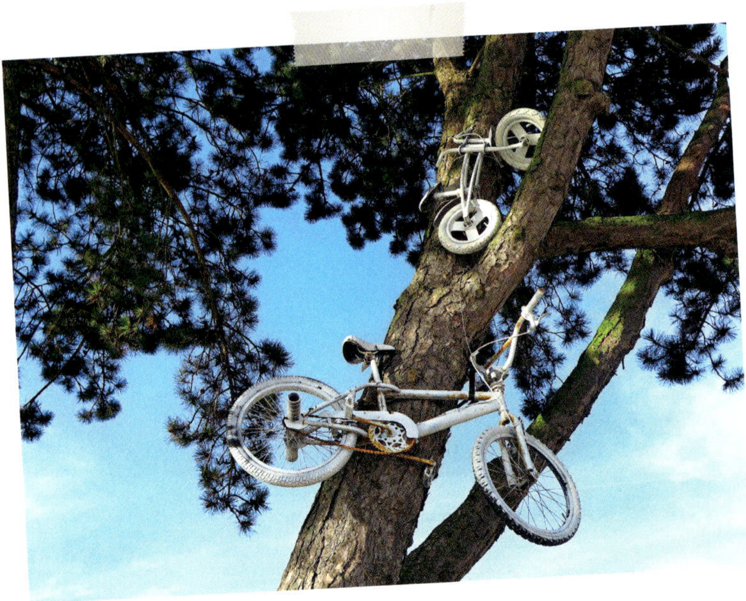

↑ **Im Winter bleiben Räder an der Kette.**

die Ostsee gurgeln, muss man auch mal über Findlinge balancieren. An der kniffligsten Stelle ist fast schon wieder der Jachthafen von Grömitz erreicht. Hier beginnt die Promenade mit einem tollen Infopfad für Kinder. Ruhesuchenden wird es im weiteren Verlauf selbst im Winter zu trubelig, aber bis zur Seebrücke mit der markanten Tauchgondel will man doch durchhalten. Danach geht es über die Seestraße zurück zum Ausgangspunkt.

Tipp

In nördlicher Richtung führt der Jakobsweg zum Kloster in Cismar. Von der Seebrücke aus ist die ehemalige Benediktinerabtei über Lensterstrand nach 3,5 Kilometern erreicht. Aber das ist eine eigene Tour wert – am besten zwischen Ostern und Oktober, wenn die kostenfreien Kunstausstellungen stattfinden.

AUF EINEN BLICK

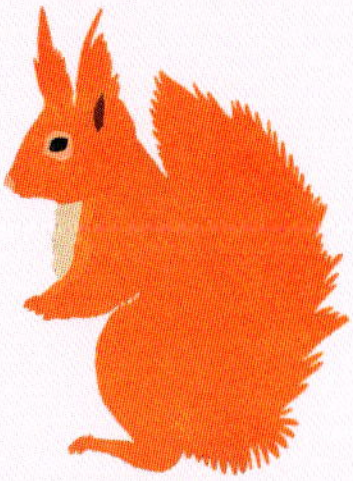

Tour 6: Tour für die Sinne

Dauer: 3.30 Std.

Höhenmeter: 41 Hm

Länge: 13,5 km

Schwierigkeit: Mittel

Tourencharakter: Auf der Steilküste easy, am Strand herrlich unwegsam

Ausgangs-/Endpunkt: Parkplatz Am Kurpark, Grömitz

Koordinaten: N 54.149287, E 10.956722

Anfahrt: **Pkw:** A 1 bis Abfahrt Pelzerhaken. Weiter über B 501 bis Schulweg in Grömitz
Bahn/Bus: Bahn bis Neustadt (Holstein), Bus 5800 bis Grömitz Markt

Einkehr: In Grömitz alle Möglichkeiten, unterwegs nur im Sommer in Bliesdorf

Information: groemitz.de

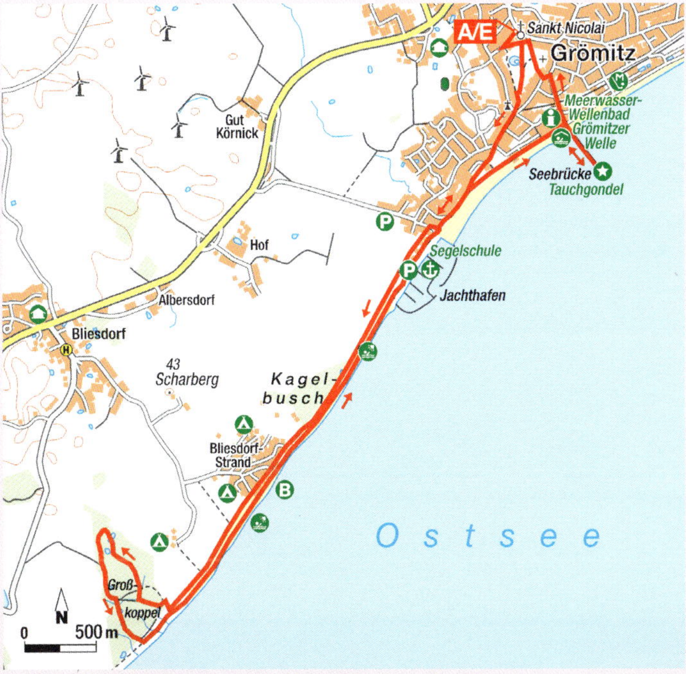

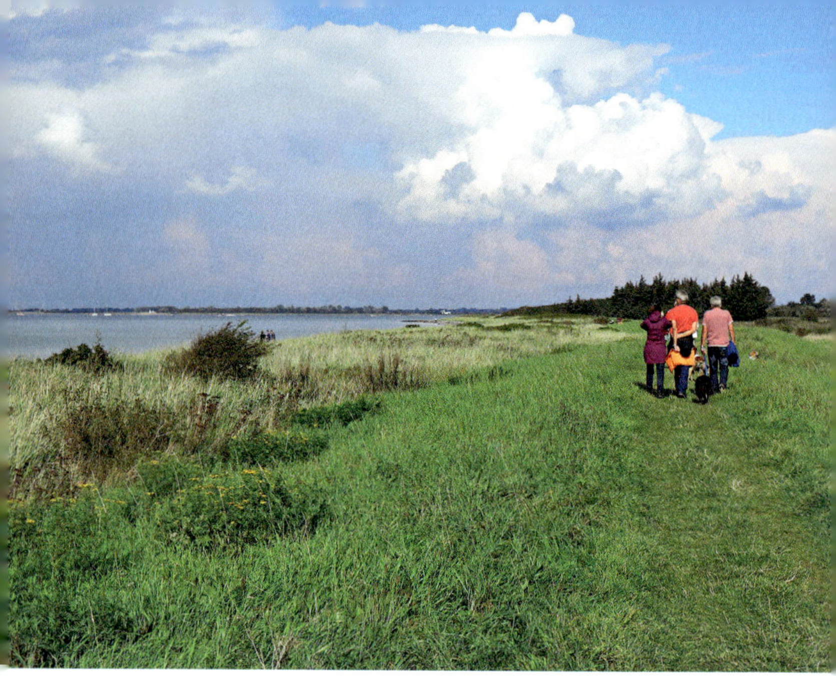

↑ Los geht's in Europa. ↓ Blick auf den sechsten Kontinent

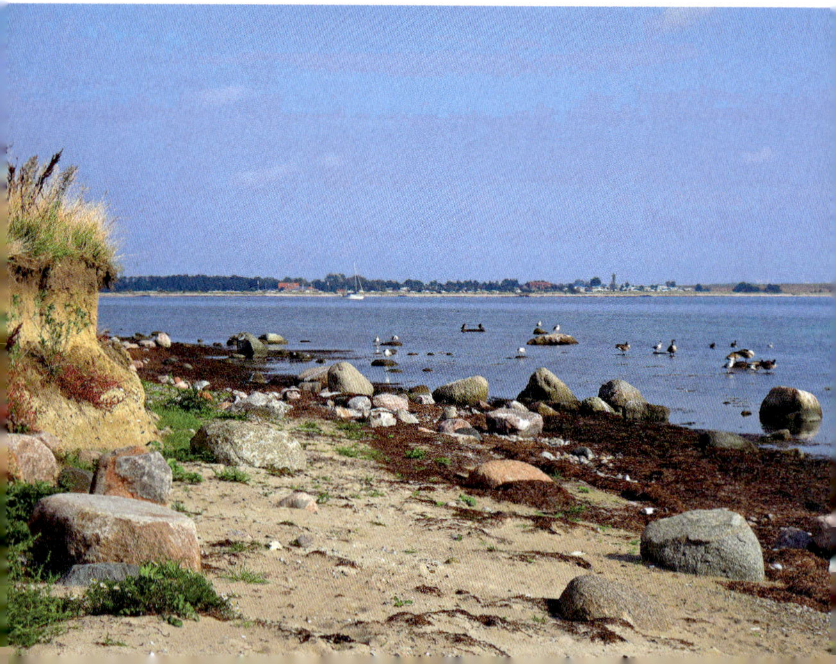

Tour
TOUR 7
ohne Uhr

GEH, WOHIN DER WIND DICH TRÄGT

Vogelfluglinien am Fehmarnsund

Auf drei Seiten vom Wasser umgegeben und von der Europastraße durchschnitten, enden auf der Halbinselspitze von Großenbrode viele Pfade im Nirgendwo. Ideale Voraussetzungen also, um sich auf Abwege zu begeben und absichtlich in die Irre zu laufen.

Weststrand von Orthfeld Bei Westwind kann es schon mal schwierig werden, einen Parkplatz am Weststrand von Großenbrode zu ergattern. Dann stürmen die Kiter das schräge Idyll an der »Meerenge zwischen Europa«, wie die Insulaner das Festland nennen, und dem »sechsten Kontinent«: Fehmarn. Seit 1963 spannt sich eine kühne Brückenkonstruktion über den Sund beim Orthfelder Strand. Am Wellensaum gewandert, erreicht man die Brücke nach etwa 2,5 Kilometern. Dabei gilt es, hin und wieder über Wackersteine zu balancieren. Praktisch. So stellt sich das bewusste Genießen wie von selbst sein. Die hier sehr seichte Ostsee lädt mit besonders intensivem Farbspiel ein, im Augenblick zu verweilen. Zumal es gar nicht so erstrebenswert scheint, dem Motorengebrumm der nahen Schnellstraße näher zu kommen. Es ist dann aber trotzdem ein besonderer Moment, unter der beinahe einen Kilometer langen und 22 Meter hohen Brücke zu stehen. Ihre Einweihung war gleichsam Startschuss der »Vogelfluglinie«, der Bahnverbindung zwischen Mitteleuropa und Skandinavien.

Entspannt in Großenbroderfähre Das nächste Etappenziel, der Sportboothafen Großenbroderfähre, scheint nur einige Schritte entfernt. Doch der kombinierte Rad- und Wanderweg schlägt einen 1,5 Kilometer langen Haken, bevor es links zum alten Fähranleger geht. Die zubringende Straße müssen sich Autofahrer, Radfahrer und Wanderer für einen guten Kilometer miteinander teilen. Doch vor allzu vielen Autos muss sich niemand

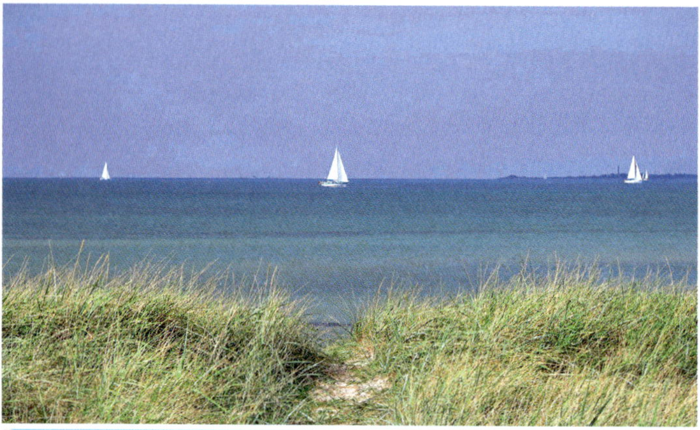

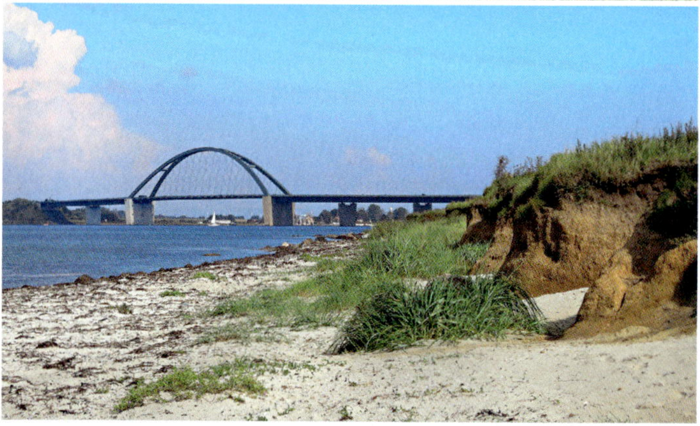

»Neue Wege entstehen,
indem wir sie gehen.«

Friedrich Nietzsche (1844–1900)

fürchten. Ganz anders als früher. Noch bis 1963 legten hier die großen Fähren nach Fehmarn ab, mit Passagieren, Omnibussen und ganzen Eisenbahnen an Bord. Heute sind Segler und Angler weitgehend unter sich. Es gibt ja auch nicht viel anderes zu tun, als die Brücke zu bewundern sowie den diesseitigen Strand und den gegenüber auf Fehmarn. In der Saison hat manchmal ein kleiner Imbiss geöffnet. Doch darauf sollte sich niemand verlassen.

Stille in Heinrichsruh Parallel zum Strand verläuft der Rethsollskamp. Von ihm zieht sich ein Pfad durch die Felder nach Heinrichsruh. Ein gepflegter Stichweg führt linker Hand ans Meer. Der Abstecher lohnt sich, obwohl nichts Spektakuläres wartet. Bloß eine Bank über einem steinigen Mini-Strand und das Gefühl, das Ende der Welt erreicht zu haben. Gut möglich also, dass die Pause hier länger ausfällt, bevor es zurück wie gekommen geht. Der Wiesenpfad wird zum Schotterweg und trifft an seinem Ende auf die Straße nach Großenbroderfähre. Schräg gegenüber ist bereits wieder der Rad- und Wanderweg zu sehen, der zurück zur Brücke führt. Nach Unterquerung geht es dieses Mal links.

Auf dem Königsweg Besonders königlich wirkt der asphaltierte Begleitweg der Zufahrt zur Fehmarnsundbrücke erst einmal nicht. Das Wahrzeichen Ost-Holsteins soll ab den 2030er-Jahren von einem Tunnel ersetzt werden. Denkmalschutz sei Dank wird die Brücke das Verkehrsprojekt überleben. Nutzen sollen sie zukünftig aber nur noch Fußgänger, Radfahrer und Traktoren. Dass der Autoverkehr perspektivisch unter der Erde verschwindet, scheint einerseits eine gute Sache. Doch nicht nur Umweltschützer sehen den Fehmarnsundtunnel kritisch.

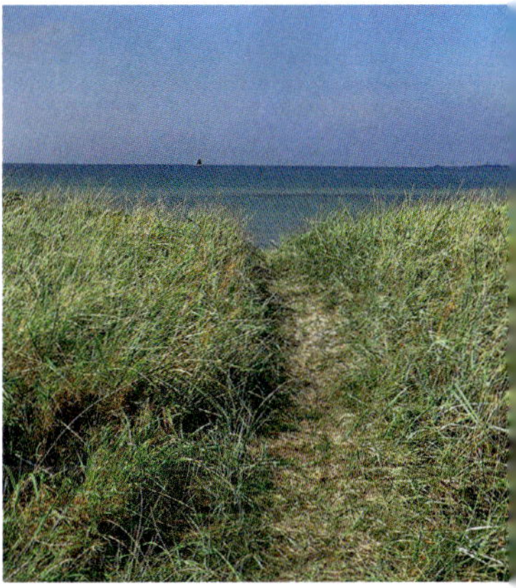

↑ **Der Fehmarnsund leuchtet.**
↓ **Lieblingsmotiv im Norden**
→ **Dünenpfad zum Strand**

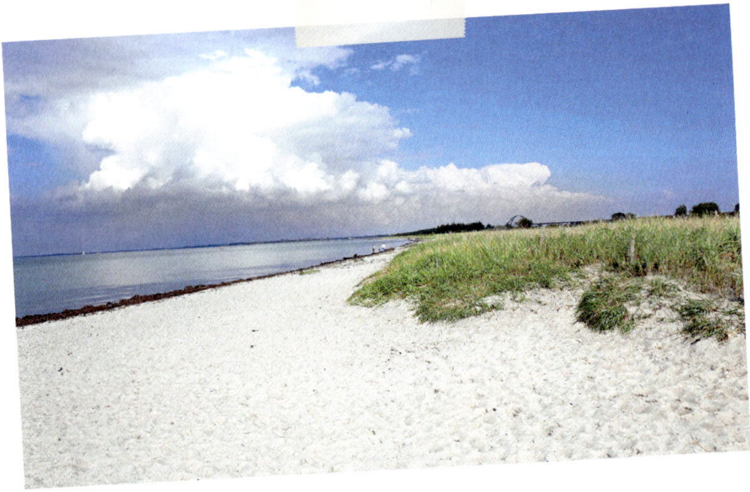

↑ **Strand von Orthfeld**

Er soll zusammen mit dem Fehmarnbelttunnel am anderen Inselende eine direkte Autobahnverbindung von Hamburg nach Kopenhagen schaffen. Wie sich das auf Natur und Tourismus auswirkt, darüber herrschen sehr unterschiedliche Vorstellungen. Nach etwa 300 Metern zweigt ein kleiner Trampelpfad durch die Dünen ab. Hier ist noch einmal ein kurzer Abstecher an den Weststrand möglich. Ansonsten geht es 700 Meter geradeaus, bevor der Königsweg ebenfalls nach rechts schwingt. Will er kurz darauf aber wieder nach links, geht es geradeaus auf dem Landwirtschaftsweg weiter. Er verjüngt sich bei einem kleinen Gewässer zum Pfad und leitet zurück zum Deich. Auf ihm ist bald der Ausgangspunkt erreicht.

Tipp

Abstecher ins Urlaubsparadies: Die großen Passagierfähren nach Dänemark legten 1959 bis 1963 in Großenbrode-Kai an. Heute tummeln sich hier und auf der benachbarten Promenade Segler, Urlauber und Tagesgäste. Dort gibt's dann auch endlich etwas zu essen – in typisch einfachen Strandlokalen.

AUF EINEN BLICK

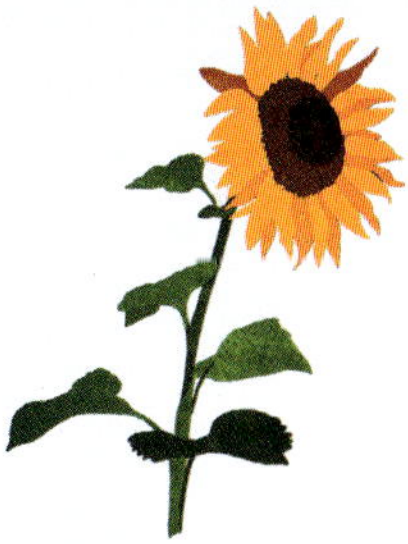

Tour 7: Tour ohne Uhr

Dauer: 3.30 Std.

Höhenmeter: 28 Hm

Länge: 14,5 km

Schwierigkeit: Leicht

Tourencharakter: Manche Abschnitte dieser vielfältigen Tour verdienen eher das Prädikat schräg als schön, andere sind überraschend idyllisch. Wegzehrung und Getränke unbedingt mitnehmen.

Ausgangs-/Endpunkt: Parkplatz Weststrand Orthfeld

Koordinaten: N 54.382380, E 11.082471

Anfahrt: **Pkw:** Über B 207, Abfahrt Großenbrode
Bahn/Bus: Bahn Oldenburg i.H., Bus 5811 bis Großenbrode Abzw. E 47

Einkehr: Höchstens der Hafenimbiss in Großenbroderfähre, außerhalb der Saison keine

Information: grossenbrode.de

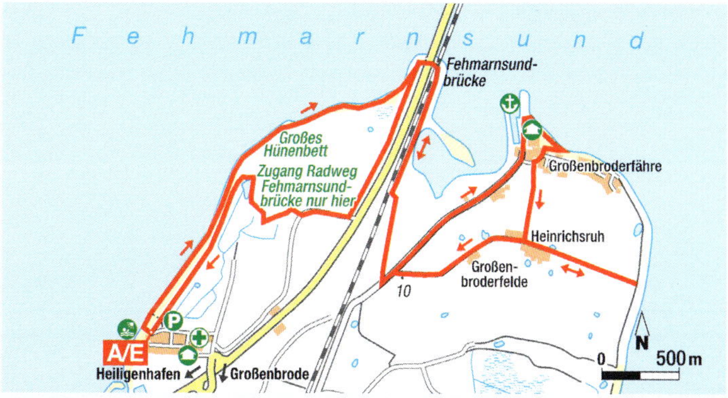

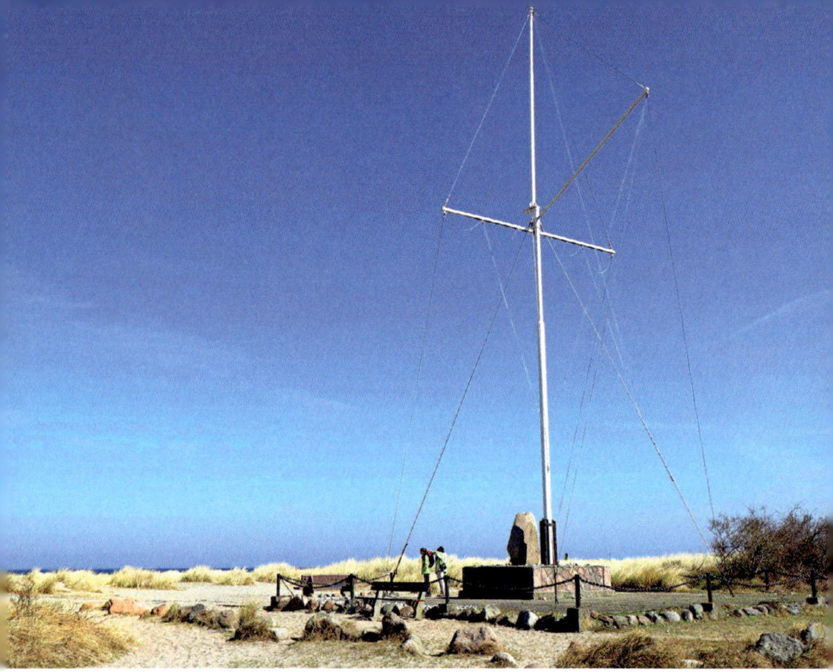

↑ Am Niobe-Denkmal startet die Tour. ↓ Ein Dünensee wartet am Ende.

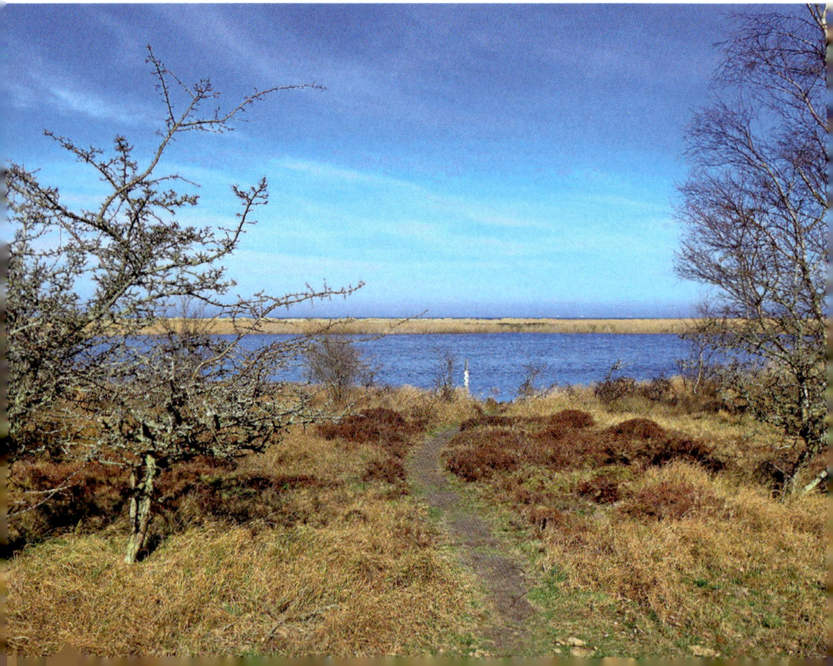

FEHMARNS WILDER NORDEN

Tour der Stille

TOUR 8

Vom Grünen Brink nach Puttgarden

Das Naturschutzgebiet Grüner Brink auf Schleswig-Holsteins einziger Ostseeinsel verändert sich mit jedem Tag. Wasser, Wind und Wellen formten seit der Eindeichung 1872 immer neue Nehrungshaken, die sich im Laufe der Jahrzehnte zu Strandseen entwickelten und das immer noch tun.

Vom Niobe-Denkmal zu den Strandseen Am Parkplatz Am Niobe in Gammendorf auf Fehmarn befindet sich eine Infotafel, die einen guten Überblick über die Nördliche Seeniederung der Insel verschafft. Obwohl die hier beschriebene Runde nicht schwer zu finden ist, kann das Faltblatt aus dem Zettelkasten nicht schaden. Das Naturschutzgebiet Grüner Brink lässt sich auf alternativen Pfaden erkunden und es ist gut möglich, dass es einen so verzaubert, dass man noch den ein oder anderen Haken schlagen möchte. Los geht es an dem großen Fahnenmast, der vom Deich schon zu sehen ist. Das Niobe-Denkmal erinnert an den Untergang des Segelschulschiffs Niobe im Jahr 1932, bei dem 69 Männer ihr Leben verloren. Von hier führt ein Pfad durch die Dünenlandschaft zur See. Die Küstenlinie im Nordwesten Fehmarns ist von einem herrlichen Strandwallsystem geprägt. Wind und Wellen schaffen hier immer wieder neue Lebensräume für hochspezialisierte Lebenskünstler aus Fauna und Flora. Diese Prozesse laufen weitgehend ohne menschlichen Einfluss ab, was sie besonders wertvoll macht. In den Sommermonaten, von April bis Oktober, werden Wanderer bereits nach einigen hundert Metern wieder landeinwärts geleitet. Dann ist der Strand aus Naturschutzgründen gesperrt und es geht auf einem Weg zwischen zwei Strandseen weiter. Beide Varianten sind wunderbar. Nicht zuletzt weil am Fehmarnbelt über das Jahr fast die Hälfte aller europäischen Vogelarten bei Brut, Rast, Mauser oder Nahrungssuche beobachtet werden

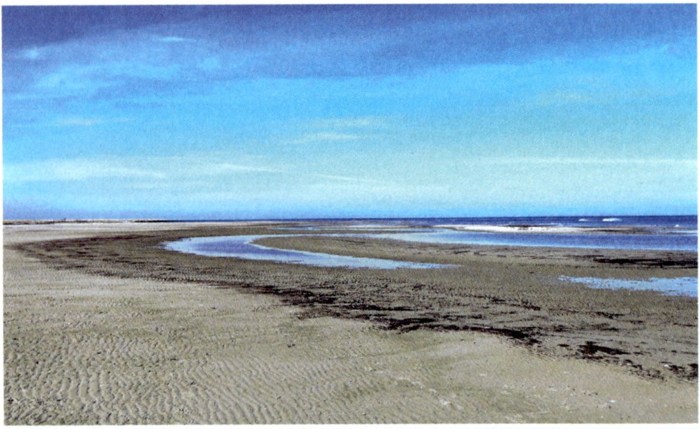

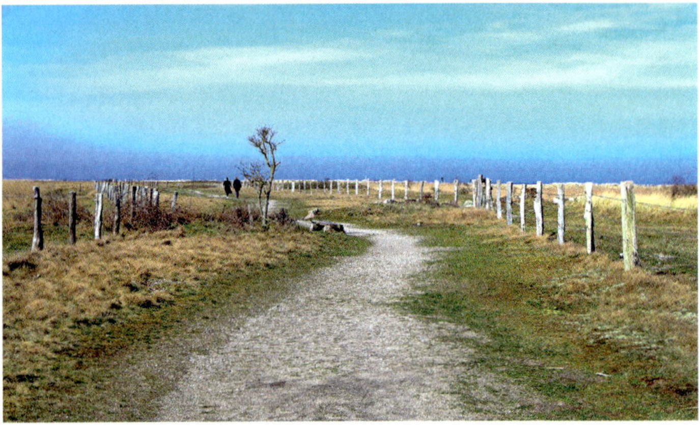

»Das ist's, was mich hier so entrückt:
Diese unbedingte Weite,
dieser Horizont in Tief' und Breite,
verschwenderisch hinausgerückt.«

Christian Morgenstern (1871–1914)

können. Fernglas und Kamera gehören für Vogelfreunde daher unbedingt in den Rucksack. Die Routen treffen sich am Strand am Grünen Brink. Dort hat man das wichtigste Drehkreuz für Zweibeiner gut im Blick: den Fährhafen Puttgarden.

Zur Westmole von Puttgarden Bis zum Fährhafen sind es nur noch 1,5 Kilometer immer am Deich lang. Eine hölzerne Mönchsfigur begrüßt die Wanderer dieser Tour dort, wo die Jakobspilger der Via Scandinavica auf die Radfahrer des Mönchswegs treffen. Während die Via Scandinavica in Puttgarden endet, findet der Mönchsweg als Munkevejen seine Fortsetzung in Rødby auf der Insel Lolland. Die Fähren pendeln rund um die Uhr im Halbstundentakt von Puttgarden nach Dänemark. Das 45-minütige Schiffsvergnügen ist für Fußgänger mit zehn Euro nicht zu teuer. Wer diese Wanderung um eine ausgiebige Pause an Deck verlängern möchte, kann das in der Regel ohne Reservierung tun. Wer an Land bleibt, schnappt Hochseeluft am Kopf der Westmole. Auch ein Blick in den Bordershop gehört zum Pflichtprogramm. Der mehrstöckige, schwimmende Supermarkt ist das Ziel der skandinavischen Schnäppchenjäger. Sie kommen aus Dänemark, Schweden und sogar Norwegen über die Grenze, um gewaltige Mengen Alkohol zu erstehen. Was für ein Spektakel nach der Stille zuvor – welche Wohltat, wenn man zurück in die Ruhe wandert.

Durch den Grünen Brink Zurück geht es zunächst wie gekommen, beim Imbiss Beltbude dann aber nicht an den Strand, sondern hinein ins Naturschutzgebiet. Entlang der Strandseen und des extensiv beweideten Grünlands, in Kiefernwäldchen und auf Heideflächen hört man es je nach Jahreszeit Zwitschern, Tirilieren,

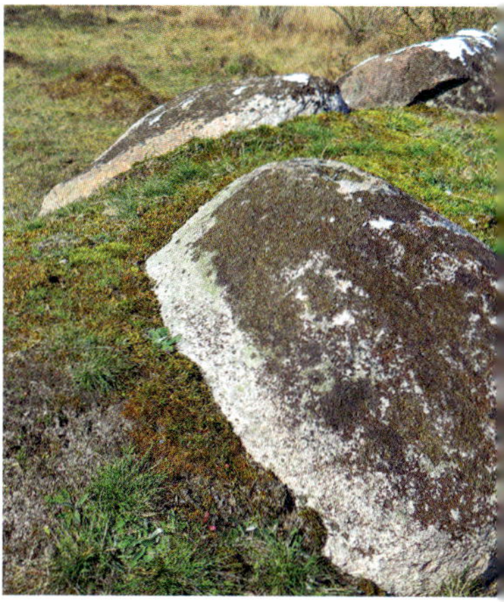

- ↑ **Wasserfeste Schuhe sind kein Nachteil.**
- ↓ **Wanderwege mäandern durchs Vogelparadies.**
- → **Uralte Steinwälle**

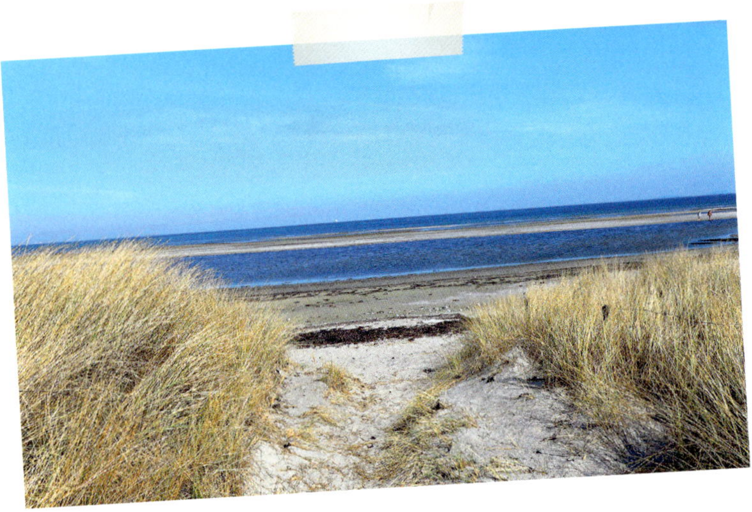

↑ **Am Horizont liegt Dänemark.**

Piepsen, Schnattern, Rufen oder Schnäbeln. Auch Amphibien finden rund um die strukturreichen Gewässer ideale Laichmöglichkeiten und Sommerquartiere. So friedlich ging es vor 400 Jahren nicht zu. Da stritten zwei Schafhirten hier so sehr um die Weiden, dass einer dem anderen mit einem Stein ein Auge ausschlug. Damals ordnete Friedrich III. einen steinernen Grenzwall an, um die Streitigkeiten zu beenden. Die doppelreihigen Findlinge sind noch gut erhalten. Es sind die ältesten Steingrenzen in ganz Holstein und gar nicht zu verfehlen, da alle Wege durchs Schutzgebiet an den Steinwällen aufeinandertreffen. Die ganze Geschichte kann man oben auf dem Deich nachlesen, gar nicht weit entfernt von der Stelle, wo diese Tour begann und nun auch endet.

Tipp

Ebenso herrlich ist die Streckenwanderung vom Niobe-Denkmal in westliche Richtung zur Markelsdorfer Huk. Am stürmischen Nordkap von Fehmarn wartet nach 6 Kilometern eine Aussichtsplattform mit Blick auf die Ostsee und den Leuchtturm von 1881 am Salzensee.

AUF EINEN BLICK

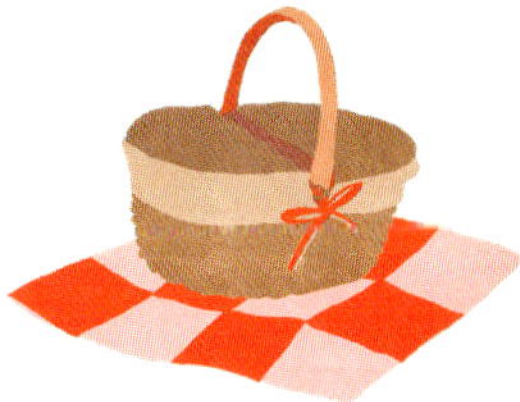

Tour 8: Tour der Stille

Dauer: 3 Std.

Höhenmeter: 12 Hm

Länge: 13 km

Schwierigkeit: Leicht

Tourencharakter: Leichte Orientierung auf leichter Runde; zumeist über Wege, Pfade und Strandabschnitte in geschützter Natur

Ausgangs-/Endpunkt: Parkplatz bei Niobe in Gammendorf auf Fehmarn

Koordinaten: N 54.521868, E 11.153948

Anfahrt: **Pkw:** A 1, E 47 bis Puttgarden, dort der Ausschilderung folgen
Bahn/Bus: Bahn bis Puttgarden

Einkehr: In den Sommermonaten hat die Strandgastronomie beim Niobe-Denkmal und beim Grünen Brink geöffnet. Im Winter sicherheitshalber Butterbrote mitbringen.

Information: fehmarn.de

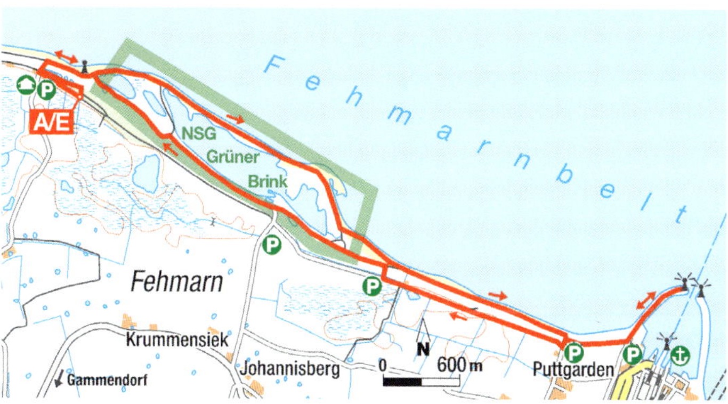

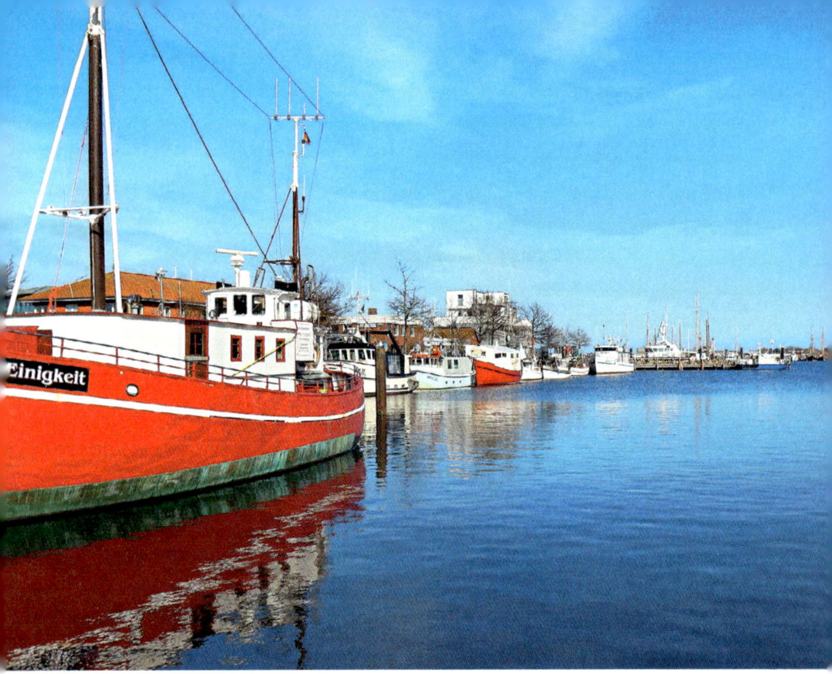

↑ Maritime Atmosphäre in Heiligenhafen ↓ Lehrpfad auf dem Graswarder

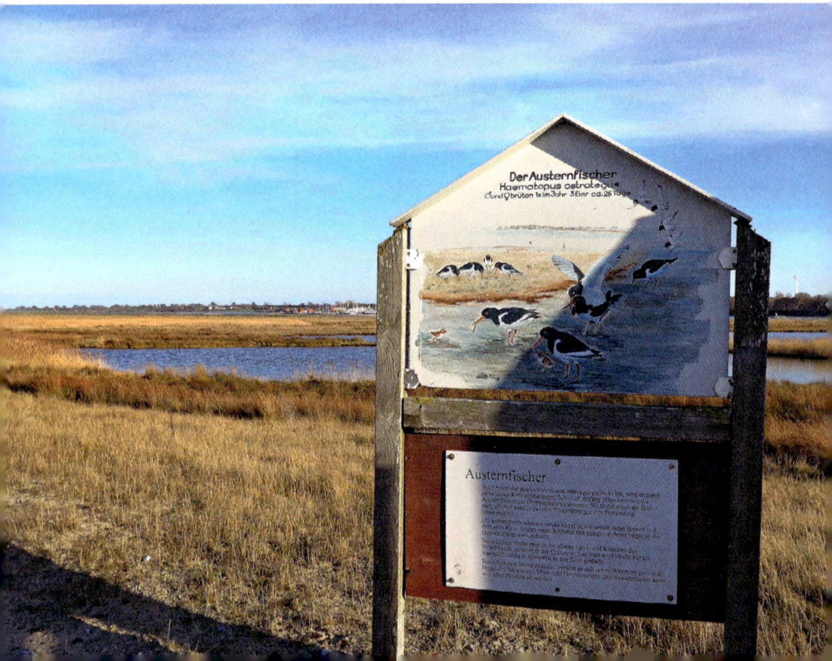

HAFENLIEBE

Tour für den Genuss
TOUR 9

Heiligenhafens Kostbarkeiten

Smutjes und Seefahrerinnen kommen in Heiligenhafen so richtig auf den Geschmack. Das maritime Leben zeigt sich hier von jeder Seite: beschauliche Küstenpfade, Hafentrubel, Urlaubsträume und überall: Meeresfrüchte satt.

Start in Strandhusen Die Tour startet mit einer kleinen Kuriosität am Strandparkplatz in Strandhusen. Auch als das Fischerdorf noch nicht zu Heiligenhafen gehörte, stand der Leuchtturm bereits in einem Privatgarten. Seit 1885 wurde allabendlich die Schiffslaterne in einem Schifferhaus entzündet. Das heutige Leuchtfeuer weist den Fischern seit 1938 den Weg in den sicheren Hafen. Wanderer gelangen über den Lütjenbroder Weg dorthin. Im Blick stets die Halbinsel Graswarder, deren Erkundung auch noch auf dem Programm steht. Vorm ersten Haus des Ortsteils Ortmühle informiert eine Schautafel schon über das Schutzgebiet. Rechts daneben leitet ein Pfad an den versteckten Strand. Näher kann man den wachsenden Nehrungshaken des Graswarders nur noch im Rahmen einer NABU-Führung kommen. Über den Warteburgweg geht es am Jachthafen vorbei auf Am Ufer. Die kaum befahrene Straße verwandelt sich nach wenigen hundert Metern in einen baumbestandenen Promenadenweg. Wer die Mole, gleich hinter der Segelschule, bis zum Ende abschreiten mag (was immer eine gute Idee ist), kann kurze Andacht am Gedenkstein des Admiral Edward Vernon halten. Einer Legende nach hat er den Grog erfunden. Das Matrosengetränk hilft an der Ostsee über kalte Winterabende, ist aber mit Vorsicht zu genießen, das verrät schon das plattdeutsche Rezept: »Rum mut, Zucker kunn, Water bruuk nich.«

Hafenbummel Die Kapitän-Smissen-Straße führt direkt in den Kommunalhafen. Er duftet – für die Ostseeküste Schleswig-Holsteins leider inzwischen außergewöhnlich – durchaus noch nach Fischerei und harter Arbeit.

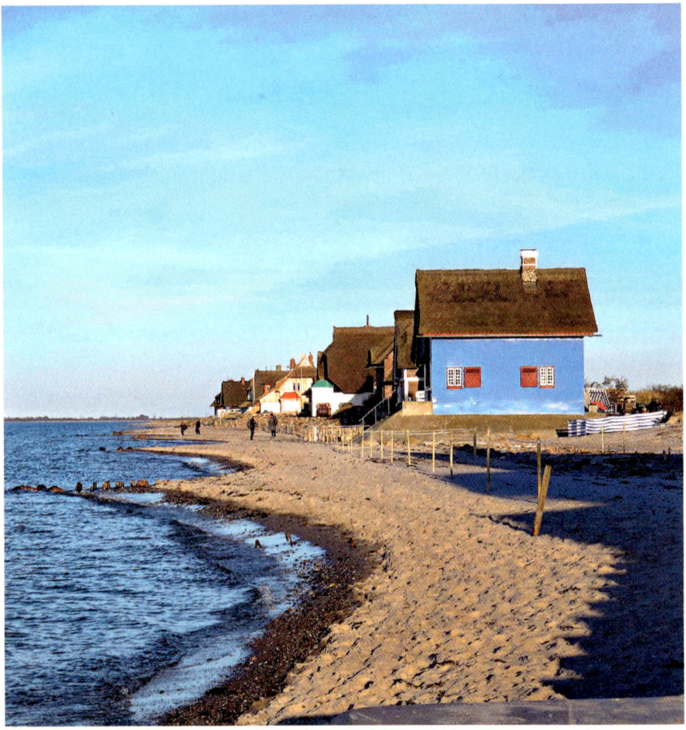

»Es rauscht wie Freiheit.
Es riecht wie Welt.
Natur gewordene Planken sind Segelschiffe.
Ihr Ausblick erhellt.
Und weitet unsere Gedanken.«

Joachim Ringelnatz (1883–1934)

Zwar ist auch in Heiligenhafen der Tourismus mittlerweile die größte Einnahmequelle. Doch noch tuckern Fischkutter von hier auf große Fahrt. Die örtliche Fischereigenossenschaft betreibt mit der Fischhalle ein eigenes Restaurant. Nicht nur dort ist frischer Fisch Ehrensache. Entlang der Kaikante reihen sich Traditionsbetriebe wie das Restaurant Nordpol oder die Genusspiraten, die auf einem Kutter ankern. Backbord im Jachthafen und in der anschließenden Marina lassen sich in der Saison bis zu 1000 Segelmasten zählen. Das gastronomische Angebot richtet sich an die Besatzung einfacher Ruderboote ebenso wie an die Besitzer von Megajachten. Beim letzten Ponton überbrückt ein Bohlenweg ein kleines Biotop und leitet zum Graswarder.

Auf dem Graswarder Mit Lagunen, Nehrungshaken und einem guten Dutzend historischer Bädervillen bezaubert die langgestreckte Halbinsel vom ersten Augenblick. Etwa zur Hälfte darf sie erwandert werden, der Rest ist exklusives Vogelparadies. Die zunächst noch asphaltierte, später sandige Straße ist mit besonders liebevoll gestalteten Infotafeln gesäumt. Malerischer als die porträtierten Silbermöwen, Brandgänse, Austernfischer und Säbelschnäbler ist nur noch die Watt- und Wiesenlandschaft selbst. Bei der NABU-Station führt ein Pfad an den Strand, an dem es nun zurückgeht. Wer eben noch überzeugt war, von einem Häuschen unter Reet auf dem Graswarder zu träumen, gerät ins Grübeln. Während die Nehrungshaken an der Landseite wachsen, macht die Ostsee an der Brandungsseite dem Strand ganz schön zu schaffen. Sämtliche Küstenschutzmaßnamen müssen von den Hausbesitzern selbst finanziert werden. Einst war der Graswarder eine Insel. 1954 wurde er mit der damaligen Halbinsel Steinwarder verbunden. Sie beginnt

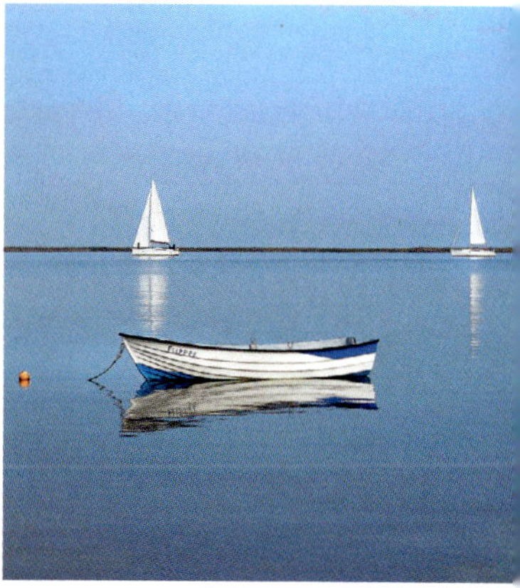

← Bädervillen mit kostbarer Adresse
→ Strandhusen

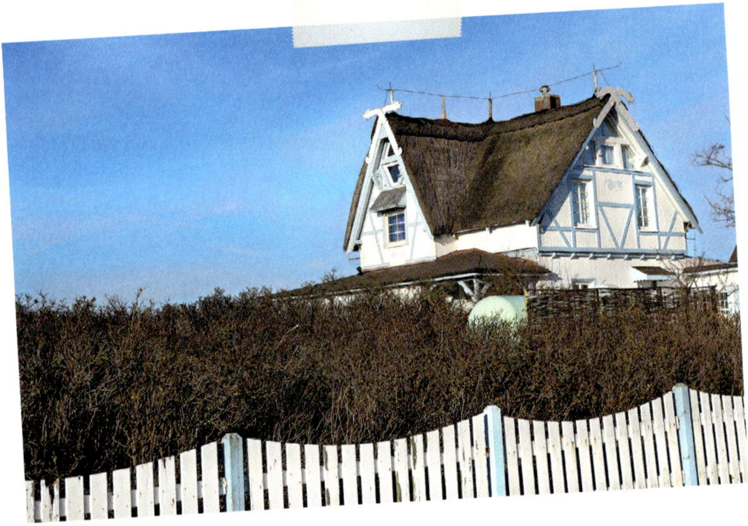

↑ Haus Wotan: ein Strandhaus im Bäderstil

in etwa bei der weit sichtbaren Seebrücke. Dort speist man gehoben im Holyharbour Grill. In der selbsternannten Holzklasse, der Bretterbude gleich gegenüber, geht es lässig zu. Der Meerblick ist aber genauso fein.

Zurück zum Leuchtturm Zurück geht es über die Promenade am Binnensee und weiter über Am Strande, Werftstraße, Kapitän-Smissen-Straße. Bei der bereits bekannten Mole führt Am Ufer, ein kombinierter höher gelegener Rad- und Wanderweg, zurück zum Ausgangspunkt. Wer sich vom Wasser noch nicht trennen mag, lässt sich wie gekommen am Ufer zurücktreiben.

Tipp

Um die Bettenburgen im Westen Heiligenhafens machen Naturliebhaber instinktiv einen großen Bogen. Gleich hinter dem Ferienzentrum wartet jedoch ein prima Steilküstenpfad, der besonders zum Sonnenuntergang herrliche Aussichten verspricht.

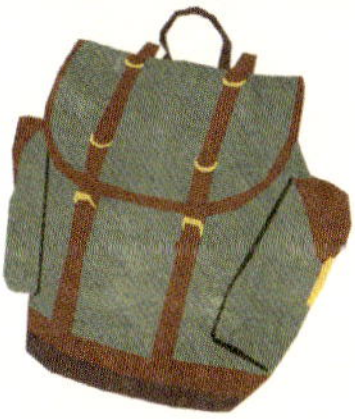

AUF EINEN BLICK

Tour 9: Tour für den Genuss

Dauer: 3 Std.

Höhenmeter: 15 Hm

Länge: 12 km

Schwierigkeit: Leicht

Tourencharakter: Bummel am Hafenrand mit Strandabstechern

Ausgangs-/Endpunkt: Parkplatz am Leuchtturm Strandhusen

Koordinaten: N 54.367870, E 11.0201376

Anfahrt: **Pkw:** Über A 1, Abfahrt Heiligenhafen Ost, weiter Klausdorfer Weg, Sundweg bis Strandhusen
Bahn/Bus: Bahn Oldenburg i.H., Bus 5811 bis Strandhusen

Einkehr: Gehoben isst man im Holyharbour Grill, lässig und hip in der Bretterbude gegenüber.

Information: heiligenhafen-touristik.de

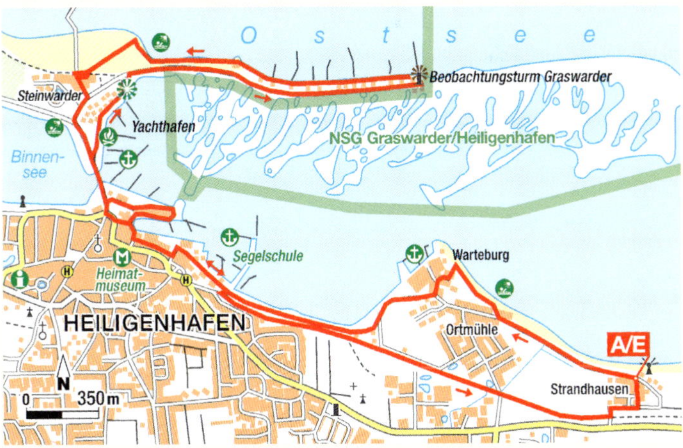

PLÖN UND DIE PROBSTEI

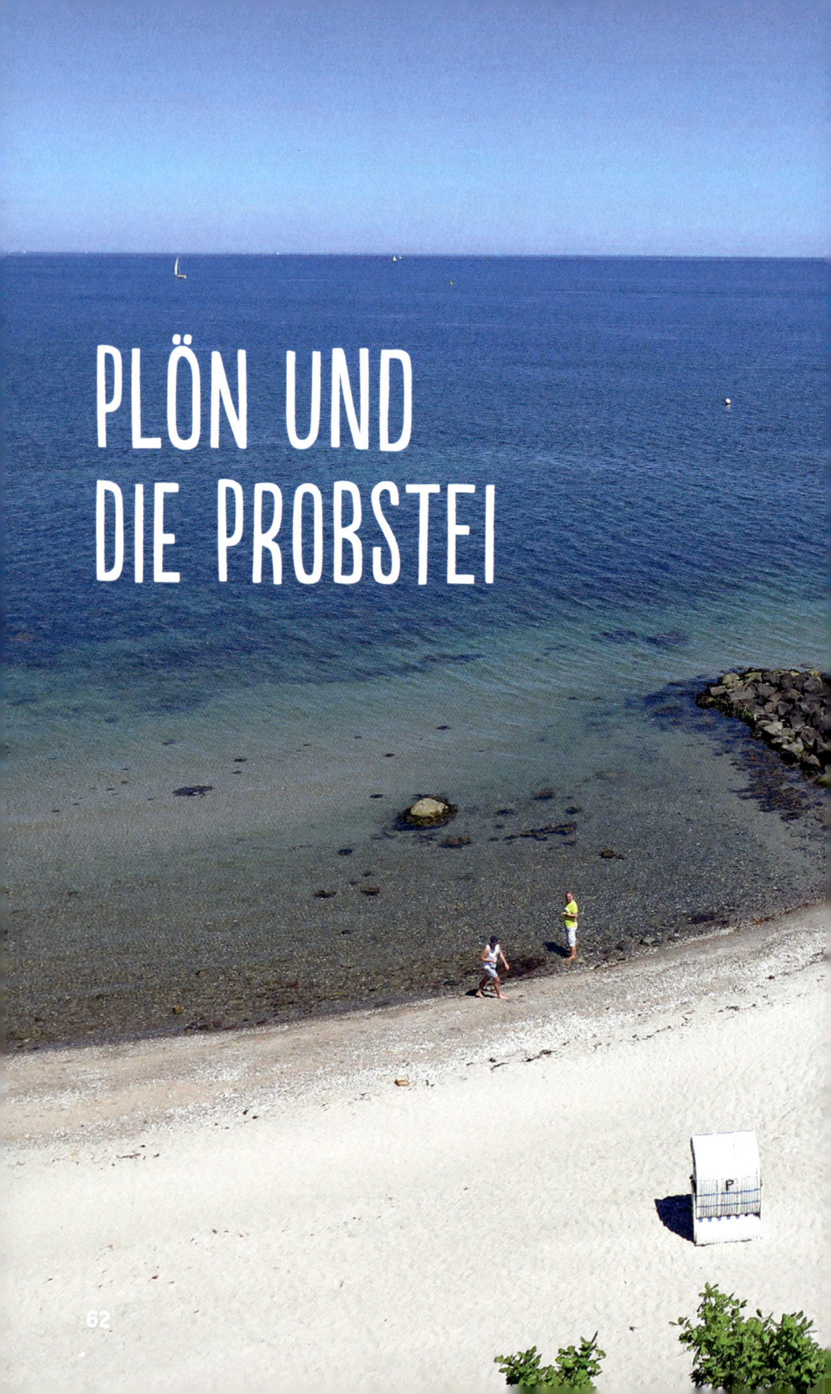

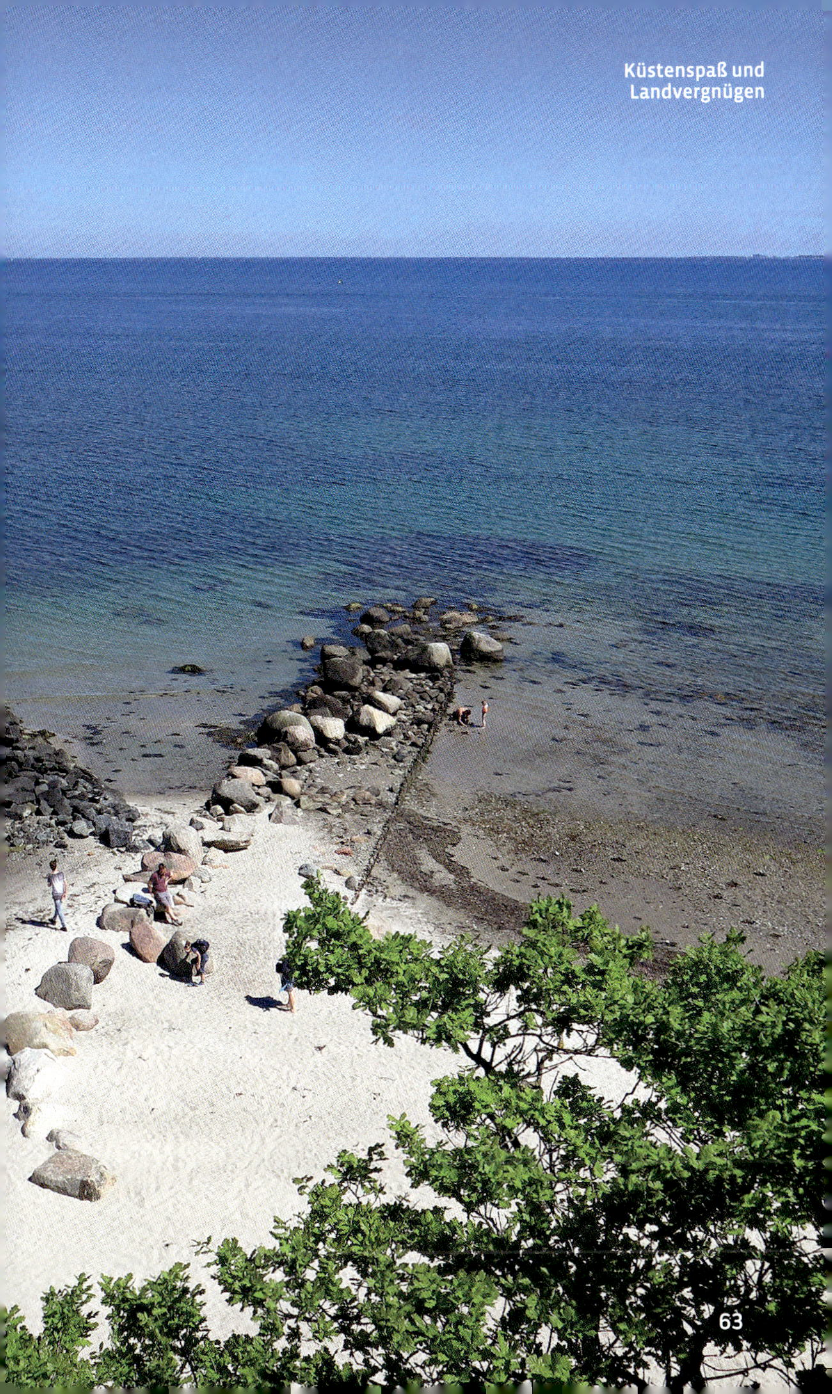

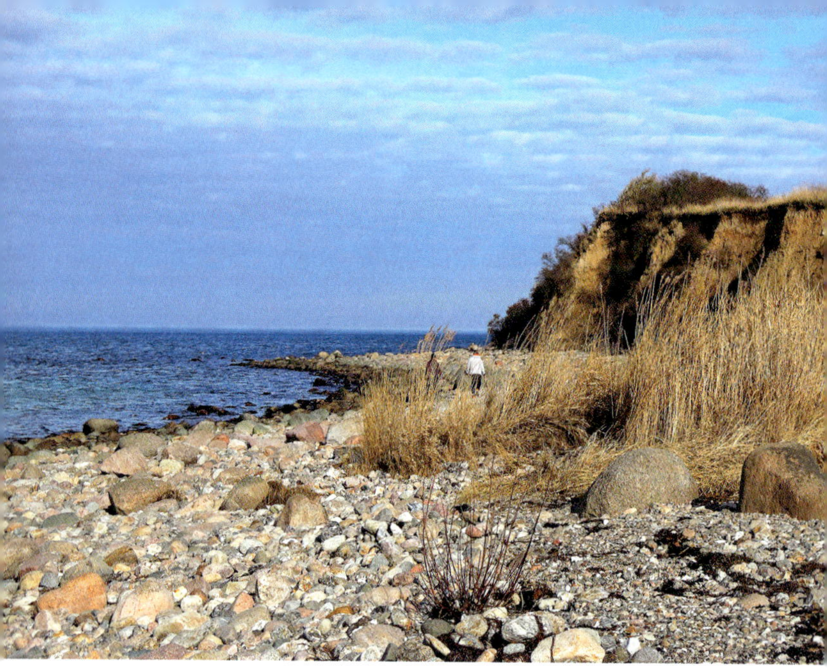

↑ Steinstrände; die Schwarzen Pisten der Küste ↓ Leicht geht's über Bohlen.

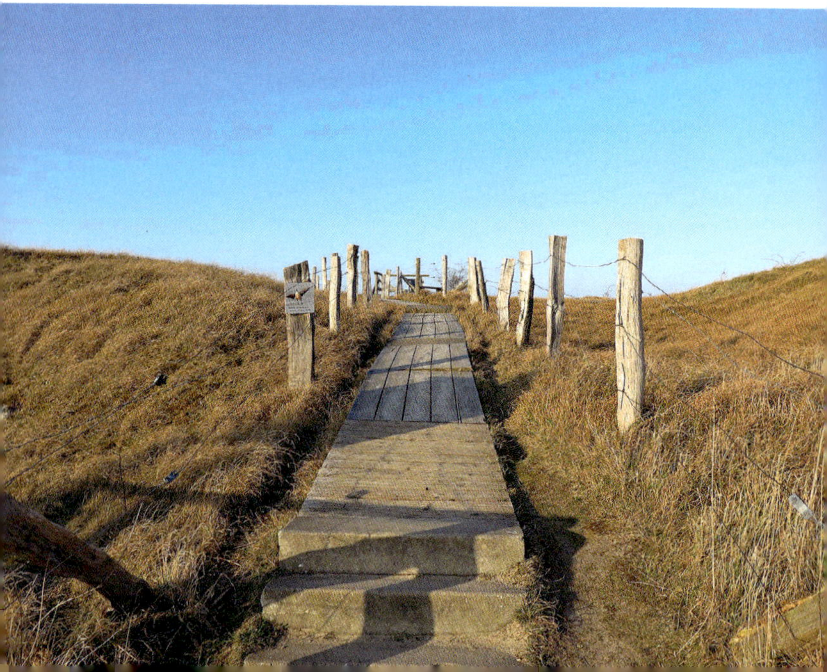

SEELUFT MACHT HUNGRIG

Tour für den Genuss
TOUR 10

Auf der Steilküste von Wangels

Wo Ostholstein die Küste an den Kreis Plön abgibt, gleicht sie einem begehbaren Restaurantführer. Wer sich schwer entscheiden kann, inspiziert die Möglichkeiten bis zum Drehpunkt in Hohwacht und kehrt auf dem Rückweg in seiner Lieblingslocation ein.

GeschenkeWald und Steilküstenpfad Der Parkplatz des Strandbistros Alte Liebe grenzt direkt an ein Steilküstenwäldchen. Es dient als Ruheforst und bietet daneben die Möglichkeit Baumpatenschaften abzuschließen. Eine Runde durch den GeschenkeWald zu drehen ist empfehlenswert und verlängert die Strecke um kaum mehr als einen Kilometer. Dann geht es auf den Panoramaweg der Steilküste von Wangels. Die Abbruchkante gehört zu den höchsten in Schleswig-Holstein. Zwei Senken, die nach Regenfällen ganz schön matschig werden können, müssen gemeistert werden, bevor der Sehlendorfer Puderzuckerstrand nach vier Kilometern erreicht ist.

Sehlendorfer Strand und Binnensee Dominiert von Campingplätzen geht es in den Strandlokalen am Sehlendorfer Strand locker zu. Dat Dünenhus serviert 1a Fischsuppe, die Fischbar im Surferlook Lachsburger und Poke Bowls. Falls im Sommer alle Plätze an der Sonne besetzt sind oder im Winter alles geschlossen ist, warten die nächsten Hangouts schon zwei Kilometer weiter. Sie führen auf einem von Infotafeln gesäumten Wanderweg durch das Naturschutzgebiet Sehlendorfer Binnensee. Die Lagunenlandschaft wird regelmäßig von der Ostsee überschwemmt. So konnten sich Salzwiesen entwickeln, die beinahe Nordseequalitäten aufweisen.

Nach Hohwacht und zurück Der Wanderweg leitet an den Kurstrand von Hohwacht. Mit Blick auf die Seebrücke sitzt man prima im Alt-Hohwachter

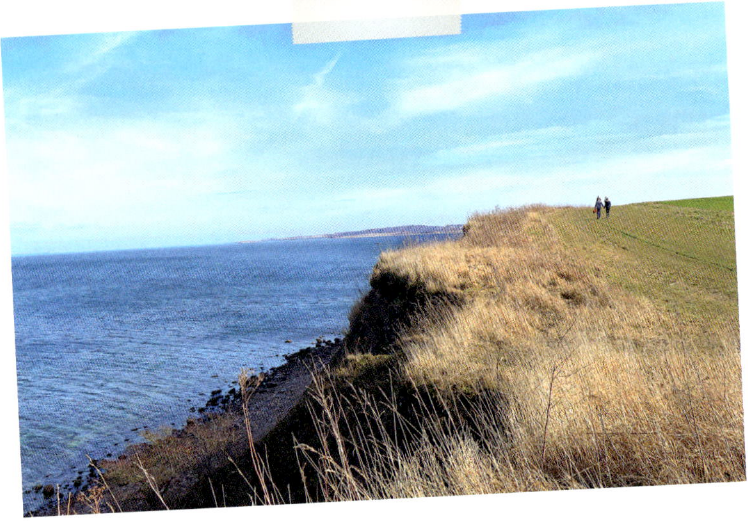

↑ **Weitblick von Wangels**

Fisch Gourmet oder im Strandpavillon Strandkörbchen gleich daneben. In der Ferne markiert die markante Steilküste den Ausgangspunkt. Der Rückweg am Wellenrand dauert etwas länger und wird sogar beschwerlich, wenn der Sand- in Geröllstrand übergeht. Dafür belohnt er mit Ruhe am Fuße des Kliffs und Sitzsteinen, die sich perfekt für Ruhepausen eignen. Wer am Ausgangspunkt mehr als einen Imbiss in der Alten Liebe einnehmen möchte, wandert einige hundert Meter weiter zum Bootshaus. Das Strandrestaurant des Luxusresorts Gut Weissenhaus ist nicht unbezahlbar. Der Sonnenuntergang aber schon.

Tipp

In Hohwacht herrscht das schönste aller Verbote von ganz Schleswig-Holstein: Kein Haus darf hier höher wachsen als die Bäume. Wie gut das dem Auge und der Seele tut, zeigt eine knapp drei Kilometer lange Runde von Alt-Hohwacht über An der Steilküste bis zum Kurpark und zurück auf dem Dünenweg.

AUF EINEN BLICK

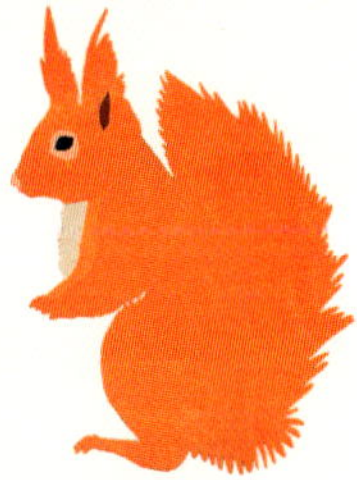

Tour 10: Tour für den Genuss

Dauer: 3.30 Std.

Höhenmeter: 23 Hm

Länge: 14,5 km

Schwierigkeit: Mittel

Tourencharakter: Leichter Wanderweg auf der Steilküste, im Winter kann es matschig werden, für den Rückweg durch feinen Sand und über Wackersteine braucht es Trittsicherheit.

Ausgangs-/Endpunkt: Parkplatz Alte Liebe Wangels

Koordinaten: N 54.305640, E 10.757606

Anfahrt: **Pkw:** Über A 1 bis Abfahrt Oldenburg i.H. Weiter über B 202 bis Am Eitz. Über A 7 weiter auf A 215, B 76, B 202.
Bahn/Bus: Bahn bis Oldenburg (in Holstein) oder Kiel, Bus 310 bis Wangels-Weissenhaus

Einkehr: Neben den beschriebenen finden sich in Hohwacht etliche Restaurants für jeden Geschmack und jeden Geldbeutel

Information: hohwachterbucht.de

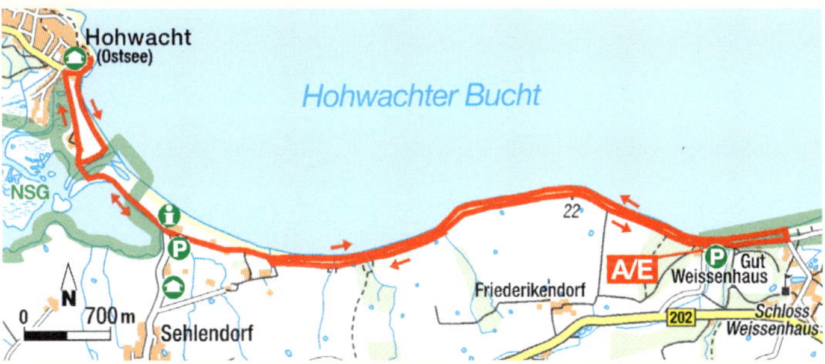

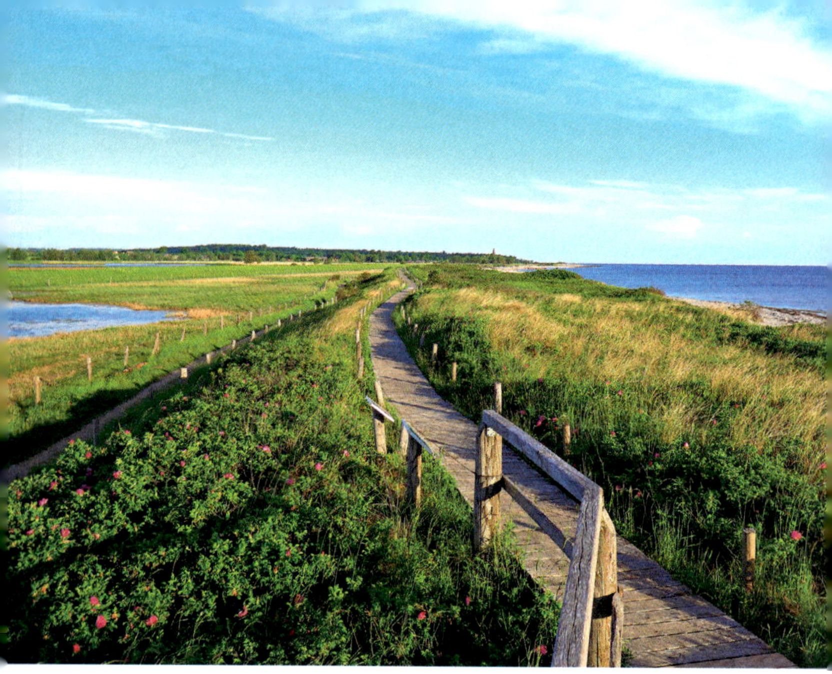

↑ Zwischen See und Meer ↓ In der Ferne die Holsteinische Schweiz

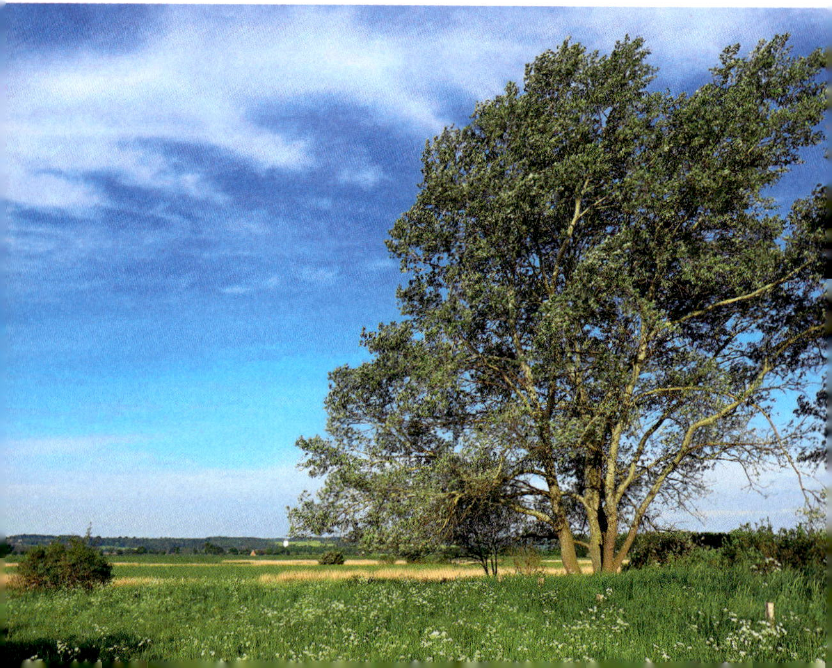

RUNDTOUR KLEINER BINNENSEE

Tour für den Genuss
TOUR 11

Von Hohwacht nach Behrensdorf

Zwischen den tollen Einkehrmöglichkeiten von Hohwacht und Behrensdorf liegen ein kleiner Hafen und das herrliche Naturschutzgebiet »Kleiner Binnensee und angrenzende Salzwiesen«. Statt Souvenirshops warten Bohlenwege und unvergessliche Momente.

Speisen mit Meerblick Diese Tour startet am Parkplatz an der Seestraße in Hohwacht. Schon dort bietet sich im Sommer der Retro-Imbiss Moin Fritz für einen Snack an, gleich nebenan lockt der Strandgarten des Seaside mit Bullerbü-Atmosphäre. Gediegener geht es im Hotel und Restaurant Genueser Schiff zu; etwa 300 Meter dem Dünenweg in nördlicher Richtung folgend. Die drei reetgedeckten Häuser in Alleinlage am Meer punkten bei Sonnenschein mit Strandkorbcafé und bei Schietwetter mit original Englisch Tea Time. Aber eigentlich soll ja gewandert werden. Also los. 1,6 Kilometer durch die Dünen oder direkt an der Wasserkante entlang bis zum Jachthafen von Lippe. Er gilt unter Seglern als besonders idyllisch, noch nicht so glattgebügelt wie andere Häfen an der Ostseeküste. Dementsprechend lässig geht es rund um die 210 Liegeplätze, Slipanlagen und Imbissbuden zu. Die Gaststätte Klabautermann steht schon seit Urzeiten für hervorragende Fischgerichte. Besser als auf den rustikalen Holztischen und -bänken direkt am Wasser kann man kaum sitzen. Am Parkplatz beginnt ein Wanderweg, über den schnell das Naturschutzgebiet »Kleiner Binnensee und angrenzende Salzwiesen« erreicht ist.

An der Ausgleichsküste Für die folgenden Kilometer gibt es zwei Varianten. Egal für welche man sich entscheidet, kann man sich schon auf den Rückweg freuen. Dann ist die andere dran. Es geht entweder immer am Strand entlang, teilweise auf dem erhöhten Holzbohlenweg mit tollen Aus-

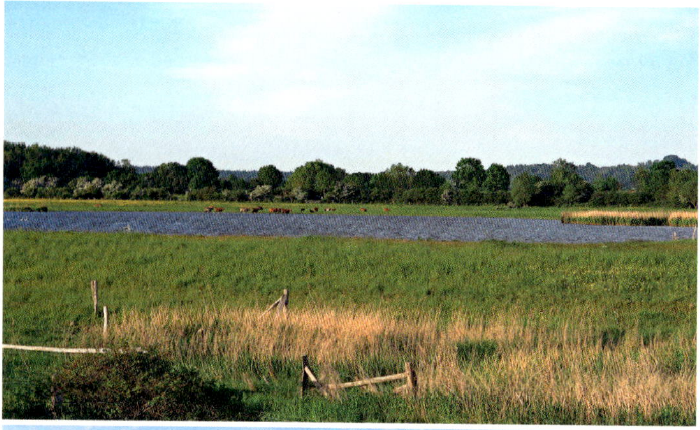

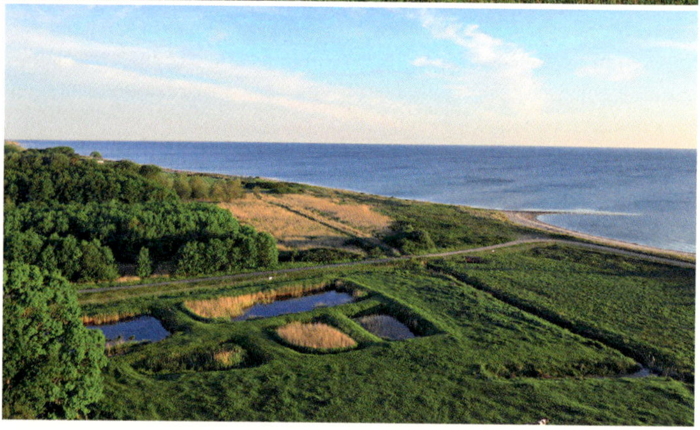

»Dorthin – will ich; und ich traue.
Mir fortan und meinem Griff.
Offen liegt das Meer, in's Blaue.
Treibt mein Genueser Schiff.«

Friedrich Nietzsche (1844-1900)

sichten von der Düne oder auf dem etwas tiefer gelegenen Weg hinter der Düne und damit näher am Kleinen Binnensee. Strandseen wie dieser entstehen, wenn Wind und Wellen Sand verfrachten. Die Brandung kann ihn über weite Strecken transportieren, bis er sich hinter Landvorsprüngen oder Einbuchtungen absetzt. Dann bilden sich Sandbänke, die zunächst zu Strandwällen anwachsen. Haben sie eine gewisse Größe erreicht, werden sie Nehrungshaken genannt. Diese Nehrungshaken bilden oft Buchten. Solange die Buchten noch Verbindung zum offenen Meer haben, spricht man von Lagunen. Reichen sich zwei Nehrungshaken die Hand oder dockt einer ans Festland an, ist ein Strandsee entstanden. Sie werden nur noch in sehr seltenen Fällen überflutet und süßen langsam aus. Der Kleine Binnensee ist für brütende, durchziehende und überwinternde Vogelarten von großer Bedeutung. Auch der Strandwall- und Dünenkomplex ist ein wichtiger Lebensraum für Seevögel, etwa Zwergschwalben und Sandregenpfeifer, die ihre Nester in steinigen Kiesflächen anlegen. Auf beiden Wegvarianten erzählen Infotafeln von Flora und Fauna, bevor ein Parkplatz den Badestrand von Behrensdorf ankündigt.

Neuland Der Behrensdorfer Strand ist ganzjährig kurtaxenfrei. Dem Strandweg einen knappen Kilometer folgend, macht ein Zaun das Weiterkommen unmöglich. Er schirmt den Truppenübungsplatz Todendorf ab. Es ist auch die Bundeswehr, die den Leuchtturm Neuland betreibt. Darum ist er abgesehen von wenigen Terminen pro Jahr nicht zugänglich. Es lohnt sich trotzdem, der 40 Meter hohen Backsteinschönheit von 1915 einen Besuch abzustatten. Bis dorthin sind es nur einige Schritte landeinwärts. Zusammen mit den Warnfeuern von Heiligenhafen, Blank-Eck, Wessek, Hubertsberg und

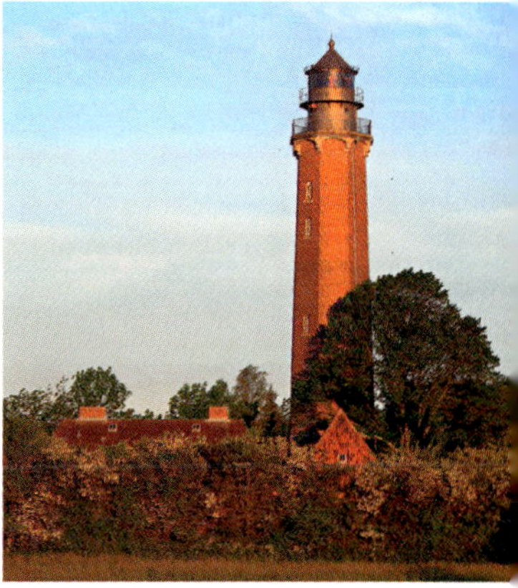

↑ **Neues Land am Binnensee**
↓ **Die Ostsee gibt. Die Ostsee nimmt.**
→ **Leuchtturm Neuland**

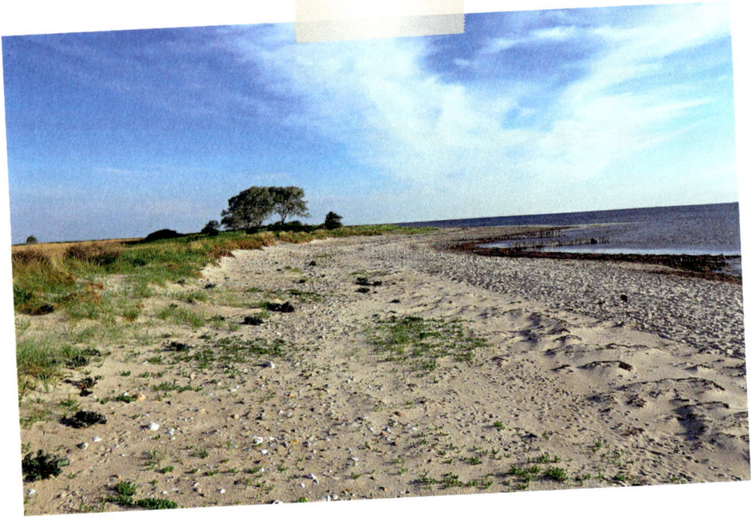

↑ **Typische Strandvegetation**

Heidkate schickt der denkmalgeschützte Leuchtturm seine lichtstarken Signale übers Meer, wenn die Marine das Schießen übt. Ansonsten ist der Turm mit seinen Nebengebäuden ein friedlicher Ort. Sogar heiraten kann man auf der Plattform mit der hohen Eisenlaterne. 210 Stufen über der Ostsee. Im Anschluss führt die Straße Neuland zwischen Feldern, Wiesen und Campingplätzen zurück zur Strandstraße und passiert dabei den Seepudel. Der entspannte Strandimbiss, eng verbandelt mit der Clubikone Goldener Pudel auf St. Pauli, ist immer eine Einkehr wert. Genau wie die anderen Locations, die man schon auf dem Hinweg auf den Speisezettel gesetzt hat. Oder es wird ein Picknick entlang der Wegstrecke.

Tipp

Wo Strand und Kulinarik aufeinander treffen, ist man im Sommer nie allein. Es sei denn, man macht sich auf den Weg, bevor die Urlauber aufstehen. Diese Tour ist zum Sonnenaufgang einfach herrlich. Zum Abschluss darf man sich dann mit einem ausgedehnten Frühstück mit Meerblick belohnen.

AUF EINEN BLICK

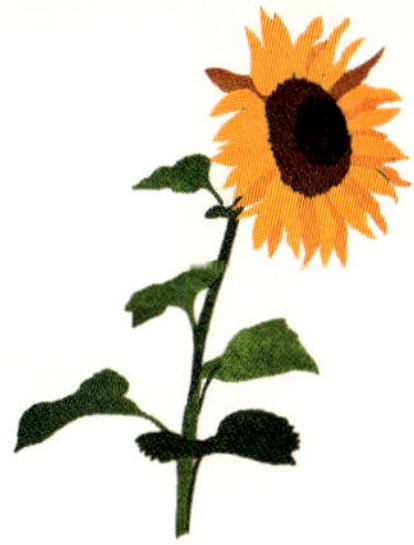

Tour 11: Tour für den Genuss

Dauer: 3.15 Std.

Höhenmeter: 11 Hm

Länge: 13,5 km

Schwierigkeit: Leicht

Tourencharakter: Sieht auf der Karte wie eine Streckenwanderung aus. In natura ermöglichen die nebeneinander verlaufenden Wege eine vielfältige Rundwanderung.

Ausgangs-/Endpunkt: Besucherparkplatz Seestraße Hohwacht

Koordinaten: N 54.325056, E 10.662791

Anfahrt: **Pkw:** Über A 1 bis Abfahrt Oldenburg i.H. Weiter über B 202 und K 45. Über A 7 weiter auf A 215, B 76, B 202.
Bahn/Bus: Bahn bis Kiel, Bus 310 bis Lütjenburg, Bus 350 bis Seestraße Hohwacht

Einkehr: Alle im Text beschriebenen, dazu etliche Restaurants in Hohwacht

Information: hohwachterbucht.de

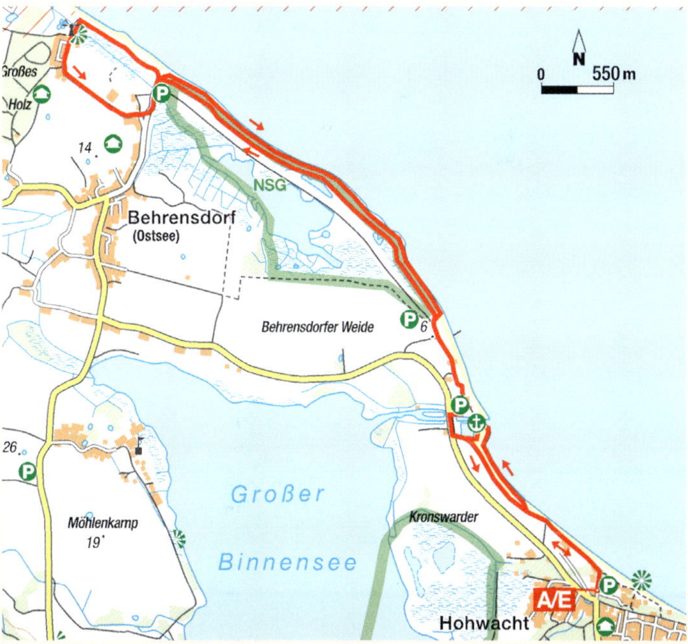

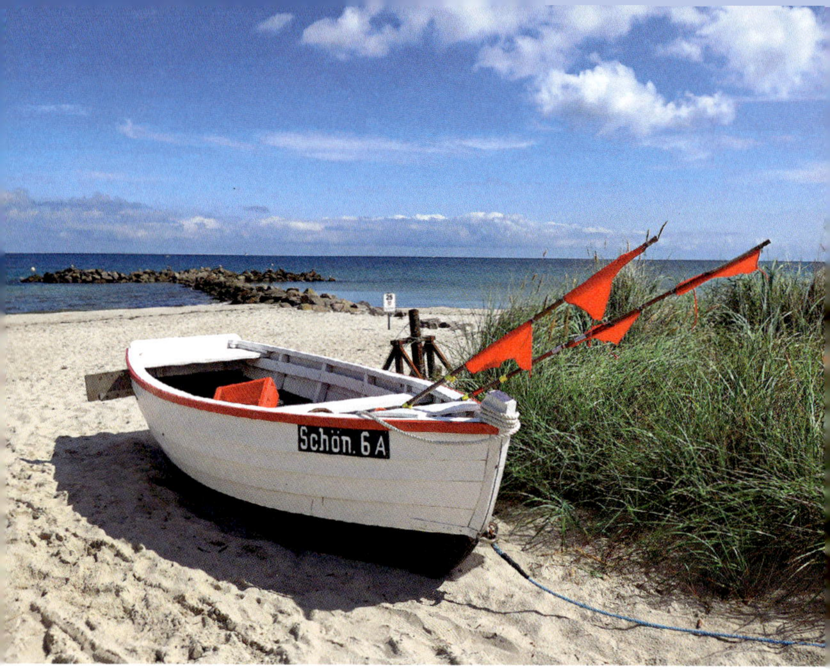

↑ Nomen est omen am Schönberger Strand ↓ Ostsee im Nordseelook

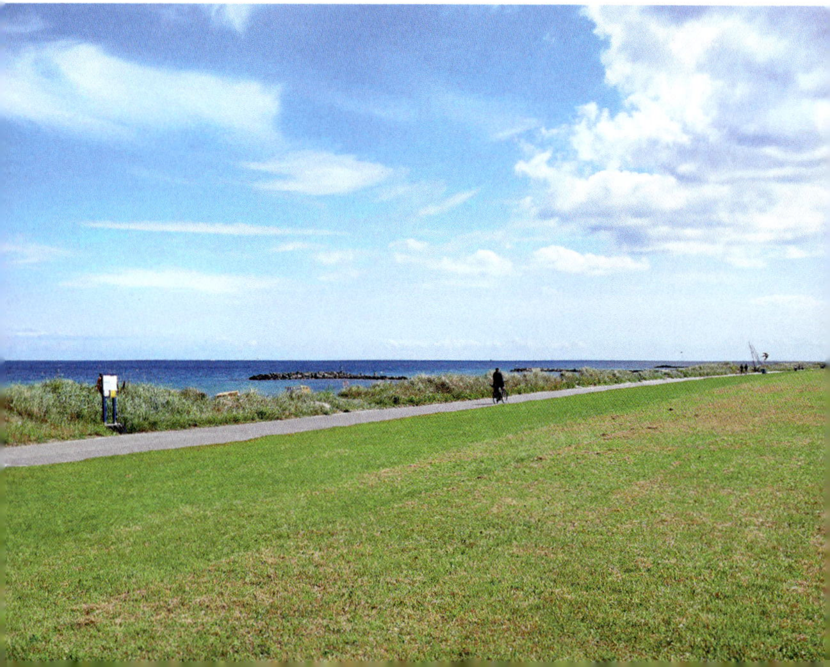

Tour für die Sinne
TOUR 12

DEICH- UND SALZWIESENTURN

Vom Schönberger Strand nach Heidkate

Social-Media-Experten dürfen auf dieser Tour auf keinen Fall das Smartphone vergessen. Schließlich kann man nicht alle Tage der Welt mitteilen, dass man durch Kalifornien und Brasilien spaziert. Wanderern reichen ihre Sinne, um die Tour zu feiern.

Naturerlebnis- und Salzwiesenpfad Beim Museumsbahnhof am Schönberger Strand startet ein Naturerlebnispfad. Er begleitet die Bahnschienen entlang der Schlierbek und knickt bei der Fledermaus-Station rechts in den Gemeindeteil Neu-Schönberg. Von hier setzt er sich als Salzwiesenweg fort. Zu Vogelgezwitscher wandert man durch eine flache, weite Landschaft, die unter dem Meeresspiegel liegt. Fast wie an der Nordsee also. Und das ist nicht das Einzige, was die Probstei mit der Westküste gemeinsam hat, gilt sie doch als Kornkammer der Region. Der Boden ist ebenso fruchtbar wie in Dithmarschen. Nach Querung des Korshagener Redders steht man dann aber nicht am Wattenmeer. Sondern in Brasilien.

Von Brasilien bis Kalifornien Feinsandig und flach abfallend gehören die Schönberger Strände zu den beliebtesten in der Probstei. So exotisch wie die Ortsbezeichnungen, so ungewöhnlich ist für die Ostsee auch der hohe Deich, dessen Krone prima als Wanderweg funktioniert. Ungewöhnlich auch der Begleitweg am Deichfuß und die abschnittsweise ausgeprägten Dünen. Hier schnurren die Kilometer herunter wie sonst nur in Nordfriesland. Schnell zeigt der Schrittzähler die rund zehn Kilometer bis zum Warnfeuer bei Heidkate. In Sichtweite laden die beliebten Deichterrassen zum Pausieren ein.

Bis zum Leuchtturm und zurück Mag einiges an die Nordsee erinnern, so viel Wald wie rund um die Ferienhäuser in Heidkate wären an der West-

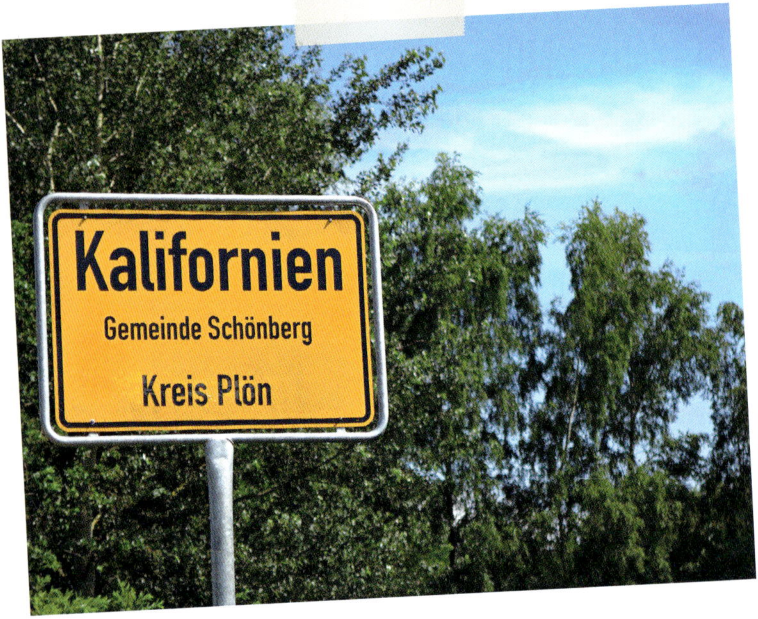

↑ **Und gleich daneben liegt Brasilien.**

küste nicht denkbar. Und auch der rege Schiffsverkehr weist eindeutig auf die Ostsee hin. Begleitet von Containern, Kreuzfahrtriesen, Großseglern und Fischkuttern auf ihrem Weg von oder nach Kiel, geht es zurück; entweder am Strand oder auf dem Begleitweg. Ziel ist die Seebrücke am Schönberger Strand. Vielleicht ja auch ein abschließendes Ostseebad und ein Fischbrötchen in den beliebten Fischerhütten? Der Ausgangspunkt liegt nur einige hundert Meter entfernt.

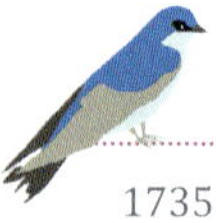

Tipp

1735 strandete hier die Schonerbark California. Ein Fischer fand die Holzplanke mit dem Schriftzug und nagelte sie an seine Hütte. Da malte ein Kollege ein eigenes Schild: Brasilien. Über die Jahre wuchsen Siedlungen um die Hütten. Brasilien und Kalifornien bürgerten sich als Ortsnamen ein.

AUF EINEN BLICK

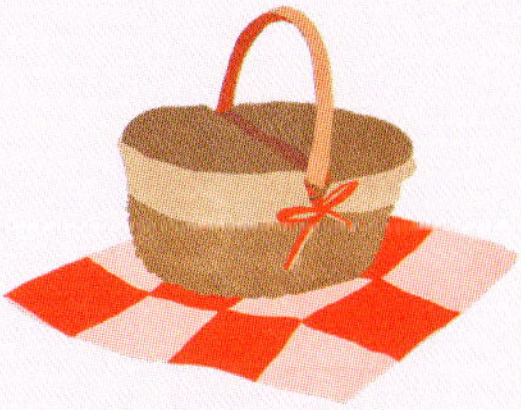

Tour 12: Tour für die Sinne

Dauer: 4 Std.

Höhenmeter: 10 Hm

Länge: 17 km

Schwierigkeit: Mittel

Tourencharakter: Idyllische Runde durch flaches, weites Land gefolgt von etlichen Deichkilometern

Ausgangs-/Endpunkt: Museumsbahnhof Schönberger Strand

Koordinaten: N 54.410747, E 10.412532

Anfahrt: **Pkw:** Über A 7 und A 215 bis Kiel, weiter B 502 bis Strandstraße Schönberg. Über A 21 bis B 404 Stolpe, weiter über B 76, B 202, L 165 bis Lagenrade. Über A 1 Ausfahrt Oldenburg in Holstein, weiter auf B 202, L 165.
Bahn/Bus: Bahn bis Kiel, Buslinie 200 Schönberger Strand

Einkehr: Die Strecke ist mit typischer Strandgastronomie gepflastert.

Information: probstei.de

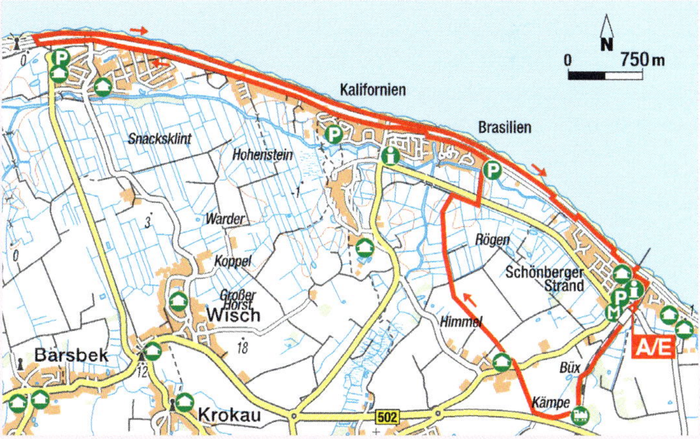

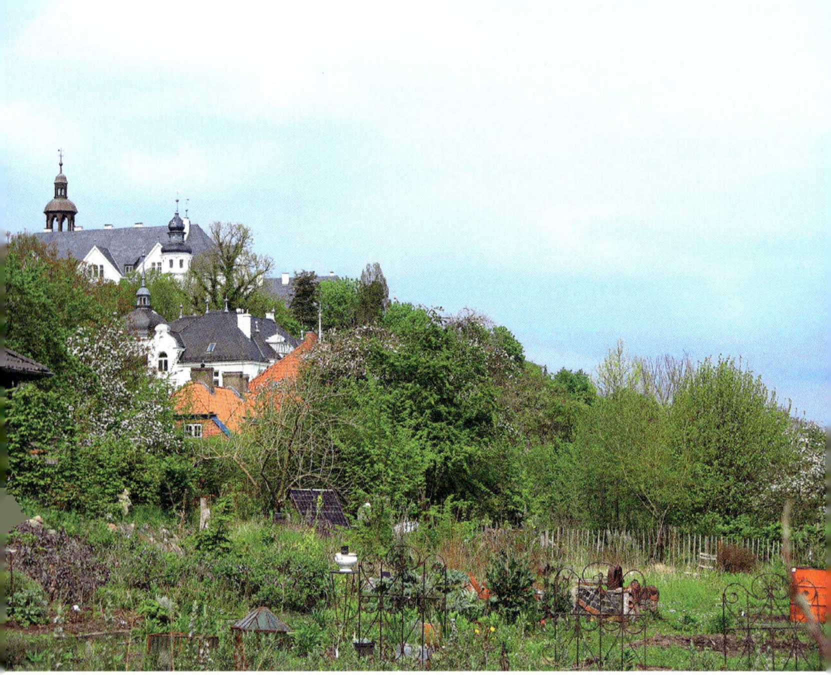

↑ Die Gärtnerei liegt unterhalb des Schlosses. ↓ Apfelgarten am Plöner See

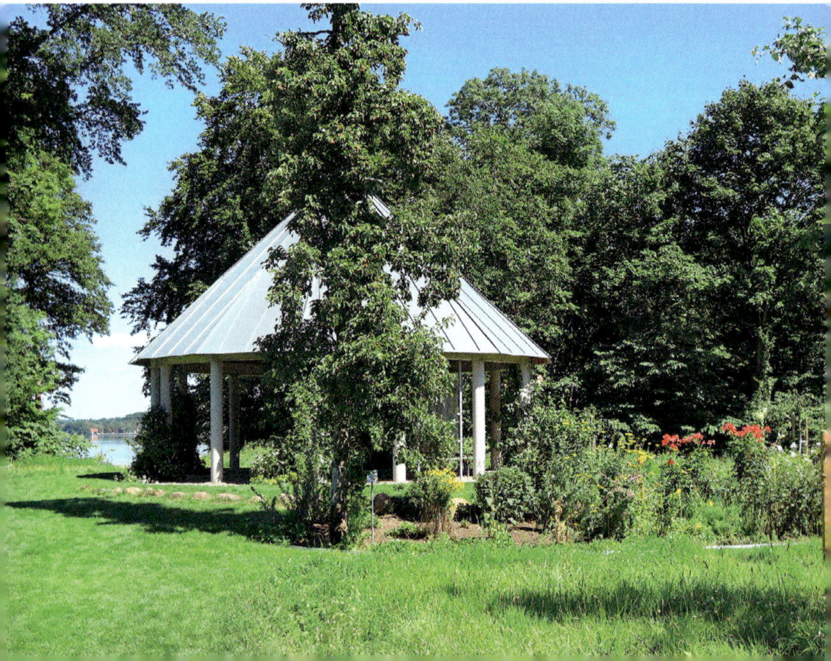

Tour für
TOUR 13
die Sinne

SCHLOSSVERGNÜGEN

Lustwandeln am Großen Plöner See

Der Sinn für Schönheit ist der wichtigste auf dieser kurzen Tour durch das Schlossgebiet von Plön. Alle anderen Sinne kommen in alten Gärten, an Seeständen, auf Waldpfaden und Aussichtspunkten aber auch nicht zu kurz.

Altstadtbummel Nach Plön sollte man mit dem Zug reisen. Allein, um am Prinzenbahnhof anzukommen, der nicht nur zu den schönsten Bahnhöfen Schleswig-Holsteins zählt, sondern auch direkt am größten und tiefsten See des nördlichsten Bundeslandes liegt, gekrönt von einem der prächtigsten Schlösser. Das Wahrzeichen der alten Residenzstadt ist über Am Bootshafen und Am Markt rasch erreicht. Wären da nicht die imposante Nikolaikirche und die sehenswerte Altstadt mit ihren schmalen Gassen, die im Norden Twieten heißen. Die lohnen einen zweiten und dritten Blick, bevor es den Schlossberg hinauf geht.

Schlossbergtour Bis 1761 diente der dreiflügelige Bau hoch über dem See den Herzögen von Schleswig-Holstein-Sonderburg-Plön als Residenz. Dann ging das Schloss in den Besitz des dänischen Königshauses über und wurde fortan von Christian VIII. als Sommersitz genutzt. Während der Kaiserzeit erfolgte der Umbau zur preußischen Kadettenanstalt. An die wechselvolle Historie erinnern liebevoll restaurierte Gebäude in dem weitläufigen Gebiet unterhalb des Schlosses. Beim Abstieg lohnt sich gleich linker Hand ein Abstecher in die Alte Schlossgärtnerei. Sie befindet sich heute in privater Hand und wird naturnah bewirtschaftet. Mit knorrigen Obstbäumen, verschlungenen Pfaden, Kräutermanufaktur, duftenden Schaugärten und Gewächshäusern ist sie nicht nur für Gartenliebhaber ein Paradies.

Inselrunde Hinter der Prinzenschule, in der alle sechs Söhne Kaiser Wilhelm II. unterrichtet wurden, öffnet sich der Schlossgarten. Hier folgt man

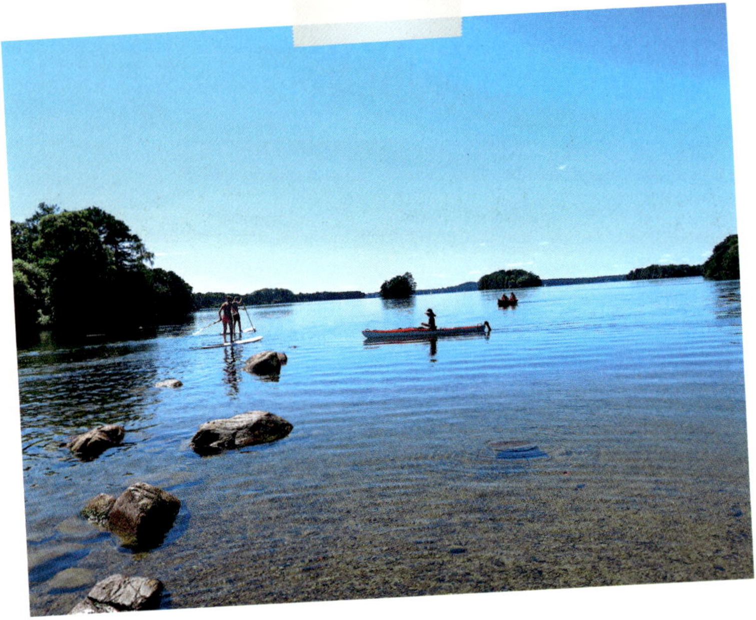

↑ **Extem schön und unheimlich klar**

nun der Ausschilderung zur Prinzeninsel, einer langen, schmalen Landzunge, die sich in den See hineinstreckt. Bei der Umrundung wollen das Prinzenbad mit Sandstrand, der Aussichtspavillon am Lieblingsplatz der Kaiserin, das Ausflugsrestaurant Neue Prinzeninsel und der Alte Apfelgarten bewundert werden. Zurück geht es dann auf dem Strandweg, der sandigen Promenade von Plön, bis zum Bahnhof.

Tipp

Seit 2002 beherbergt das Schloss die Fielmann-Akademie und kann nur im Rahmen von Führungen besichtigt werden. Sie sind kostenlos, erfordern aber die vorherige Anmeldung. Die Führung durch die verschwenderischen Rokokoräume des Prinzenhauses im Schlosspark sind den Eintritt von 4 Euro allemal wert.

AUF EINEN BLICK

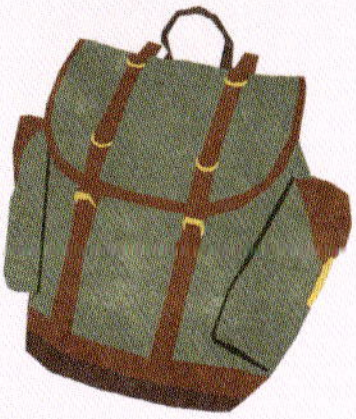

Tour 13: Tour für die Sinne

Dauer: 1.45 Std.

Höhenmeter: 20 Hm

Länge: 7 km

Schwierigkeit: Leicht

Tourencharakter: Kurze Tour, die durch etliche Highlights einen ganzen Tag dauern kann

Ausgangs-/Endpunkt: Bahnhof Plön

Koordinaten: N 54.159584, E 10.422452

Anfahrt: **Pkw:** A 1 und A 21 bis Abfahrt Bornhöved, weiter B 430 bis Plön
Bahn/Bus: Bahnhof Plön

Einkehr: Selbstgebackenes in der Alten Schlossgärtnerei, Wasserbüffelsteak in der Neuen Prinzeninsel, Sundowner im Seeprinz in Bahnhofsnähe

Information: holsteinischeschweiz.de

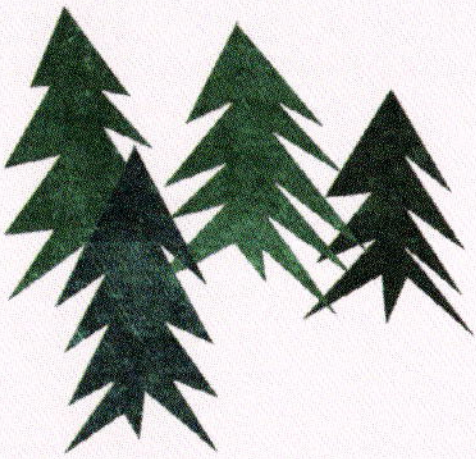

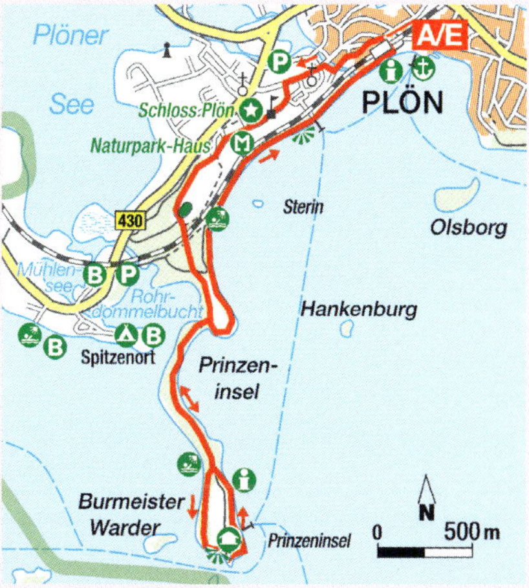

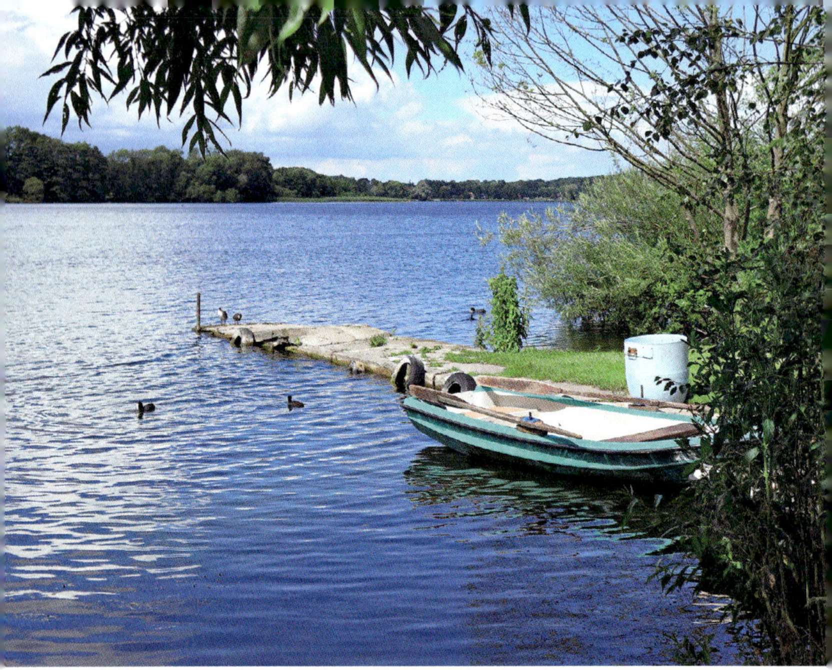

↑ Am Dieksee ↓ Fischerkaten schmücken nicht nur Meere.

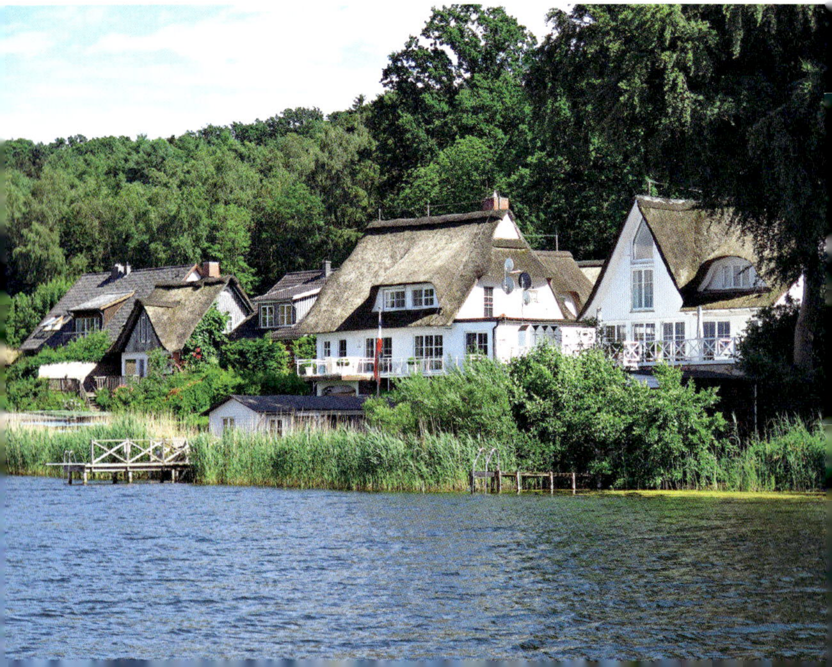

SEENSÜCHTIG

Tour
TOUR 14
ohne Uhr

Von Plön nach Malente

Vorsicht: Diese Streckenwanderung kann seensüchtig machen. Auf dem Weg von Plön nach Malente hat schon so mancher sein Herz an die Seenlandschaft der Holsteinischen Schweiz verloren. Lebenslange Liebe nicht ausgeschlossen.

Start am Großen Plöner See Man könnte meinen, die wunderschöne Überdachung des Prinzenbahnhofs in Plön wurde für eben jenen gezimmert. In Wahrheit zierte sie ab 1890 den Bahnhof Holsteinische Schweiz in Malente und wurde erst im Jahr 1910 an den Großen Plöner See versetzt. Und eben dorthin ist ein kleiner Schlenker angesagt, bevor es auf den offiziellen Holsteinische Schweiz Weg geht. Einige Schritte stadteinwärts über den Parkplatz spaziert, können die Bahngleise unterquert und die Strandpromenade erreicht werden. Zum ersten, aber sicherlich nicht letzten Mal möchte man da direkt eine ausgedehnte Pause einlegen. Und weil ja bekanntlich der Moment das Ziel ist, sollte man sich auf dieser Tour auch wirklich keinerlei zeitlichen Druck auferlegen. Solange man die letzte Bahn in Malente erreicht, kann nichts passieren. Sie braucht für die Strecke nicht einmal zehn Minuten und fährt bis 21.30 Uhr im Halbstundentakt, danach bis weit nach Mitternacht einmal pro Stunde. Dicht am Plöner See geht es stadtauswärts, bis der Sandweg auf die Eutiner Straße stößt. Dort beginnt dann auch der 53 Kilometer lange Fernwanderweg durch das Land der 200 Seen. Etliche von ihnen lernt man auf dieser Wanderung kennen. Sollte das Wetter mitspielen, gehören Badesachen daher unbedingt ins Gepäck.

Seen sammeln Plön besteht nicht einmal zu 10 Prozent aus Landfläche. Wohnen in Seenähe ist daher nichts weiter Besonderes in der ehemaligen Residenzstadt. Wenn der Weg den Großen Plöner See verlässt, flankiert er linker Hand den Edebergsee. Der ist zwar sehr schön anzusehen, aufgrund

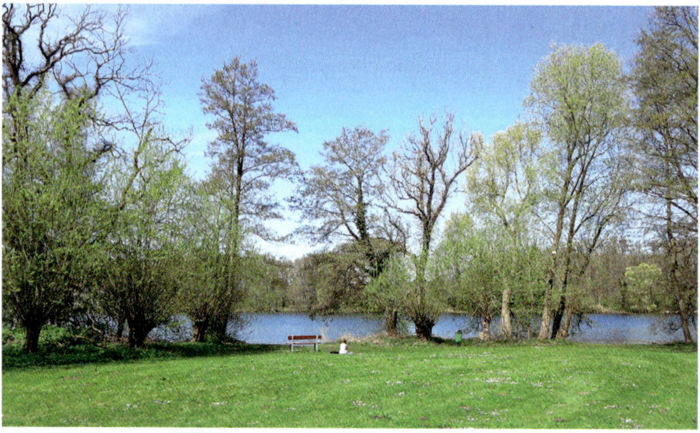

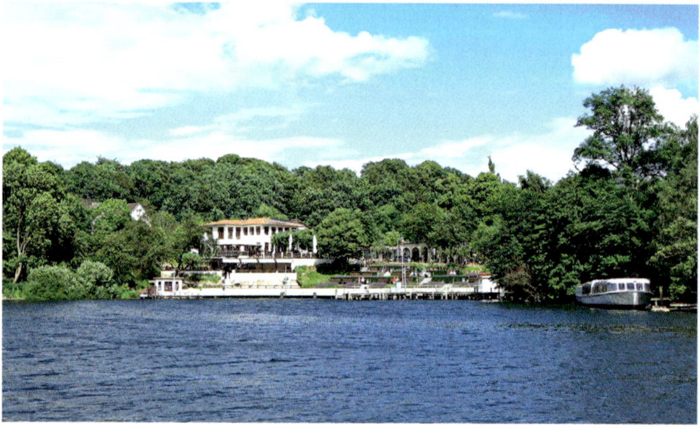

»Wenn ich hierbleibe,
ist ein Gehen in meinem Verweilen;
Und wenn ich gehe,
ist ein Verweilen in meinem Gang.«

Khalil Gibran (1883–1931)

seiner Lage an der viel befahren Bundesstraße aber nicht ganz so idyllisch. Erst wenn es von der Kieler Straße beim Großen Madebrökensee ins Grüne geht, kommt langsam diese spezielle Neugier auf. Wie wird er wohl aussehen, der nächste See? Das fragt man sich in der Holsteinischen Schweiz an jeder Biegung. Im Wald führt der Pfad dicht an den Ufern von Höftsee und Behler See entlang. Nachdem das Zeltlager Adlerhorst passiert ist, ist bald die Fünf-Seen-Allee erreicht. Sie verläuft hier auf einer sehr schmalen Landzunge zwischen dem Langsee linker Hand und dem Suhrer See auf der rechten Seite. Er ist eines der saubersten Gewässer im ganzen Bundesland.

Fährhaus und Fünf-Seen-Fahrt Nach insgesamt sieben Kilometern drängt sich Niederkleveez geradezu für eine ausgiebige Pause auf. Der Ortsteil der Gemeinde Bösdorf kuschelt sich zwischen den Suhrer See und den Dieksee. An letzterem liegt das Fährhaus; heute ein Hotel und Restaurant mit toller Außengastronomie. Es geht dort freundlich und lässig zu. Wer mag, setzt sich mit Getränk auf die Wiese am Fähranleger. Dort legen die Ausflugsdampfer der 5-Seen-Rundfahrt an. Das Retro-Vergnügen kann übrigens auch für die Rückfahrt genutzt werden. Dann ist der Edebergsee die Endhaltestelle. Wer die Brotzeit selbst im Gepäck hat, darf sich zwischen zwei wundervollen Plätzchen entscheiden. 100 Meter die Straße Am Hang hinauf führt eine Treppe auf den Kirchhof. Vor der Kirchtür steht eine Ruhebank mit Prachtblick auf den Suhrer See. Unterhalb der Kirche läuft der Kirchweg auf die Badestelle zu. Beide Abstecher lohnen sich natürlich auch ganz ohne Picknick.

Durch den Wald am Dieksee entlang Niederkleveez verabschiedet sich mit einigen Traumdomizilen am Wanderweg. Zunächst durch Wiesen zieht sich dieser in

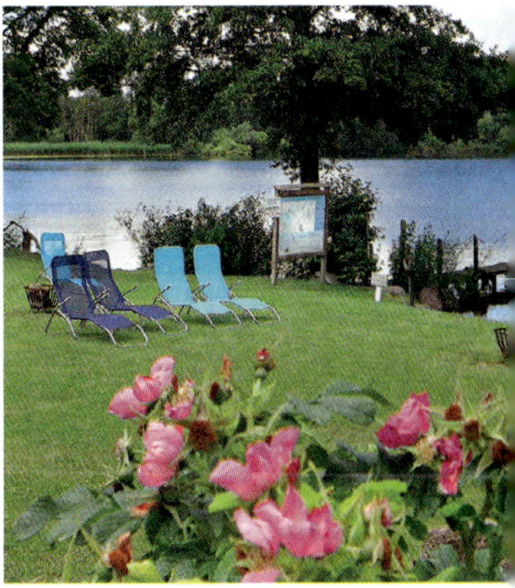

↑ **Badestelle Niederkleveetz**
↓ **Diekseepromenade Malente**
→ **Warten auf den nächsten Dampfer**

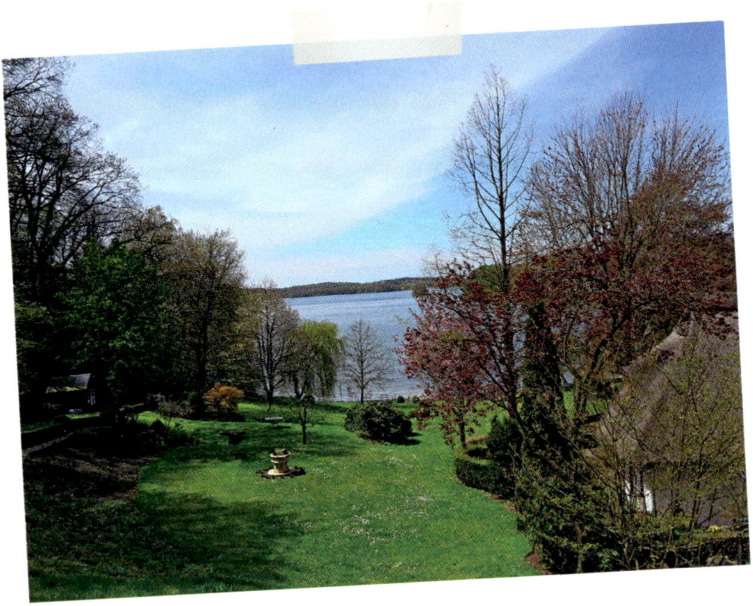

↑ Am Suhrer See

den Wald Diekseeholm. Besonders im Sommer ist das Wandern im Schatten der Baumriesen eine Wohltat. Noch wohler wird es einem bei den märchenhaften Spiegelteichen. Sie wurden 1869 für die Zucht von Edelfischen angelegt und speisen sich aus den Quellen des Waldgebiets. Zudem finden sich hier zwei Kneippbecken. Eines für die Arme, eines zum Wassertreten. Die Wassertemperatur liegt recht konstant bei 8 Grad Celsius. So erreicht man die nahegelegene Promenade belebt statt ausgepowert, fit genug, das Heilbad noch ein wenig zu entdecken.

Tipp

Der Kurpark oberhalb des Bahnhofs von Malente-Gremsmühlen ist ein Highlight. Entworfen vom Gartenkünstler Karl Plomin, punktet er mit sehenswerten Baum- wie Baudenkmälern. Etwa einer verglasten Liegehalle – und natürlich Kneippbecken.

AUF EINEN BLICK

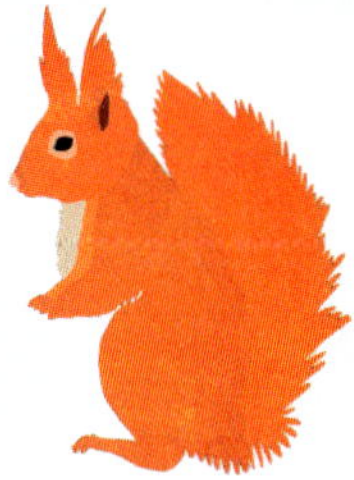

Tour 14. Tour ohne Uhr

Dauer: 3 Std.

Höhenmeter: 29 Hm

Länge: 12 km

Schwierigkeit: Leicht

Tourencharakter: Gut markierter Wanderweg, anfangs ein wenig Asphalt, ansonsten Wald und Seen pur

Ausgangs-/Endpunkt: Bahnhof Plön/Bahnhof Malente-Gremsmühlen

Koordinaten: N 54.159584, E 10.422452

Anfahrt: **Pkw:** A 1 und A 21 bis Abfahrt Bornhöved, weiter B 430 bis Plön
Bahn/Bus: Bahn bis Plön

Einkehr: Seeprinz in Plön; Fährhaus in Niederkleveez, diverse Ausflugslokale an der Promenade von Malente

Information: holsteinischeschweiz.de

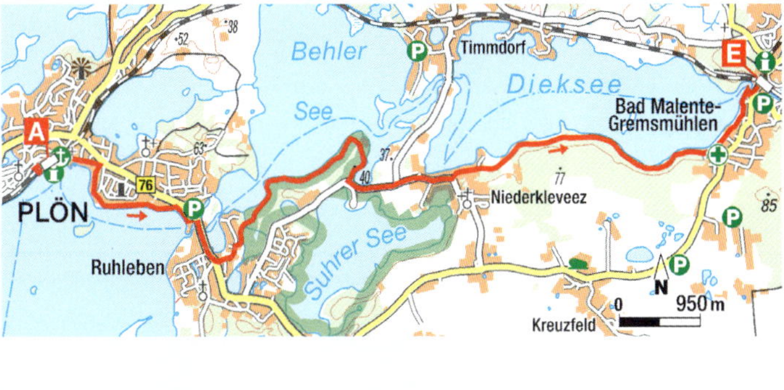

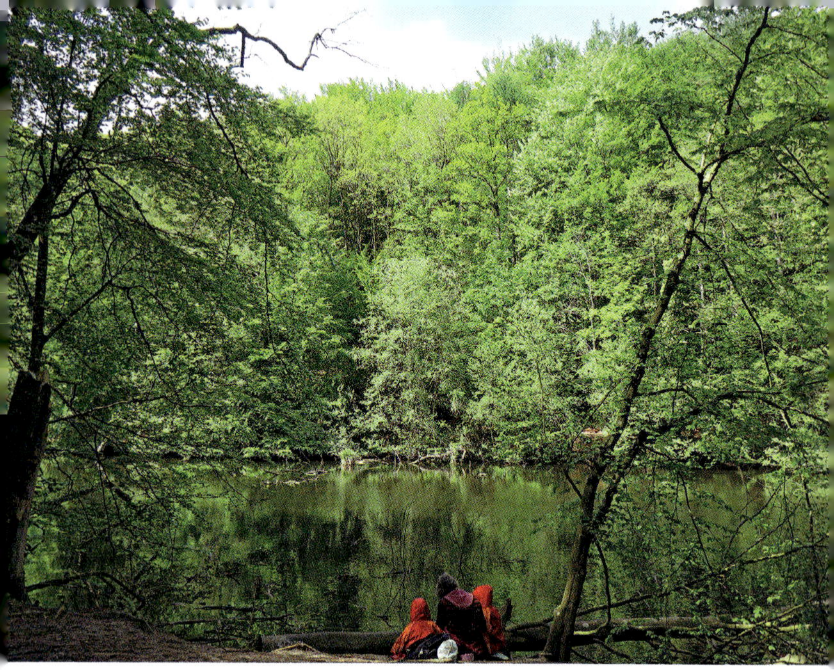

↑ Die Schwentine ist ein ruhiger Fluss. ↓ Wasserkraft unter Denkmalschutz

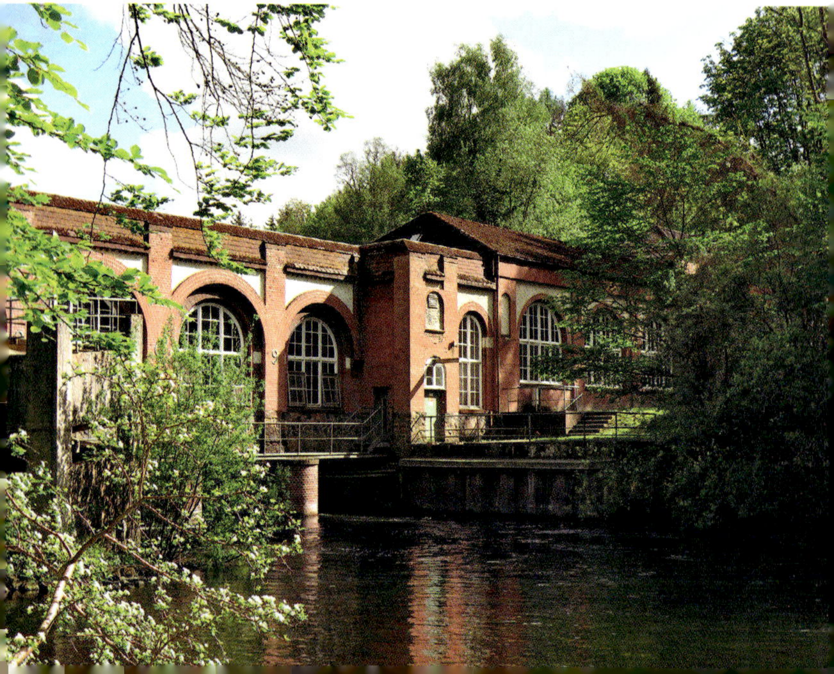

HANGWÄLDER UND ROSENSEE

Tour der Stille
TOUR 15

In Schleifen im Schwentinetal

Mal fließt sie ruhig dahin, mal plätschert sie über Steine, mal lädt sie zum Baden ein. Die idyllische Schwentine kann einfach alles. Und wenn an den Stränden alle Welt unter Hitze stöhnt, ist das Wandern an ihren Ufern noch immer eine Wohltat.

Es rauscht die Schwentine Zu den etlichen Gründen, warum man diese Tour am Fernsichtweg starten sollte, gehört das innerliche Aufatmen unter den uralten Bäumen im (kostenfreien) Wildpark Schwentinental. Wo das Wasser munter über die Fischtreppe plätschert, heißt es, dem Fernwanderweg E 1 einige Meter folgen, dann aber gleich den ersten Pfad linker Hand hinunter ans idyllische Flussufer wandern. Hier kann man bald einen ersten Blick auf das historische Wasserkraftwerk 2 werfen. Eine Infotafel wartet am anderen Ufer. Doch bis dahin sind es noch drei sehr gute Kilometer. Es geht am gestauten Rosensee entlang und über die weiße Beton-Bogenbrücke nach Rosenfeld. Dort führt die Dorfstraße links bis zum Schwentineweg.

Wasserkraft Das Wasserkraftwerk 2 steht genau wie sein Zwilling mit der Nummer 1 unter Denkmalschutz. Um dorthin zu gelangen, quert man bei der imposanten Hohwald-Villa die Schwentine und hält sich rechts. Dabei passiert man die Alte Scheune. Dort gibt es im Hofladen der Obstquelle Schuster die tollsten Früchte und Säfte. Kurz darauf hört man schon das Kraftwerk 1 rauschen. Und dann ist es auch gar nicht mehr weit zur Oppendorfer Mühle. Das beliebte Ausflugslokal liegt nur einige Schritte links den Möhlenweg hinunter.

Durch Felder und Hangwälder Für die zweite Schleife darf man sich zunächst auf die Markierungen von E 1 und E 6 verlassen. Sie leiten ins Heeg-

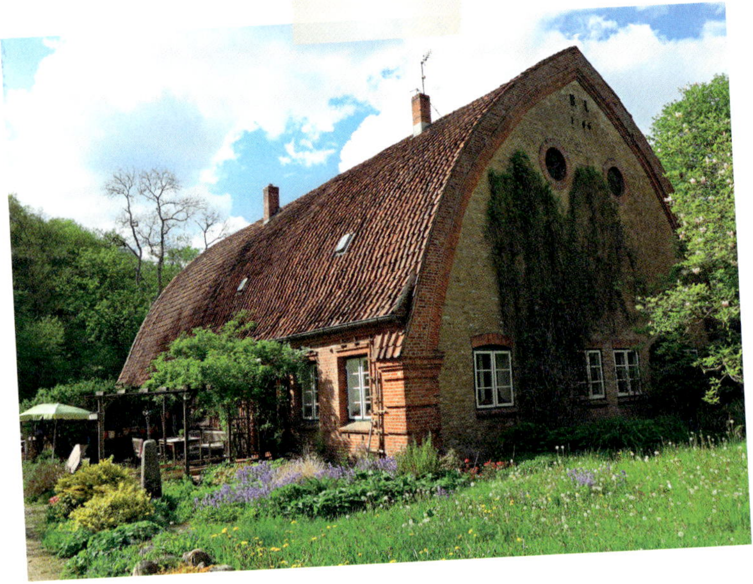

↑ **Obstquelle Schuster**

holz hinauf und tauchen jenseits des Waldes im freien Feld wieder auf. Der Temperaturunterschied ist deutlich zu spüren. Wandert man dann wieder in die Uferwälder der Schwentine, ist die Schattenkühle mehr als willkommen. Bei einer kleinen Brücke geht es über den Fluss. Hier übernimmt die lilafarbene Ausschilderung der Schusteracht den Weg zurück zur Oppendorfer Mühle. Ein Hohlweg führt an Feldern vorbei ins Naturschutzgebiet »Altarm der Schwentine«. Ein reizendes Finale für diese Tour.

Tipp

Die erste Schleife dieser Tour ist mit Wildpark, Spielplatz, Tretbootverleih und einem Eis in der Obstquelle Schuster wie gemacht für eine Familienwanderung und mit 7,4 Kilometern auch für Kinder gut machbar. Einziger Nachteil: Die wollen hier erstens nie wieder weg und zweitens immer wieder hin.

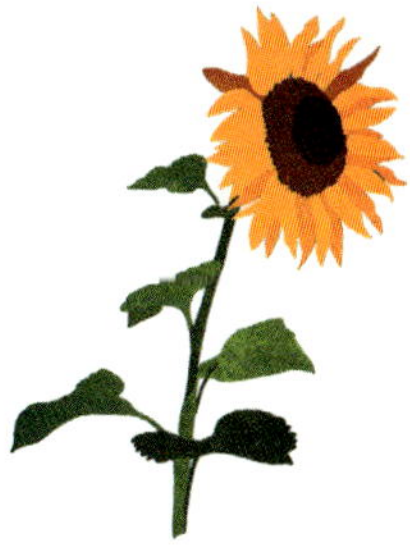

AUF EINEN BLICK

Tour 15: Tour der Stille

Dauer: 4 Std.

Höhenmeter: 34 Hm

Länge: 15 km

Schwierigkeit: Mittel

Tourencharakter: Kultur und Natur. Gut zu gehen und zu finden.

Ausgangs-/Endpunkt: Parkplatz Fernsichtweg Schwentinepark

Koordinaten: N 54.289914, E 10.241561

Anfahrt: **Pkw:** A 1 Abfahrt Haffkrug, weiter B 76. Ebenso aus Kiel.
Bahn/Bus: DB bis Kiel, RB bis Raisdorf Schwentinental, 1 km zu Fuß

Einkehr: Oppendorfer Mühle, Obstquelle Schuster, Kiosk im Wildpark (nur im Sommer)

Information: schwentinental.de

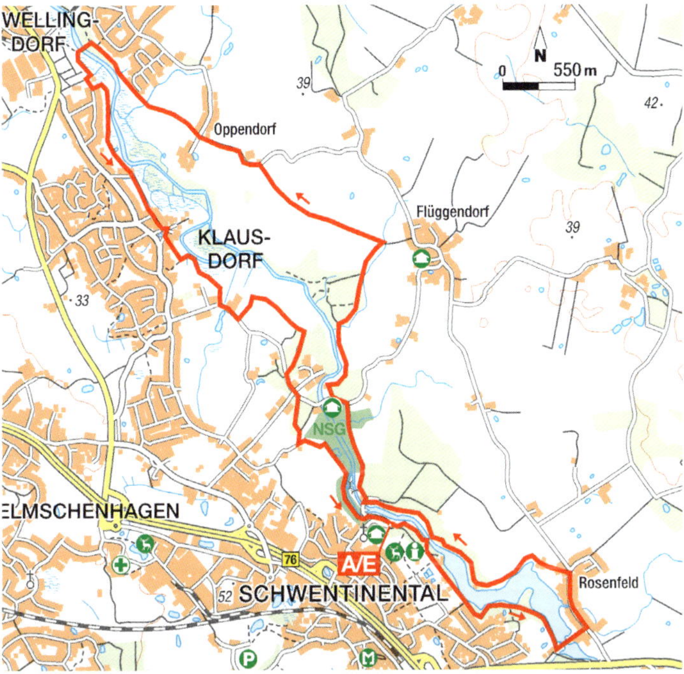

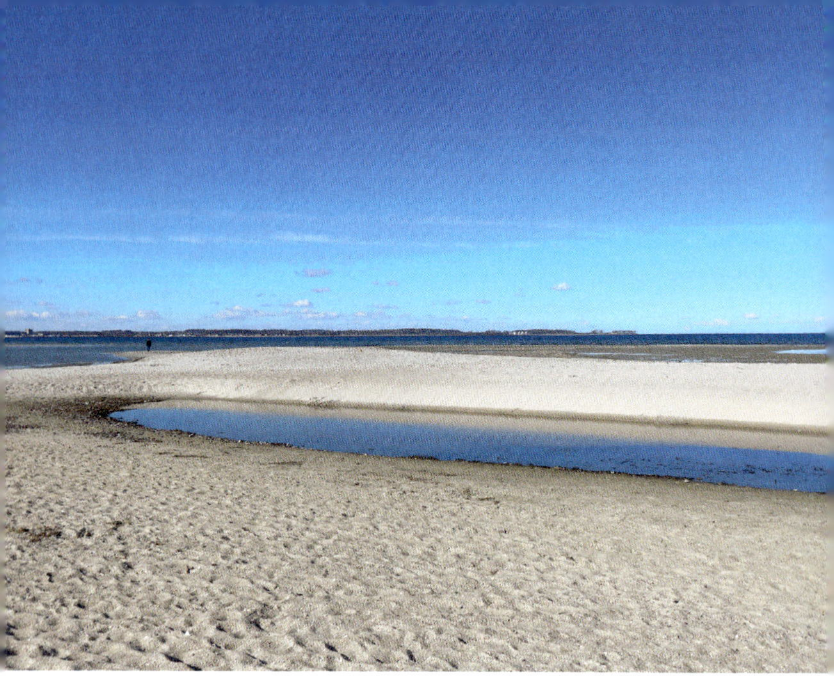

↑ Erst kommt die Sandbank. ↓ Die Brücke am Strand

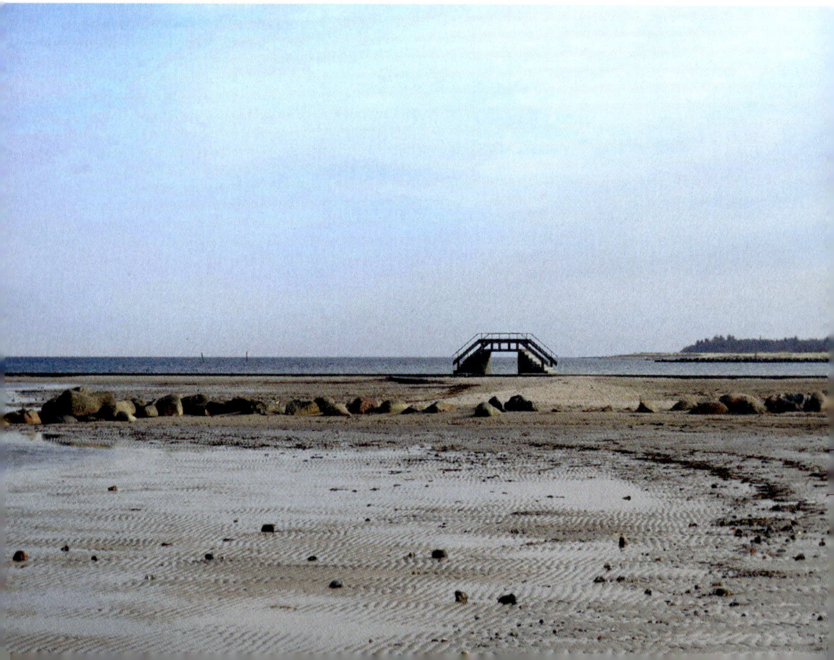

LAGUNENLAUF

Tour
TOUR 16
ohne Uhr

Von Laboe zum Bottsand

Die Ostseeküste ist wie das Leben – im ständigen Wandel. Wer sich auf dieser längeren Tour genügend Zeit nimmt, kann beinahe zusehen, wie Strände verwehen, Sandbänke wachsen, Ufer brechen, Vogelparadiese entstehen – und sich herrlich im Moment verlieren.

Die Lagune von Laboe Egal wie hoffnungslos man sich auf dieser Wanderung auch verirrt, zum Ausgangspunkt wird man immer zurückfinden. Das gewaltige Marine-Ehrenmal von Laboe ist weit über die Grenzen der Probstei zu sehen. Direkt unterhalb des Giganten führt die Strandpromenade rechts nach wenigen Schritten in eine ganz besondere Landschaft. Es ist erst gut 30 Jahre her, dass sich hier weit vor der Strandlinie eine Sandbank bildete und (für erdgeschichtliche Verhältnisse) in Windeseile zu einer Lagune entwickelte. Sie ist mittlerweile vollständig von der offenen Ostsee abgetrennt, also zum See geworden. Bleiben Sie entweder auf dem Promenadenweg oder nehmen Sie einen Trampelpfad durch die Dünen. Beide Varianten sind wunderbar und die andere ist dann auf dem Rückweg dran. Auf den Trampelpfaden kann man noch erkennen, dass der Naturerlebnisraum bis in die 1990er-Jahre als Campingplatz genutzt wurde. In seinem ehemaligen Sanitärgebäude befindet sich inzwischen die Meeresbiologische Station, die besonders Kindern einen liebevollen Einblick in die Unterwasserwelt der Ostsee ermöglicht. Die nahe Aussichtsplattform informiert über die Vogelwelt des neu entstandenen Strandsees. Noch besser ist der Blick auf den See aber von dem kleinen Parkplatz an der K 30, an dem der Promenadenweg endet.

Zur Brücke über dem Sand Wo die Hagener Au, die historische Grenze der Probstei, in die Ostsee plätschert, geht es an den Strand. Der Sand unterhalb der Steilküste ist fest, also angenehm zu laufen. Die bis zu sieben Meter hohe Steilküste ist hingegen in ständiger Bewegung. Durch Sturm-

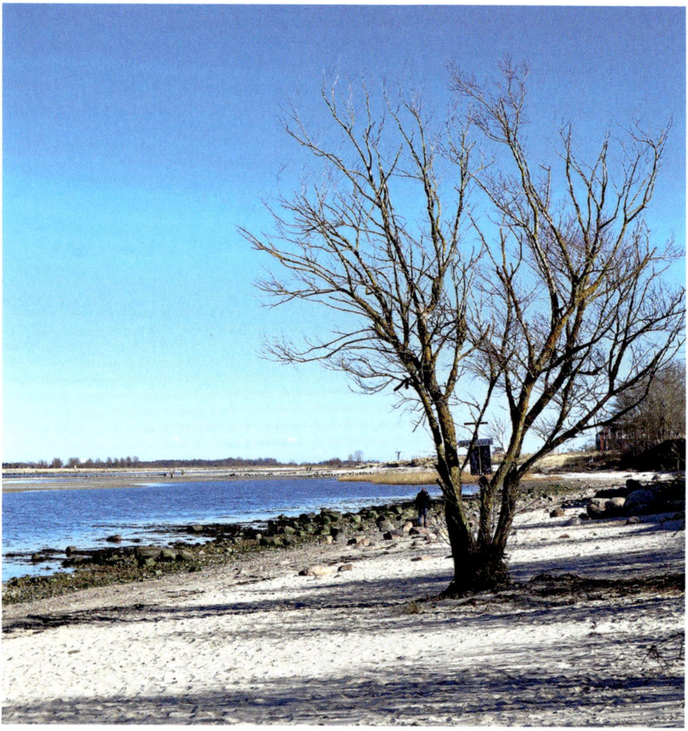

»Die Natur eilt nicht und dennoch wird alles erreicht.«

Laozi (6. Jh. v. Chr.)

fluten, Hochwasser, Frost und Regen kommt es regelmäßig zu Abbrüchen. Nach gut 1,5 Kilometern kündigen Schilfgärten und Sandbänke die Gemeinde Stein an. Der Erholungsort wirbt für sich mit dem Zusatz »Lagune des Nordens«. In der ausgeprägten Flachwasserzone rund um die Mole schillert die Ostsee in den herrlichsten Farben. Für die Fischer war das Anwachsen der Sandbänke vor 100 Jahren alles andere als eine Freude, erschwerten sie doch den Zugang zur See. Ihre Hoffnung, ein Abriss der Mole würde zum Abtrag der Sandbank führen, verkehrte sich ins Gegenteil. Zur Hochform laufen Mole, stilisierte Brücke und Sandbank im Sommer auf. Dann werden blau-weiße Badehäuschen am Molenkopf errichtet und Strandkörbe schmiegen sich in die Dünen- und Schilflandschaft. Im Winter ist der Steiner Badestrand ein echtes Idyll. Das würde über die benachbarte Marina Wendtorf mit ihren Hochhäusern aus den 1970ern nicht jedermann sagen. Doch wer dem Promenadenweg am Dünenrand zum kleinen Museumshafen folgt, im anschließenden Jachthafen vielleicht Fisch frisch vom und auf dem Kutter speist, hat ohnehin nur Augen für die Salzwiesen, die den Hafen zum Meer abgrenzen. Dorthin darf man nur im Rahmen geführter Touren des NABU.

Schwalben, die in Salzwiesen singen Zur Naturstation Bottsand des NABU gelangt man über Ostseepromenade und Deich. Dort ist die Geschichte über den Nehrungshaken, der vor 150 Jahren zu wachsen begann, anschaulich aufbereitet. 1939, als die Sandzunge es bereits auf 15 Hektar gebracht hatte, wurde der Bottsand unter Schutz gestellt. 1972 beendete der Bau der Marina die Weiterentwicklung des Kleinods, das mittlerweile 37 Hektar misst. Die Verlandung der dahinterliegenden Lagune wird durch regelmäßige Ausbaggerung der Hafen-

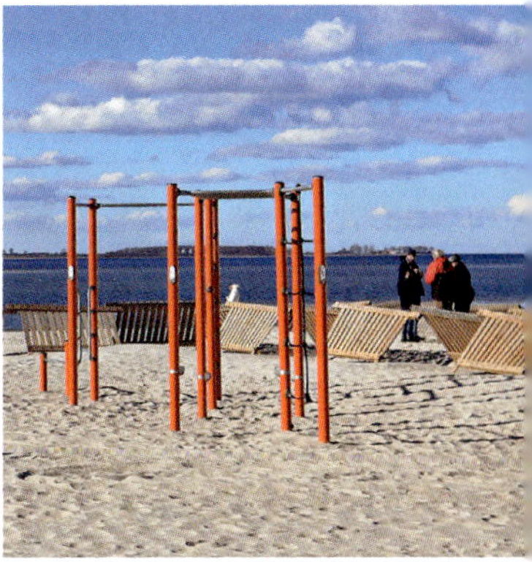

← **Kurz vor Stein**
→ **Mitten in Laboe**

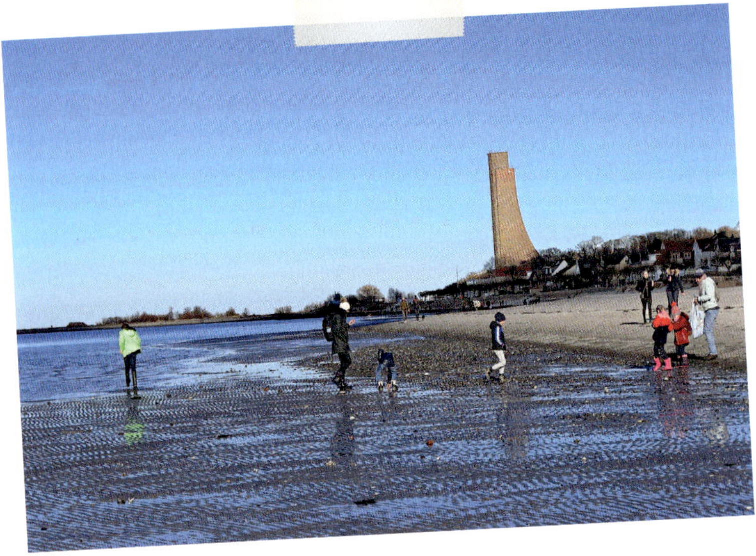

↑ **Marine-Ehrenmal**

einfahrt offen gehalten. So ist ein Bodden mit Windwatten entstanden. Der Bottsand hat sich zu einer wichtigen Kinderstube der stark gefährdeten Zwergseeschwalbe gemausert. Ein Bohlenweg führt zu dem einzigen kleinen Strandabschnitt, an dem das Naturschutzgebiet betreten werden darf. Der Strandlinie folgend geht es in südlicher Richtung bis zur Großen Schleuse und dann über den Schleusenweg zurück zur Marina Wendtorf. Von hier kann es auf dem Fördewanderweg nach Stein zurückgehen und weiter auf der Steilküste zur Lagune von Laboe bis zum Ausgangspunkt.

Tipp

85 Meter ragt das Marine-Ehrenmal von Laboe über der Ostsee auf wie ein mahnender Zeigefinger. Von der Aussichtsplattform kann man bis zur Dänischen Südsee sehen. Vielleicht ja als Finale dieser Tour und in Kombi mit einer Besichtigung des U-Boots U 995. Es ist unterhalb des Marine-Ehrenmals gestrandet und nichts für Klaustrophobiker.

AUF EINEN BLICK

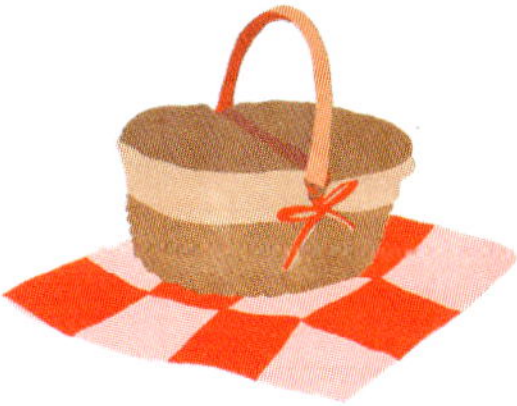

Tour 16: Tour ohne Uhr

Dauer: 3.30 Std.

Höhenmeter: 20 Hm

Länge: 13,5 km

Schwierigkeit: Leicht

Tourencharakter: Ellipsenform trifft es eher als Rundwanderung – am Wellenrand und auf begleitenden Deich- und Wanderwegen

Ausgangs-/Endpunkt: Besucherparkplatz Marine-Ehrenmal Laboe

Koordinaten: N 54.412410, E 10.231287

Anfahrt: **Pkw:** Über B 502 von Kiel
Bahn/Bus: Bahn bis Kiel, Fähre oder Bus 102 bis Laboe Hafen, einen guten Kilometer zu Fuß auf der Promenade

Einkehr: Naturerlebnisraum Laboe: Galerie Café Kofiehuis, Stein: Strandcafé Tatort Hawaii (nur im Sommer); Marina Wendtorf: Fischkutter Merle. Abgesehen davon einige Möglichkeiten, in Laboe sogar extrem viele.

Information: laboe.de

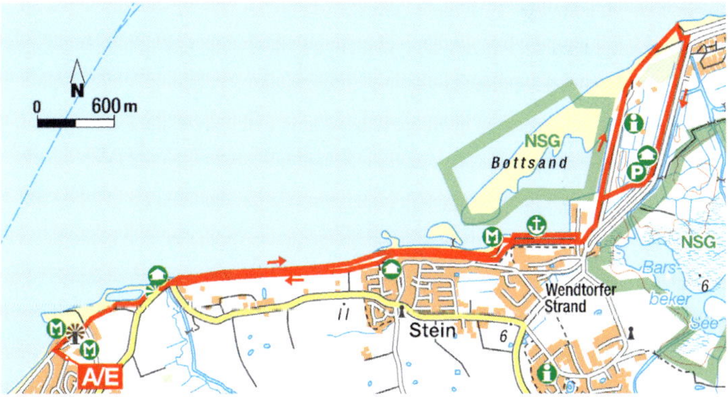

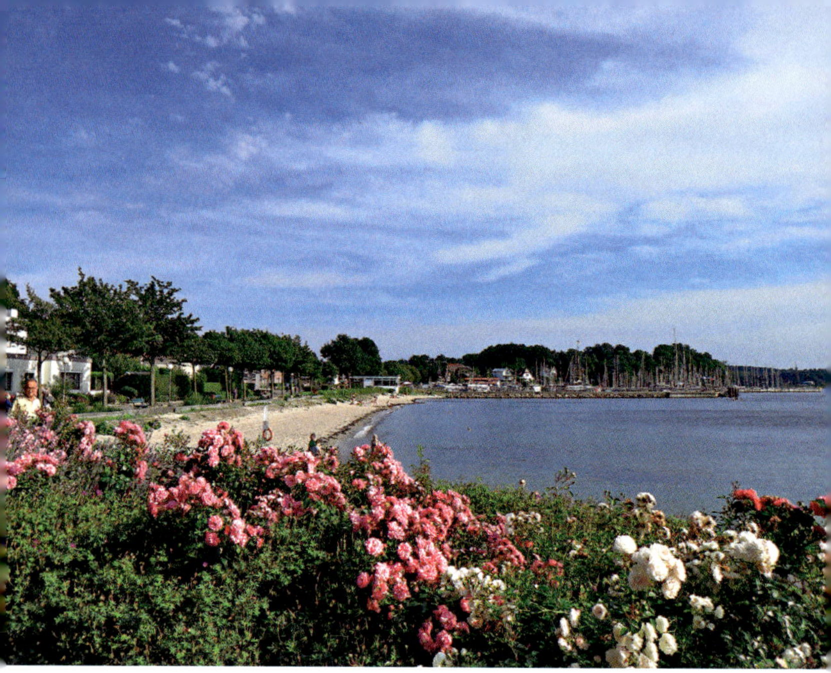

↑ Freistrand Möltenort ↓ Blick auf den Leuchtturm von Friedrichsort

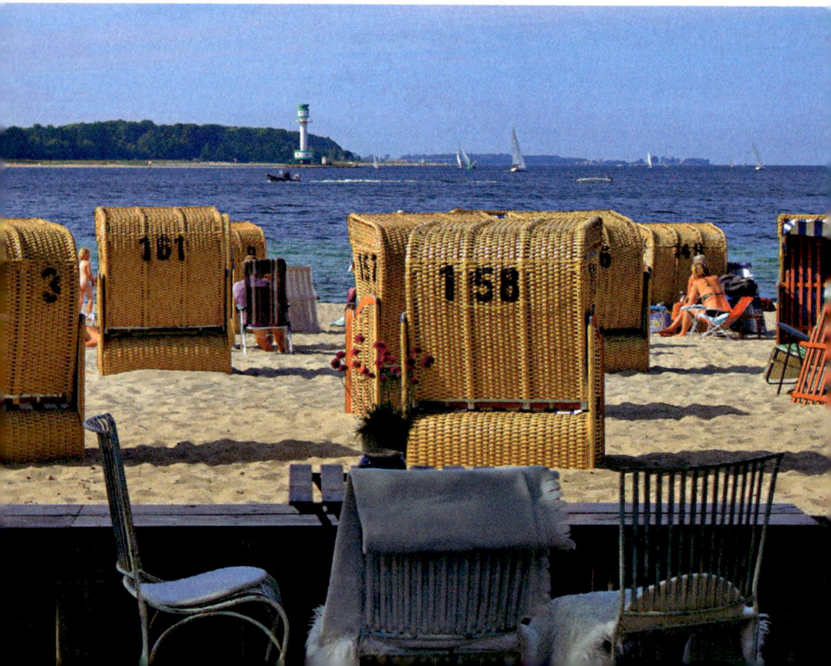

MIT DEM DAMPFER ZUM DINNER

Tour für TOUR 17 den Genuss

Auf dem Kieler Förderwanderweg

Diese Streckenwanderung kann mit einer Fährfahrt beginnen oder enden und mag, obwohl nur einige Kilometer lang, einen ganzen Tag dauern. Denn es gibt viel zu sehen auf der Backbord-Seite der Kieler Förde – und zu probieren.

Der Fördewanderweg Am Ostufer der Kieler Förde verläuft ein kombinierter Rad-und Wanderweg vom Hörn in der City bis zum Schönberger Strand in der Probstei. Mit dem Fahrrad ist der insgesamt 30 Kilometer lange Turn eine tolle Sache, für Wanderer eher abschnittsweise zu empfehlen. Für Genusswanderer insbesondere die hier beschriebene Etappe von Laboe nach Mönkeberg. Man muss kein Pfadfinder sein, um den Weg zu finden. Es geht einfach geradeaus, ganz dicht am Ufer der Förde.

Immer an der Förde lang Möwen kreischen, Segel flattern, Urlauber reihen sich an Eisbuden und Souvenirläden. Im Hafen des beliebten Seebades Laboe ist immer etwas los. Nicht weniger auf der Strandpromenade, die sich rund um die Musikmuschel und die Alte Lesehalle einen speziellen Charme bewahrt hat. Und wer – was unwahrscheinlich ist – auf dieser Tour nicht die richtige Einkehrmöglichkeit findet, kann sich schon mal das Ocean Eleven notieren, wo traditionelle Gerichte serviert werden, die nur noch auf wenigen Speisekarten stehen, etwa heiße Fliederbeersuppe mit Grießklößchen. Aber auch neue Interpretationen der norddeutschen Küche wie die Holsteiner Tapas. Doch dafür ist es jetzt noch etwas zu früh. Das Hafenbecken umrundend, landet man direkt auf dem Fördewanderweg. Gleich hinter den letzten Schiffsmasten führt er in die Natur. Wobei es streng genommen nicht wirklich Natur ist, sondern Marinegelände. Aber das hält die Vögel nicht davon ab zu zwitschern und die Förde glitzert wie die See.

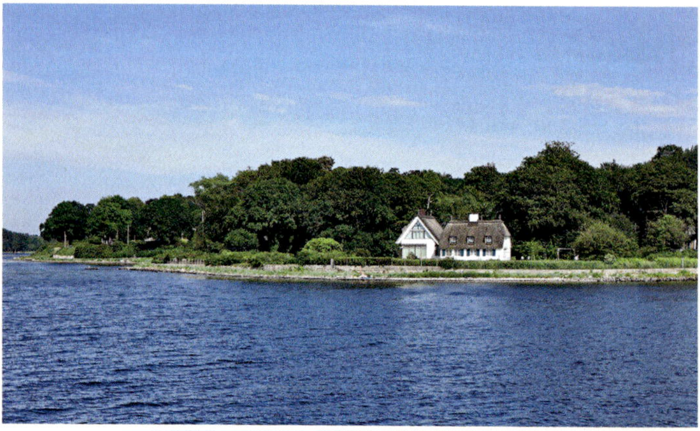

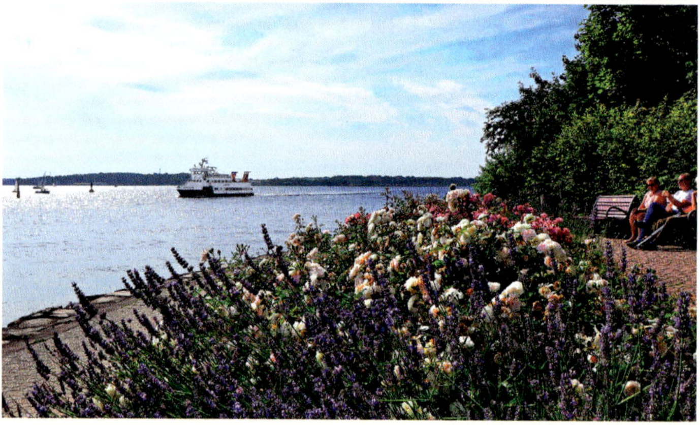

»Der Kultivierte bedauert nie einen Genuss.«

Oscar Wilde (1858–1918)

In Heikendorf Das Ostseebad empfängt mit einer perfekten kleinen Sandbucht, beschützt von Baumriesen und angenehm zurückhaltender Bebauung. Nicht umsonst entwickelte sich in Heikendorf in den 1920er-Jahren eine lebendige Kunstszene. Der Kunstkiosk in einem alten Pavillon am Freistrand knüpft an diese Tradition an. Strandhotel, Sommerhaus und Strandhaus verwöhnen kulinarisch. Nur eine Promenadenbiegung weiter markiert ein 5 Meter großer Seeadler auf einem 15 Meter hohen Sockel das U-Boot-Ehrenmal aus den 1930er-Jahren. Die Gedenkstätte für auf See gebliebene Marinesoldaten ist von der Promenade nicht einsichtig, aber unbedingt sehenswert. Weiter geht's zum Hafen mit den Fotolieblingen Feuerschiff Læsø Rende, Juliusturm und Fischbratkutter Elke, wo man an Bord – na klar – Bratfisch speist. Dass in Heikendorf an jedem sandigen Uferabschnitt gebadet wird, weiß man jetzt schon und das ist an der Kieler Förde auch nicht ungewöhnlich. Richtung Alt-Heikendorf wartet aber noch etwas ganz Besonderes. Von den Stegen der historischen Seebadeanstalt am Stinnes-Park hüpfen Badegäste schon seit 1927 in die Förde. Wer sich für Kunst und Gartenkultur dieser Zeit interessiert, wird beim Künstlermuseum Heikendorf aus dem Schwärmen nicht herauskommen. Es ist vom Anleger Altheikendorf über Hafenstraße und Teichtor in fünf Minuten erreicht.

Von Kitzeberg nach Mönkeberg Nun wird es deutlich leerer auf dem Fördewanderweg und die Grundstücke sind deutlich großzügiger bebaut. So hat man die Möglichkeit, bei jedem Traumgrundstück und jeder Bilderbuchvilla erneut aus dem Häuschen zu geraten. In Kitzeberg ließ sich die feine Kieler Gesellschaft um die Jahrhundertwende nieder. Um in dem

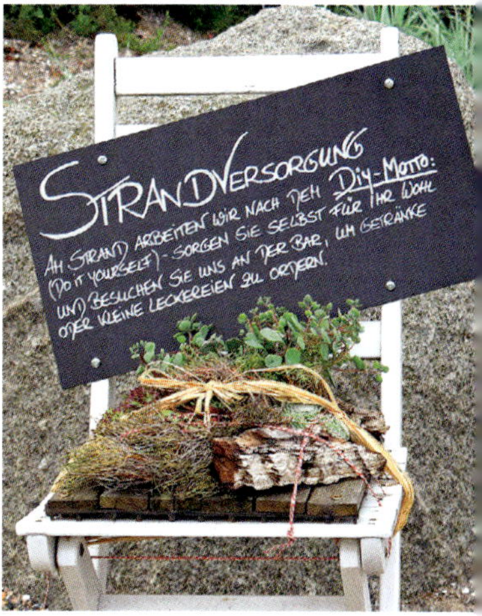

↑ **Villa am Meer**
↓ **Fähre auf der Förde**
→ **Einkehr am Strand**

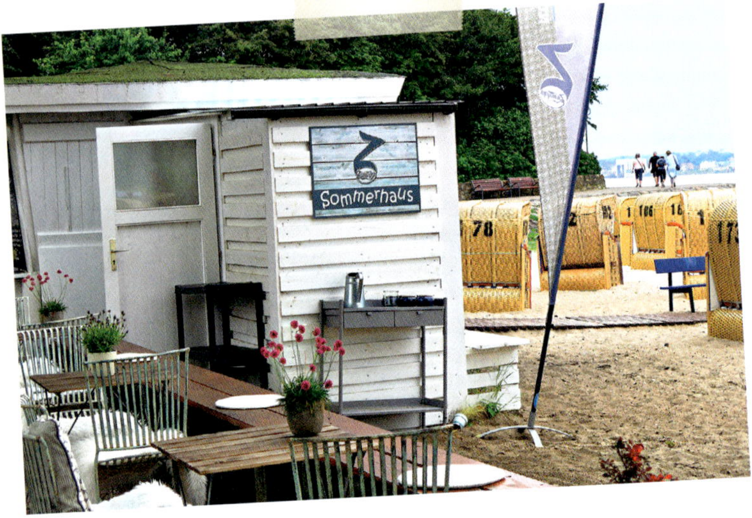

↑ Sommerhaus in Heikendorf

bewaldeten Areal überhaupt eine Baugenehmigung zu bekommen, musste man mindestens 2000 Quadratmeter Grund erstehen. Die Kinder fuhren von der Dampferbrücke mit dem Schiff zur Schule. Im alten Wartehäuschen von 1950 befindet sich eine der schönsten Strandlocations an der Förde. Im Kiek ut lässt sich bei jedem Wetter und zu jeder Jahreszeit die Wanderung ganz entspannt beenden. Zum Anleger in Mönkeberg sind es nur 800 Meter. Die Zeit bis zur nächsten Fähre vertreibt man sich mit Blick auf die Schleuse von Holtenau, wo der Nord-Ostsee-Kanal auf die Kieler Förde trifft. Dort lässt sich der Tag übrigens auch genussvoll erleben – nächstes Mal dann.

Tipp

Diese Tour lässt sich super mit einem Ausflug nach Kiel verbinden. Die Fähre nach Laboe startet direkt am Hauptbahnhof. Von dort ist auch die Vorzeige-Promenade am Westufer, die Kiellinie, schnell erreicht. Wie fast alles an der Kieler Förde – zu Fuß oder mit der Fähre.

AUF EINEN BLICK

Tour 17: Tour für den Genuss

Dauer: 2 Std.

Höhenmeter: 6 Hm

Länge: 8 km

Schwierigkeit: Leicht

Tourencharakter: Mehr flanieren als wandern

Ausgangs-/Endpunkt: Fähranleger Laboe/Fähranleger Mönkeberg

Koordinaten: N 54.403775, E 10.215392

Anfahrt: **Pkw:** Über B 502 von Kiel
Bahn/Bus: Bahn bis Kiel, Fähre oder Bus 102 bis Laboe Hafen, einen guten Kilometer zu Fuß auf der Promenade

Einkehr: Wie im Text beschrieben

Information: heikendorf.de

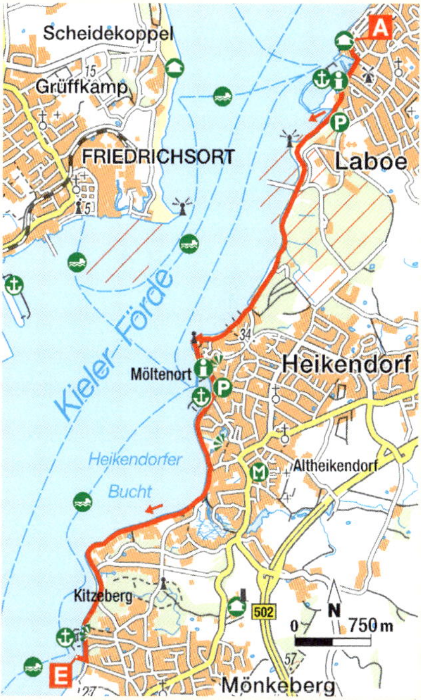

DÄNISCHER WOHLD UND SCHWANSEN

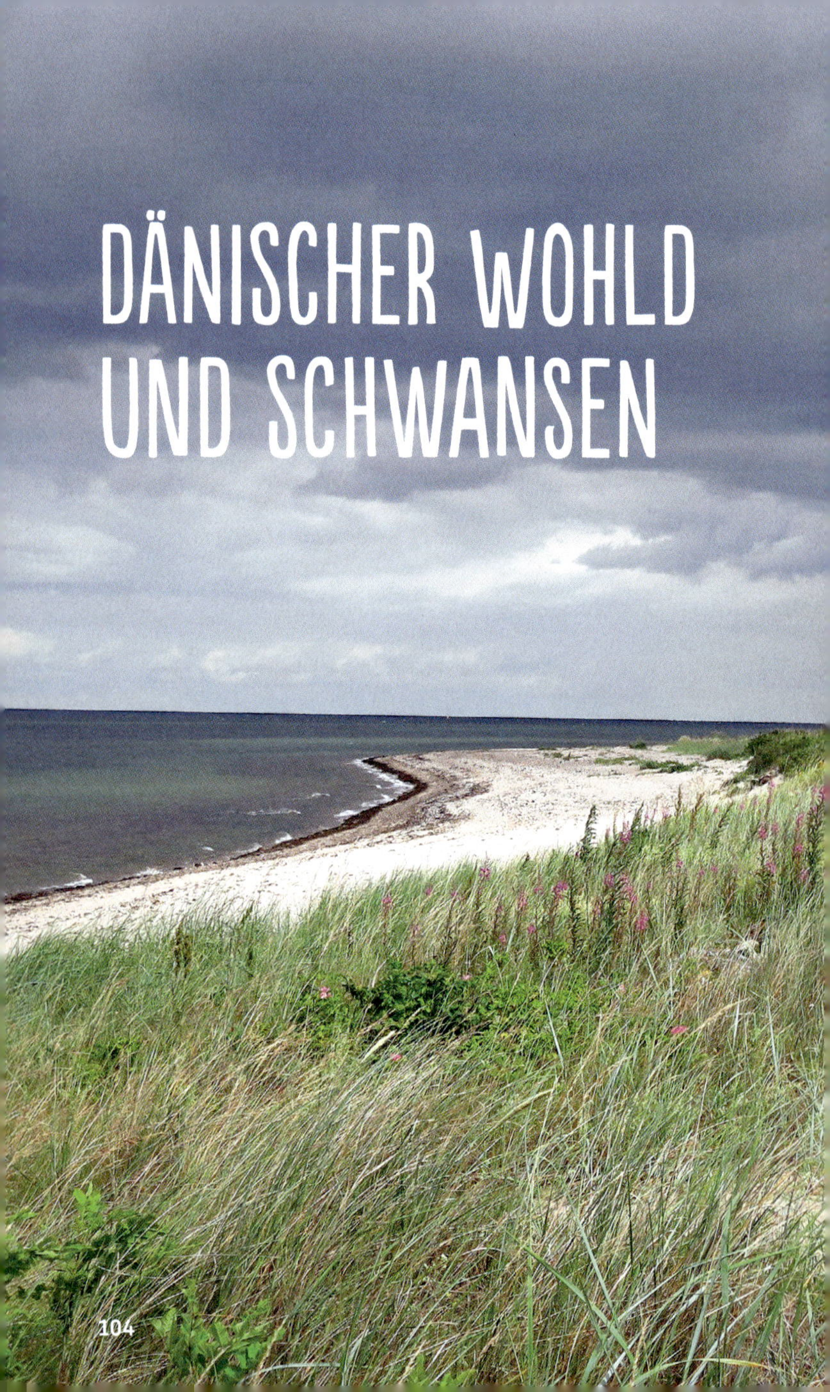

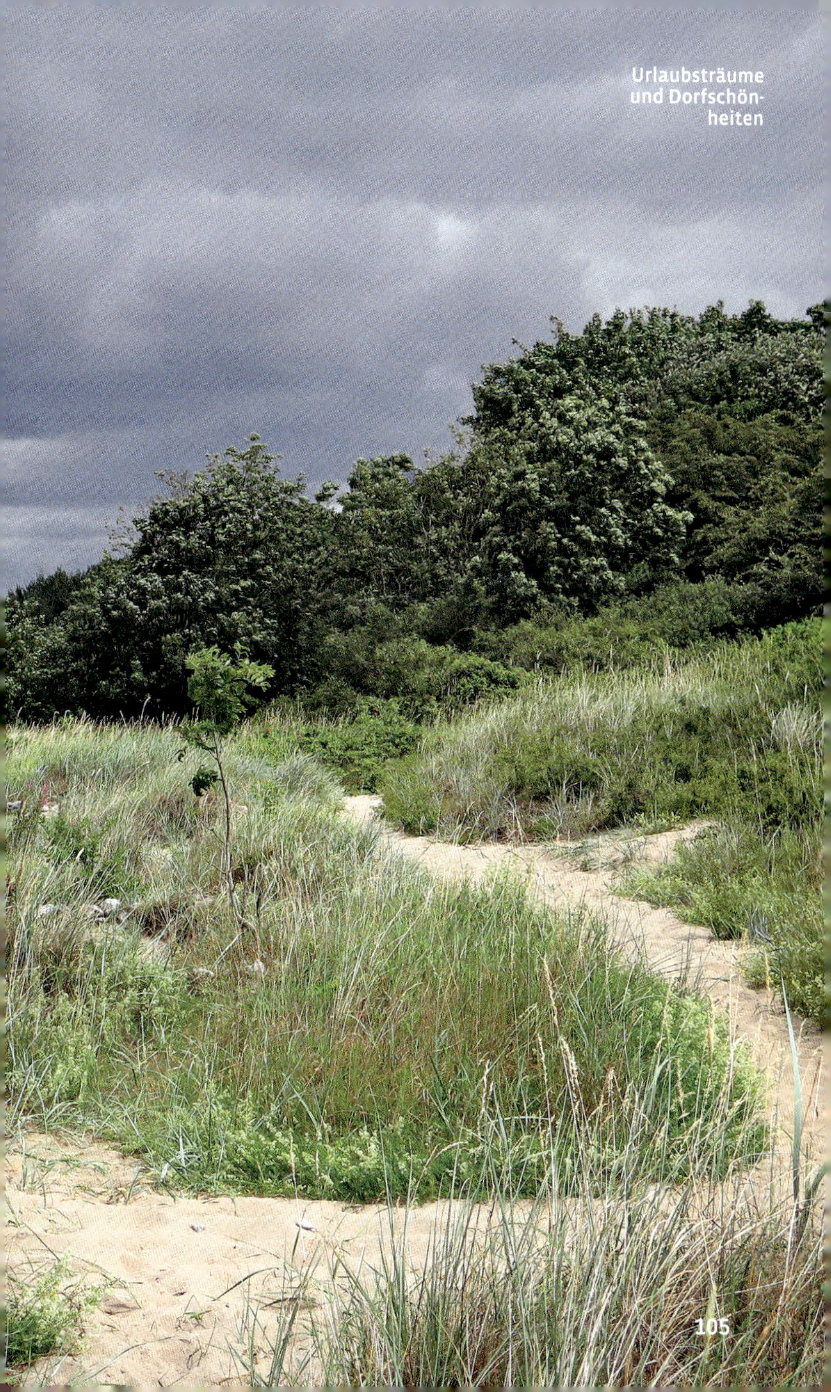

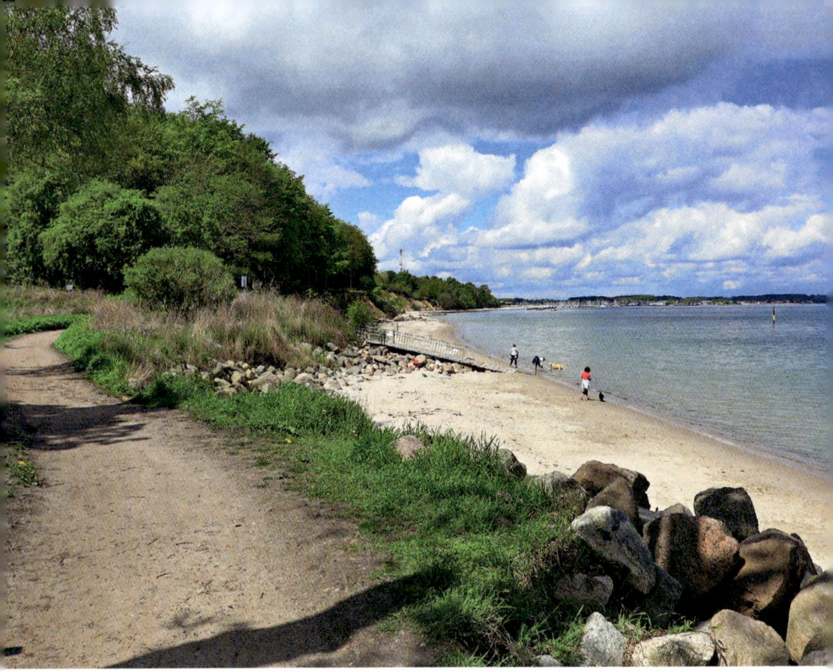

↑ Mal dicht am Strand lang ↓ Mal mit den Füßen im Sand

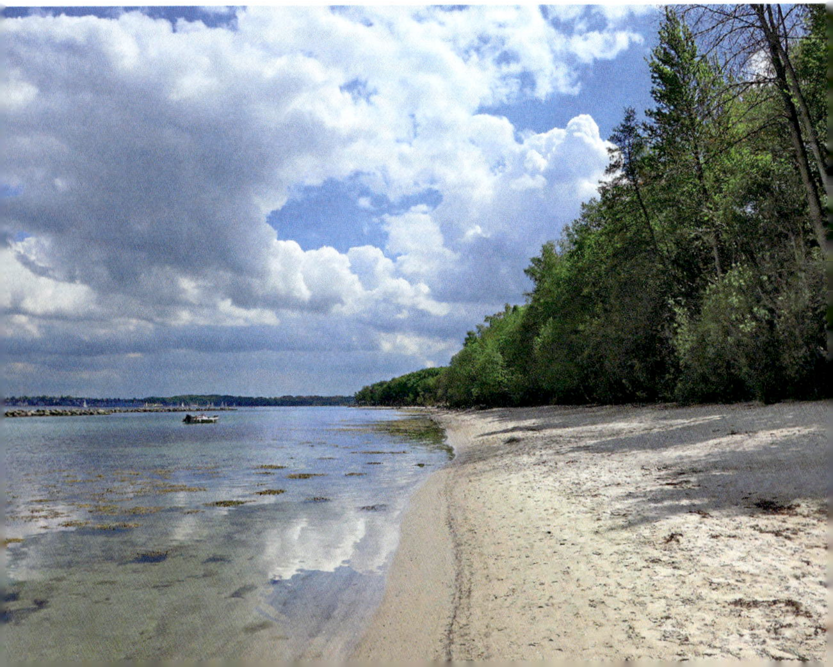

CHAMPIONS UND LOKALHELDEN

Von Schilksee zum Falkensteiner Strand

Einer der größten Jachthäfen Deutschlands, eine beeindruckende Steilküste, wunderbare Strände und urbane Gastronomie. Die einzige Landeshauptstadt am Meer zeigt am Westufer der Förde, was das Leben in Kiel ausmacht.

Olympisches Feuer So etwas Schönes habe er noch nie gesehen, soll Bundestagspräsident Gustav Heinemann 1972 bei seinem Besuch in Schilksee gesagt haben. Das würde heute angesichts des Olympiazentrums im Stil des Brutalismus vermutlich nicht mehr jedermann unterschreiben. Auf den Terrassen der Betonbauten mit Blick auf die Ostsee sieht die Sache allerdings schon anders aus. Vielleicht ja im Eiswerk. Dort setzt man bereits seit 40 Jahren auf frische, regionale Zutaten und die Eiskarte vergisst weder Allergiker noch Veganer. Super ist auch die Aussichtsplattform der Hafenmeisterei, wo die Fackel des Olympischen Feuers steht. Der Jachthafen ist wirklich etwas ganz besonderes, nicht nur einer der größten der deutschen Ostseeküste, sondern auch einer der spannendsten. Segeln wird hier als Spitzensport betrieben. An den Bootsliegeplätzen in südliche Richtung spaziert, dockt an das letzte Hafenbecken der Badestrand an. Die Strandpromenade steigt sanft an und mit ihr die Ahnung, dass Gustav Heinemann vielleicht doch gar nicht so falsch lag.

Wasser, Wind und Wellen Schilksee ist Kiels einziger Stadtteil an der offenen Ostsee. Und Kiel vermutlich die einzige Großstadt, in der naturverbundene Seelen genauso gern Richtung City spazieren wie aus den Stadttoren hinaus. Nachdem der Weg vom Hohen Ufer einen kleinen Schlenker durch den Seeschwalbenweg und eine Grünanlage gezogen hat, führt er schnell wieder zur Steilküste zurück. In zwanzig Metern Höhe ist der Weit-

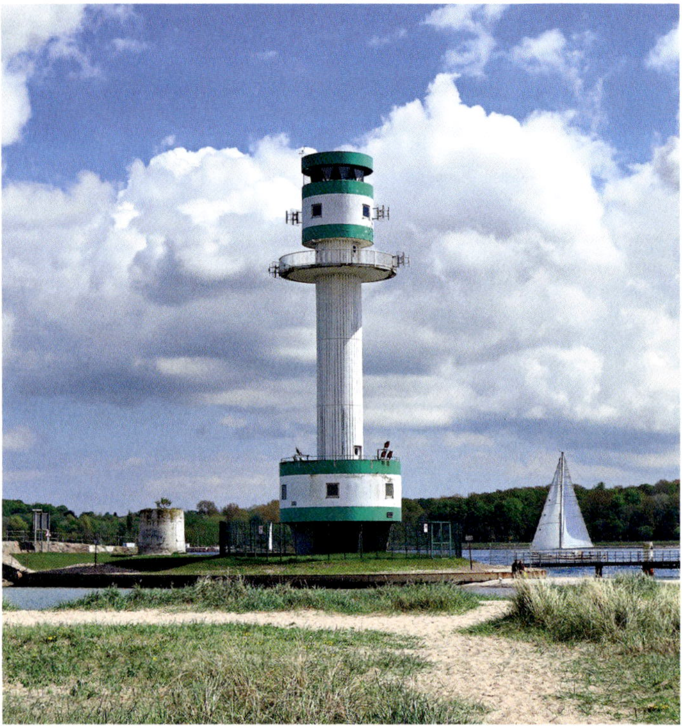

»Du wirst die Welt niemals richtig genießen,
bis nicht das Meer durch Deine Adern fließt,
Dich der Himmel zudeckt und die Sterne Dich krönen.«

Thomas Traherne (1636-1674)

blick fantastisch. Doch allzu nah sollte man nicht an die Abbruchkante treten und Absperrungen niemals überklettern. Festen Boden hat man hier nämlich nicht gerade unter den Füßen. Das Steilufer ist aktiv. Das heißt auch: unbebaubar. Auf den ersten Blick vegetationsarm, ist die Steilküste in Wahrheit ökologisch besonders wertvoll. Uferschwalben, Wildbienen und Wespen sowie seltene Pflanzen wie Gemeiner Dost und Wundklee lieben die trockenwarmen Hänge.

Sand in Bewegung Wenn der sandige Weg nach gut drei Kilometern in einen asphaltierten übergeht, ist der Falckensteiner Strand erreicht. Er profitiert von den Abbrüchen des Steilufers. Durch küstenparallele Strömungen lagert sich der Sand hier ab. So sind Dünen und Strandwälle entstanden, Nehrungen und Sandhaken. Das ist an der Ostseeküste gar nicht so selbstverständlich wie man meinen sollte. Im Gegenteil. Strandwälle und Dünen gelten als stark gefährdet. Lässige Beachbistros wie der Elefant am Strand oder Ute im Bikini erinnern daran, dass man sich in einer Großstadt befindet. Aber es ist eben Kiel, die Stadt mit dem Strandortvorteil. Kurz hinter dem High Spirits Hochseilgarten geht es auf den Deich. Er leitet direkt zur Deichperle im alten Leuchtturmwärterhäuschen. Dort sitzt man vis-à-vis des Leuchtturms Friedrichsort und findet auf der wechselnden Tageskarte viel Bio und Vegetarisches, aber auch Klassiker wie Fischbrötchen und Deichburger mit Süßkartoffelpommes. Das Vorland steht unter Schutz und darf nur auf den Pfaden betreten werden, die sich von der Terrasse zur Leuchtturminsel ziehen.

Seeluft macht glücklich Pittoresk ist der Stahlbetonbau aus den 1970er-Jahren nicht gerade zu nennen. Der alte Bau von 1866, dessen Fundament noch zu sehen

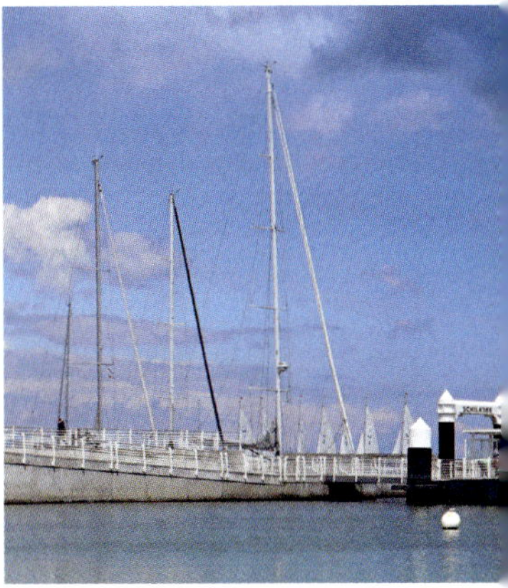

← **Leuchtturm Friedrichsort**
→ **Seglerhafen Schilksee**

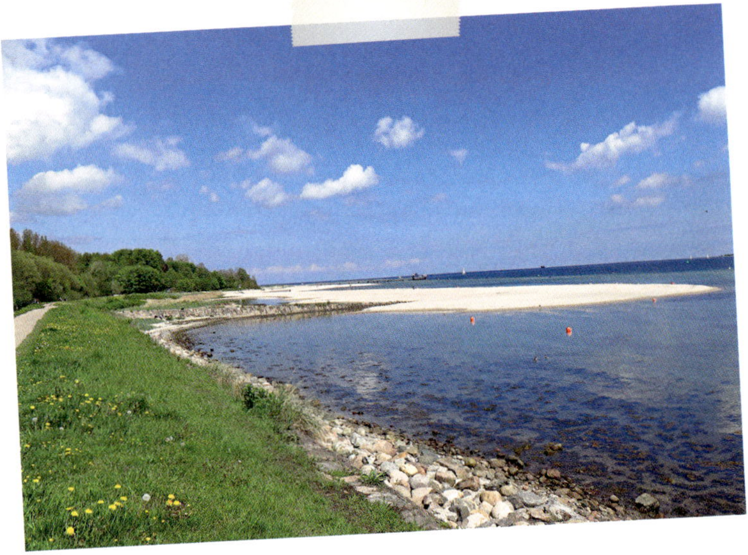

↑ An der Kieler Förde

ist, wirkte um einiges malerischer. Die Lage an der engsten Stelle der Kieler Förde ist hingegen top. So dicht gleiten die Schiffe hier vorüber, dass man am liebsten aufspringen würde, um auf große Fahrt zu gehen. Der Rückweg nach Schilksee tut's aber auch. Denn nun geht es unten am Strand entlang – der offenen Ostsee entgegen. Im Winter muss man bei hohen Wasserständen vielleicht für eine kurzes Stück auf den Weg zurück. Im Sommer zieht man lieber die Schuhe aus und watet durch die Wellen. Und falls man die Zeit in der Deichperle vergessen hat, nimmt man einfach die Fähre.

Tipp

Wer sich partout nicht mit der Architektur von Schilksee anfreunden kann und nach der Tour lieber in einem Seebad einkehren möchte, geht vom Olympiazentrum einen Kilometer weiter bis Strande. Dort ist das Postkartenidyll wieder perfekt.

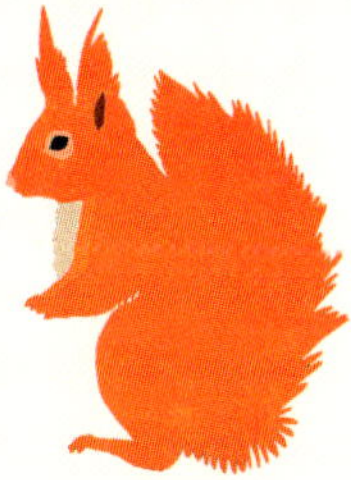

AUF EINEN BLICK

Tour 18: Tour für den Genuss

Dauer: 2.30 Std.

Höhenmeter: 30 Hm

Länge: 10,5 km

Schwierigkeit: Leicht

Tourencharakter: Der Hinweg auf dem Hohen Ufer ist ganz leicht zu finden und schwer zu toppen. Für den Rückweg am Strand gilt das ja sowieso immer.

Ausgangs-/Endpunkt: Olympiazentrum Schilksee

Koordinaten: N 54.430190, E 10.170173

Anfahrt: **Pkw:** Über B 503 von Kiel
Bahn/Bus: Bahn bis Kiel, Fähre oder Buslinien 740, 741, 30 S bis Olympiazentrum Schilksee

Einkehr: In Schilksee eher Pizza und Pommes, am Falckensteiner Strand wird die Küche urbaner.

Information: kiel-schilksee.de

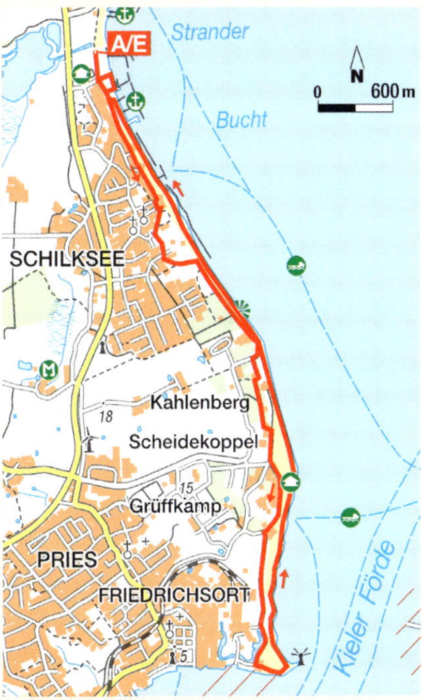

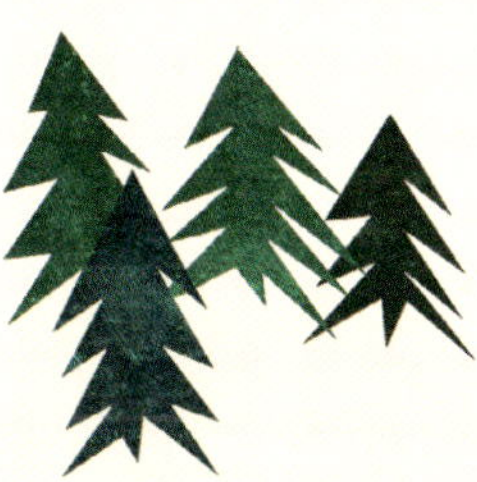

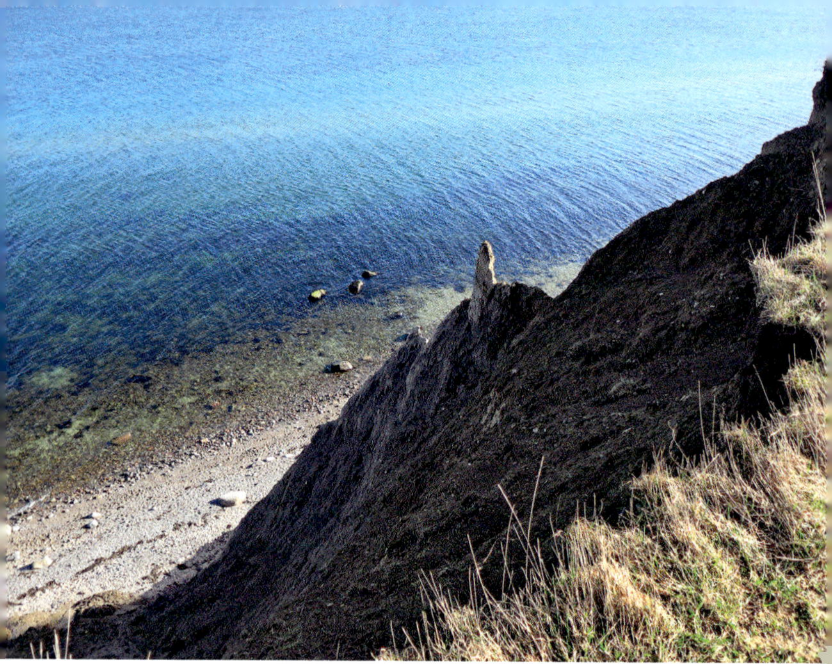

↑ Sturmhöhe bei Stohl ↓ Die Küste ist weitgehend unbebaut.

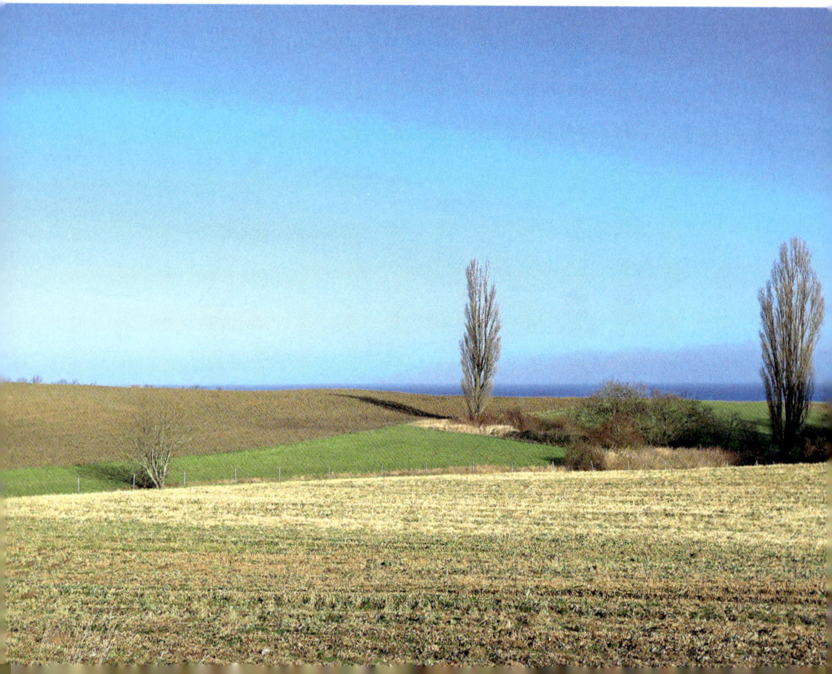

Tour
TOUR 19
der Stille

STRANDSTILLE UND KÜSTENWIND

Auf der Stohler Steilküste nach Strande

Wie eine Wand ragt die Steilküste bei Stohl über der Ostsee auf. Ihre steinigen Strände halten das Badeleben in Grenzen. Nur beim beliebten Bülker Leuchtturm wird man auf dieser Rundwanderung mit Trubel konfrontiert.

Die Steilküste von Stohl Vom Parkplatz in Stohl zieht sich ein Pfad durch die Felder zur Steilküste. Er läuft direkt auf eine Treppe zu. Daneben hat der Bürgermeister ein Schild anbringen lassen, das vor dem Küstenpfad warnt. »Betreten auf eigene Gefahr« steht dort. Tatsächlich sollte man an zwei, drei Stellen Kinder auf dem ungesicherten Pfad nicht unbeaufsichtigt lassen. Auch nach längeren Regenfällen ist die Strecke nicht zu empfehlen. Ansonsten sind die rund drei Kilometer am Klippenrand eine fabelhafte Sache. Dann taucht der Weg in ein kleines Wäldchen ein und bei einem steinernen Aussichtsbalkon wieder hinaus.

Rund um den Bülker Leuchtturm Hein Bülk wird der grün-weiß geringelte Leuchtturm genannt. Er steht auf der Huk, einer Landzunge, die die Strander Bucht von der Eckernförder Bucht trennt. Als beliebtes Spazierziel für Kieler und Konsorten hat man selbst in den Wintermonaten die Ecke nie für sich allein. Der Promenadenweg, der sich ganz dicht am Ufer bis Strande zieht, ist aber auch wirklich zauberhaft. Beim Spielplatz am Hauptbadestrand geht es rechts. Wobei ein vorheriger Strandtest nicht schaden kann. Verschiedene Strandbistros warten auf hungrige und durstige Gäste.

Von Strande landeinwärts Gestärkt geht es weiter über die Klaus-Groth-Straße, bald rechts auf den Bülker Weg, dann links auf Witten Land'n bis zur Dänischhagener Straße. Schräg links gegenüber führt die Straße Zum

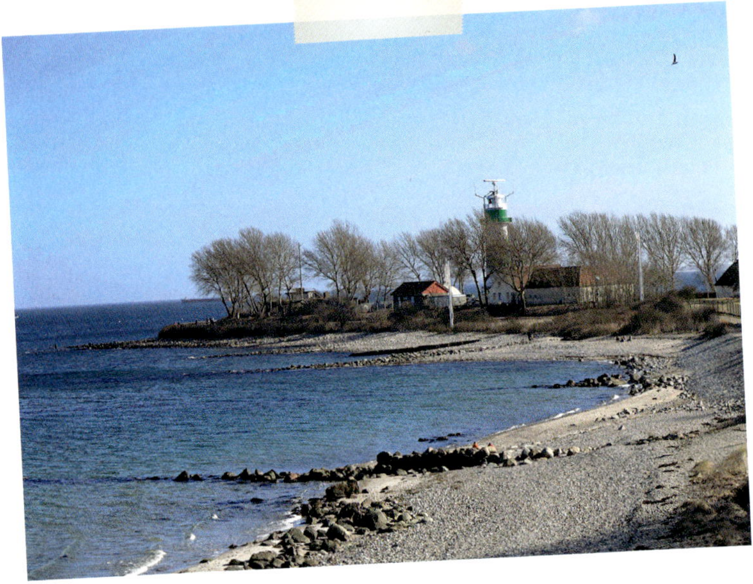

↑ **Hein Bülk ist das Ziel.**

Mühlenteich nach Alt Bülk. Nach 2,7 Kilometern kündigen Deputathäuser das Gut Alt-Bülk an. Die charakteristischen Langhäuser wurden früher von Bediensteten bewohnt. Vor dem Gut knickt rechts ein Wanderweg zur Ostsee ab. Der Rückweg erfolgt am Geröllstrand am Fuß der Steilküste. Gewaltige Abbrüche, Gletschergestein aus Skandinavien und eine reiche Vogelwelt sorgen auf den letzten 3 Kilometern für eine geradezu archaische Atmosphäre. Da kann man gar nicht langsam genug gehen, bis die Treppe nahe des Ausgangspunktes erreicht ist.

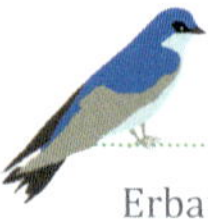

Tipp

Erbaut 1863 ist der Bülker Leuchtturm heute der älteste an der Kieler Förde. Er kann besichtigt werden und bietet von seiner Aussichtsplattform auf 22 Metern Höhe einen prächtigen Blick über Förde, Ostsee und den Dänischen Wohld. Montags geschlossen.

AUF EINEN BLICK

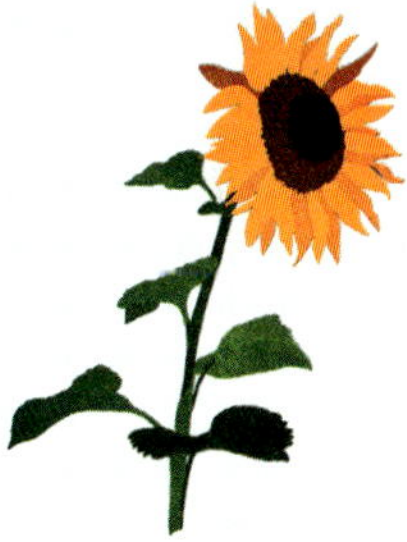

Tour 19: Tour der Stille

Dauer: 3.30 Std.

Höhenmeter: 48 Hm

Länge: 14 km

Schwierigkeit: Mittel

Tourencharakter: Größtenteils leicht zu wandern, aber auch einige holperige Kilometer am Strand und knifflige Stellen auf der Steilküste

Ausgangs-/Endpunkt: Parkplatz Stohl

Koordinaten: N 54.472725, E 10.148884

Anfahrt: **Pkw:** Ab Kiel über B 503, aus Eckernförde B 76
Bahn/Bus: Bahn bis Kiel. Buslinie 740 Richtung Surendorf, Haltestelle Marienfelde Schwedeneck

Einkehr: Pavillon am Bülker Leuchtturm, Surfkiosk kurz vor Strande. In Strande: Bruno, Das Kaiser

Information: strande.de

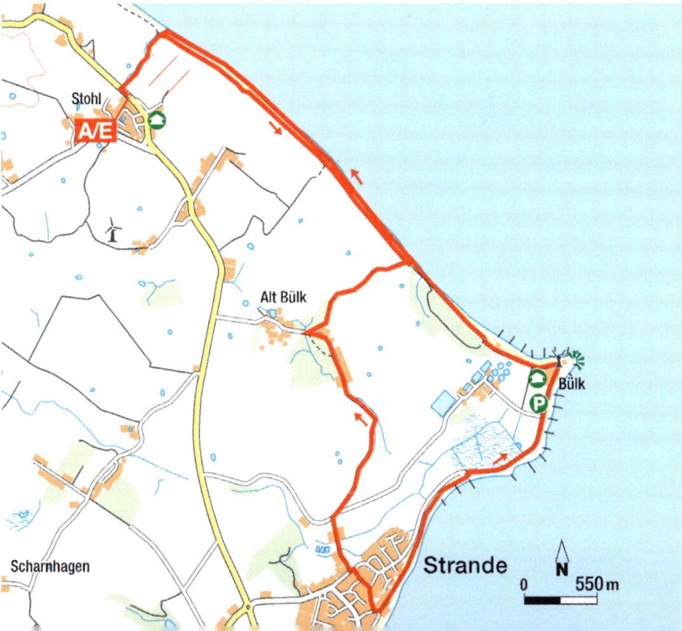

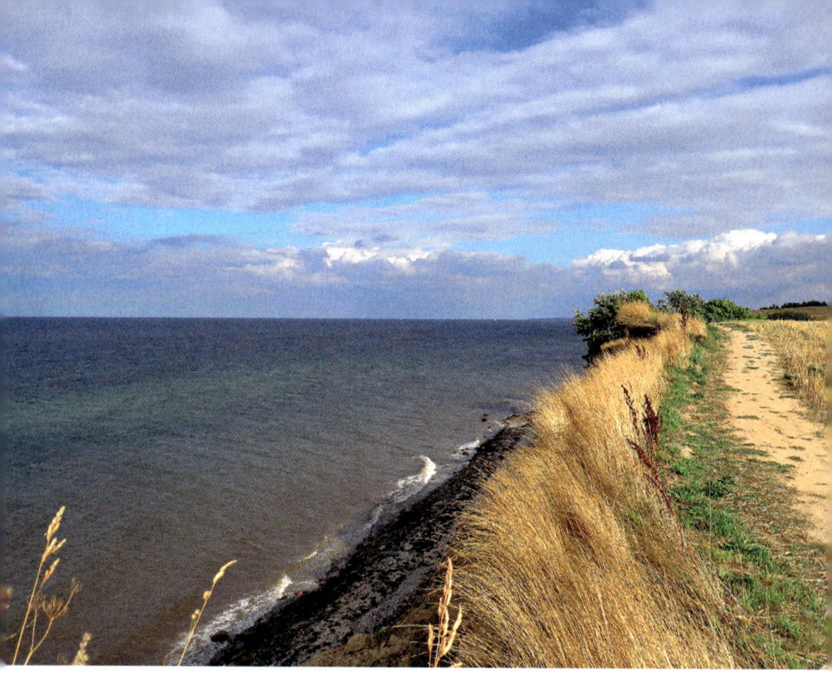

↑ Steilküste Schwedeneck ↓ Am Surendorfer Strand

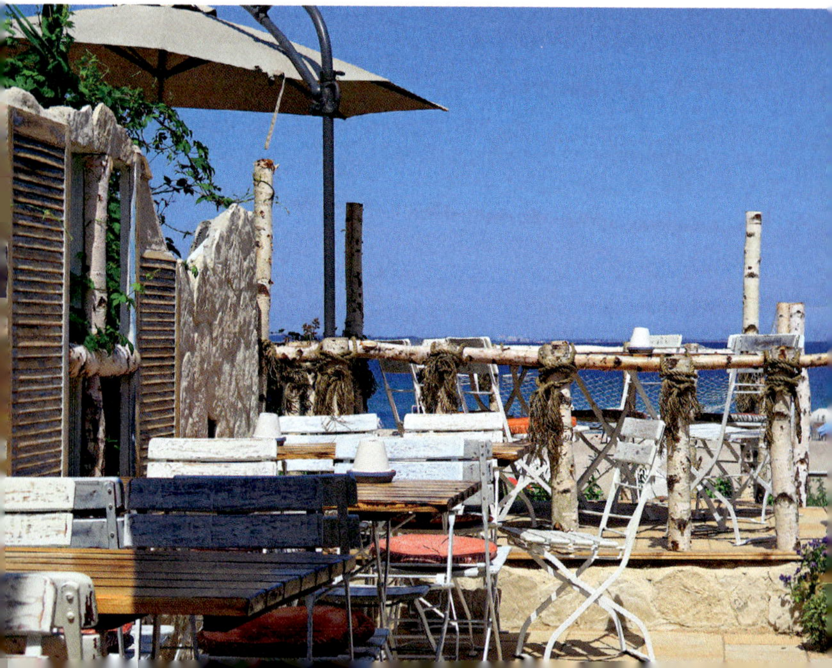

DREIEINHALB STUNDEN FERIEN

Tour für TOUR 20 die Sinne

Rundum glücklich in Schwedeneck

Diese Wanderung kann einen Urlaub ersetzen. Erlebt man doch alles, wofür die Ostseeküste von Schleswig-Holstein steht. Also Badesachen eingepackt oder dick eingemummelt und raus in die Herrlichkeit der Eckernförder Bucht.

Zum StrandHaus in Dänisch-Nienhof Wie schon Tour 20 startet auch diese auf dem Parkplatz an der Eckernförder Straße in Stohl. Sie folgt dem gleichen Fußweg zur Steilküste, führt dann aber kurz vor der Abbruchkante über eine kleine Brücke linker Hand auf den Küstenpfad. Die Ausblicke von der bis zu dreißig Meter hohen Kliffkante sind mindestens ebenso spektakulär wie in südlicher Richtung, der Wind pfeift mindestens so frisch um die Ohren. Da mag man kurz bedauern, wenn der Pfad vom freien Feld in den Wald eintaucht. Doch schnell überwiegt die Freude, unter Baumriesen zu wandern. Lang währt aber auch diese Freude nicht, wird sie doch gleich von der nächsten abgelöst. Nach insgesamt gut drei Kilometern führt eine Treppe hinunter an den Strand von Dänisch-Nienhof. Dort wartet schon im StrandHaus Schwedeneck – je nach Jahreszeit – das Kalt- oder Heißgetränk. Auf der Speisekarte stehen Ostseeküsten-Klassiker und mediterrane Gerichte. Wer auf dem Rückweg einkehren möchte, sollte jetzt ruhig schon eine Reservierung vornehmen. So dicht am Wellenrand wie auf der großzügigen Holzterrasse isst man selbst in Schleswig-Holstein selten. Und an kalten Tagen knistert kaum ein Kamin so gemütlich wie der im StrandHaus mit Blick auf die aufgewühlte See.

Am Strand von Schwedeneck Weiter geht es am Strand. Er gehört zu den vom Glück Geküssten. Nicht nur, weil man hier den Sonnenauf- wie -untergang zelebrieren kann. Er liegt auch fernab der Straßen und über

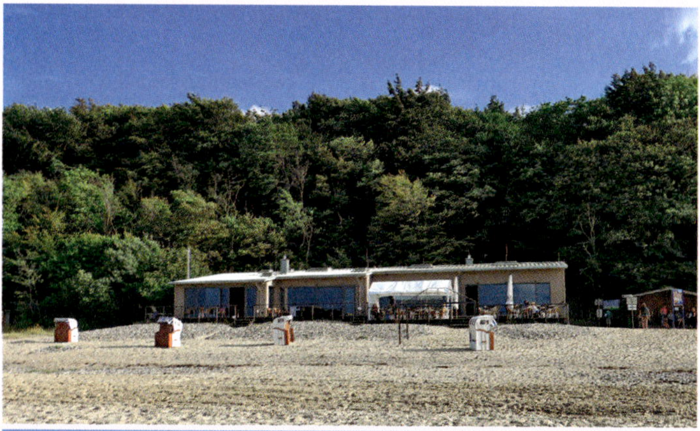

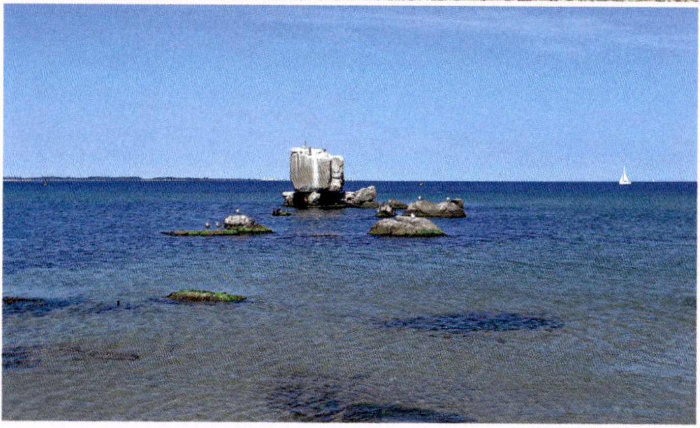

»Und es trieb in diesen Gewässern
eine glühende Sonne,
und das war mein Herz.«

Alfred Mombert (1872–1942)

Kilometer ist die Küste unbebaut. Trotz beeindruckender 16 Strandkilometer hat die Gemeinde Schwedeneck mehr Ruhe und Ursprünglichkeit bewahren können als viele andere Küstenorte. Vielleicht, weil es einen Ort Schwedeneck gar nicht gibt. Bei der Gebietsreform 1927 wurden die bis dato gültigen Gutsbezirke Dänisch-Nienhof, Hohenhain, Grönwohld und Birkenmoor zu einer politischen Landgemeinde zusammengeschlossen. Als Urlauberzentrum kann Surendorf gelten. Dort sind die Campingplätze noch ein bisschen größer, der Kurstrand noch ein bisschen feinsandiger und es findet sich die einzige Promenade zwischen Eckernförde und Kiel. Er ist auch der einzige Strand, an dem Kurtaxe erhoben wird. Wer für Strandvergnügen nicht zu haben ist, nimmt die letzte Treppe vor der Surfschule hinauf auf den Küstenpfad. Wer surfen oder kiten möchte, ein SUP-Board oder Tretboot leihen, in einem der entspannten Beachbistros einkehren, in der Sonne oder der wunderschönen Eckernförder Bucht baden möchte, zahlt gern die 1,50 Euro und bleibt vielleicht für Stunden und Stunden, obwohl noch nicht einmal die Hälfte der Tour geschafft ist.

Zurück durch den Dänischen Wohld Guter Tipp: Nicht im Strandkorb einschlafen. Der Rückweg ist besonders schön, solange noch Sonnenstrahlen durch die Bäume fallen. Dafür einfach der Promenade in südlicher Richtung folgen. Sie geht in einen Pfad über, der sich zwischen Hecken und Feldern wieder hinauf auf die Steilküste schwingt. Vom Dänischen Wohld, dem Eisenwald, der einst die gesamte Halbinsel zwischen Eckernförde und Kiel bedeckte, ist nur ein Galeriewald geblieben. Beim Eintritt kann man sich nun auf die Markierung des E 1 verlassen. Das weiße Andreaskreuz leitet vorbei an den unsicheren und gesperrten Stellen, wo die Steilküste zu brechen droht. Wo der

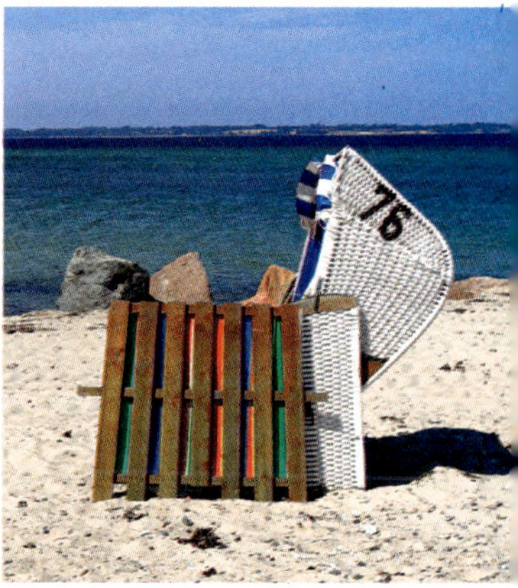

↑ StrandHaus in Dänisch-Nienhof
↓ Kormoranfelsen in Surendorf
→ Ein Platz im Standkorb ist immer frei.

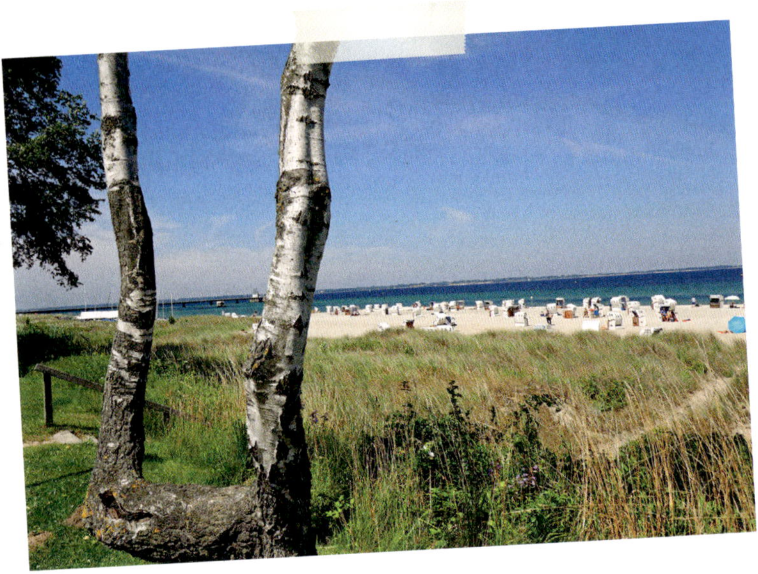

↑ **Der Duft von Meer und Sonnenmilch**

E 1 auf einen sandigen Parkplatz trifft, führt ein Stichweg hinunter zum StrandHaus. Der Wanderweg verläuft weiter geradeaus bis zum Waldende. Dort geht es rechts zur Landstraße, wiederum rechts und nach ca. 200 Metern auf der anderen Straßenseite querfeldein. Ein Pfad zieht sich durch Felder und belohnt noch einmal mit Weitblick über das Meer. Dicht an einem gigantischen Windrad vorbei gelangt man auf die Straße Heidberg in Stohl. Über Stohler Landstraße und Dorfstraße ist der Parkplatz und Ausgangspunkt in wenigen Minuten erreicht.

Tipp

Die Eckernförder Bucht ist eine Förde. Diese Meeresarme findet man nur in Schleswig-Holstein und Dänemark. Dort heißen sie Fjord. Der deutsche Begriff Fjord hat damit allerdings nichts zu tun. Aber nicht verwirren lassen, lieber genießen: Traveförde, Kieler Förde, Eckernförder Bucht, Schlei und Flensburger Förde.

AUF EINEN BLICK

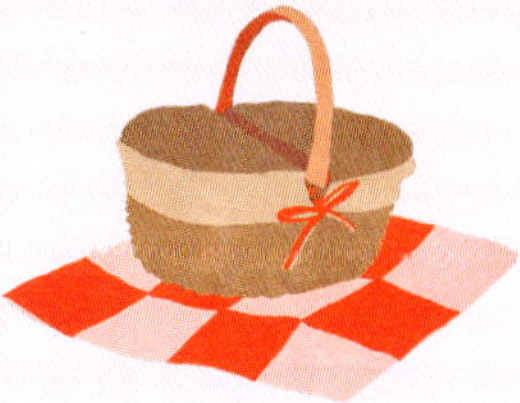

Tour 20: Tour für die Sinne

Dauer: 3.30 Std.

Höhenmeter: 45 Hm

Länge: 13,5 km

Schwierigkeit: Mittel

Tourencharakter: Steilküstenwege und Strandkilometer, Feld- und Wiesenpfade, alles in leichtem Auf und Ab. Oder anders gesagt: ein Traum.

Ausgangs-/Endpunkt: Parkplatz Stohl

Koordinaten: N 54.472725, E 10.148884

Anfahrt: Pkw: Ab Kiel über B 503, Dänischhagener Straße, Stohler Straße, Eckernförder Straße. Aus Eckernförde B 76, Bäderstraße, Eckernförder Straße
Bahn/Bus: Bahn bis Kiel. Buslinie 740 Richtung Surendorf, Haltestelle Marienfelde Schwedeneck

Einkehr: StrandHaus Schwedeneck in Dänisch-Nienhof; am Surendorfer Strand diverse Möglichkeiten

Information: schwedeneck.de

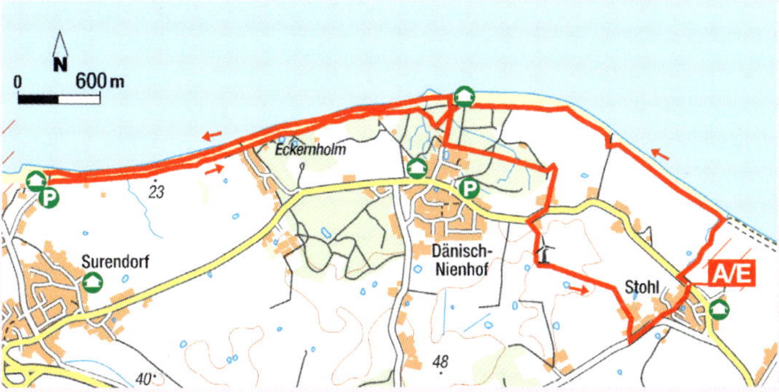

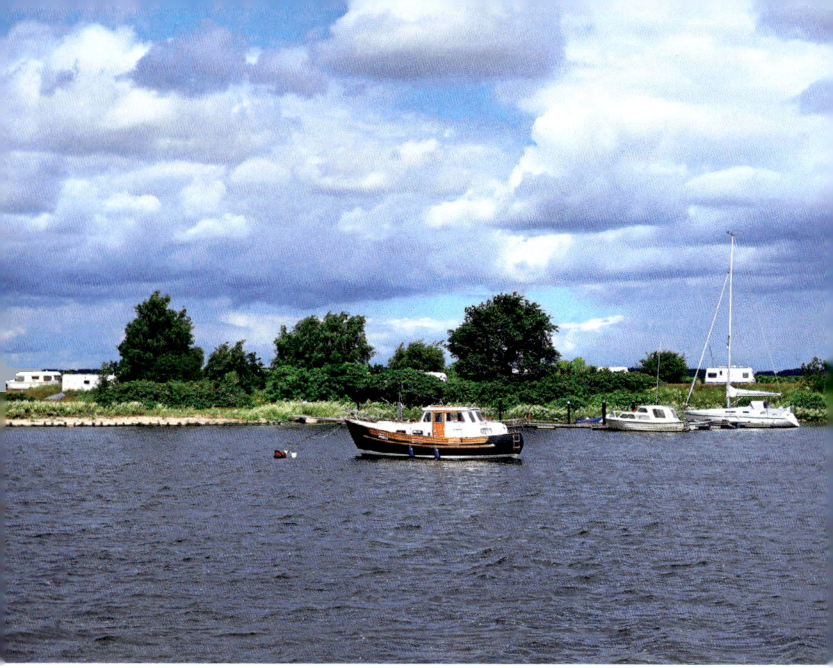

↑ Urlaubsglück am Wasser ↓ Die Lagune selbst ist Vögeln vorbehalten.

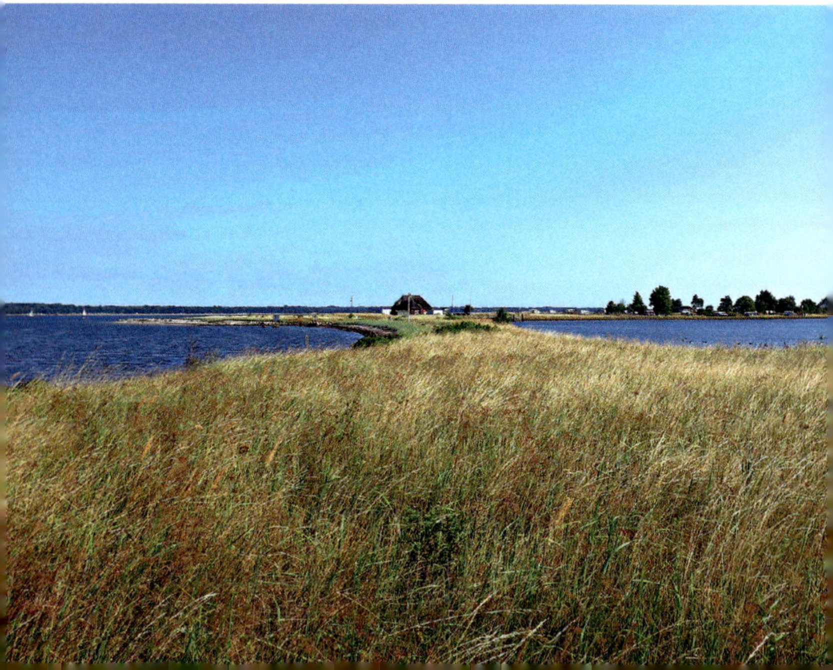

ENTSPANNUNGSGARANTIE

Tour
TOUR 21
ohne Uhr

An der Aschauer Lagune

Diese Tour steuert auf nichts Spektakuläres zu und bietet auch am Wegesrand nichts, was den Atem stocken lässt. So wandert es sich herrlich unaufgeregt an der Eckernförder Bucht, wo der Moment an und für sich das Highlight ist.

Fernwanderer können nicht irren Wer von Finnland nach Griechenland wandert oder von Schweden nach Umbrien, kommt am Grünen Jäger nicht vorbei. Und auch für eine kürzere Tour ist der historische Gasthof mit Biergarten ein prima Ausgangs- wie auch Endpunkt. Vom Parkplatz geht es in den Wald und an der Weggabelung Richtung Turku beziehungsweise Eckernförde auf dem Fernwanderweg E 6, der mit einem grünen Pfeil markiert ist. Nach etwa zwei Kilometern durch das Schellmarker Holz trifft der E 6 auf den E 1, auf dem es nun mit einem Richtungswechsel weiter geht, hinauf auf die Steilküste Altenhof. Das weiße Andreaskreuz leitet durch den Friedwald Küstenfrieden, vorbei an einigen wunderbaren Ruhebänken mit Blick auf das Hafenstädtchen Eckernförde. Über die markante Seebrücke flanieren übrigens keine Badegäste. Dort befindet sich ein Torpedoschießstand der Bundeswehr. Schon seit 1913 wird maritime Technologie in Eckernförde entwickelt und erprobt. Unter anderem sind hier die modernsten deutschen U-Boote beheimatet. Mag sein, dass man auf dieser Wanderung eines aus dem Wasser auftauchen sieht. Bei der ersten Möglichkeit, nach insgesamt rund 3,5 Kilometern, leitet ein Pfad an den Naturstrand hinunter. Dort wird es etwas unwegsam, auf herrliche Art, denn wie immer, wenn man über Steine balancieren muss und Zufahrtsmöglichkeiten weit entfernt liegen, hält sich der Besucherandrang in Grenzen.

Verbotene Paradiese Lange bevor die Aschauer Lagune erreicht ist, zieht ein reetgedecktes Haus auf dem Nehrungshaken alle Blicke auf sich. Es handelt sich dabei aber nicht um ein malerisches Refugium, sondern um

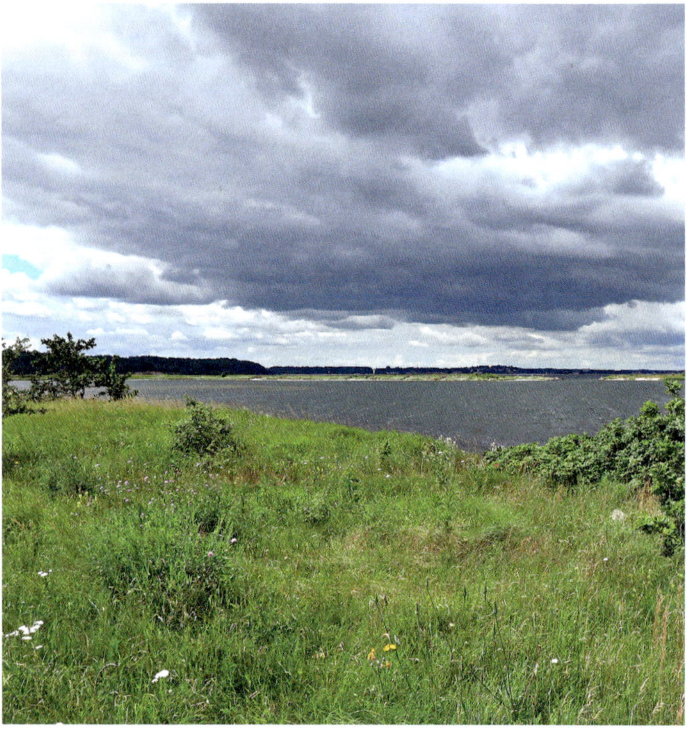

»Nie stille steht die Zeit,
der Augenblick entschwebt,
und den Du nicht benutzt,
den hast Du nicht gelebt.«

Friedrich Rückert (1788–1866)

eine Messstelle der Marine zur Vermessung des Wasserschalls von Schiffen und Geräten. Die Landspitze ist somit Sperrgebiet. Überhaupt ist in der Aschauer Lagune eine Menge verboten. Etwa sich vollständig zu entkleiden. Zuwiderhandlungen, das verrät ein Schild, werden mit Bußgeldern geahndet. Es gab nämlich eine Zeit, in der dieser abgeschiedene Strandabschnitt zu wilden Gelagen einlud. Das war problematisch, weil es an Rücksicht auf die Natur mangelte. Die ist im Flora-Fauna-Habitat Aschau eigentlich unter Schutz gestellt, aber immer wieder bedroht – nicht nur von Freunden der Freikörperkultur. Auch Ausflügler sollten unbedingt mehr darauf achten, den erlaubten Weg nicht zu verlassen. Er begleitet die Lagune, die zwar künstlich, aber dennoch ein Wasservogelparadies ist. Denen soll es sicher nur recht sein, dass das Befahren der Aschauer Lagune mit zivilen Fahrzeugen verboten ist. Der kleine Campingplatz auf dem Nehrungshaken punktet nicht nur mit seiner Spitzenlage und vollkommener Entspanntheit. Er ist auch der erste Campingplatz, der Menschen mit körperlicher Behinderung vorbehalten ist. Dort bitte auf gar keinen Fall durch die Dünen stapfen. Zwar sind sie herrlich, doch schnell hat man ein Gelege zerstört oder brütende Wasservögel verschreckt. Es dauert auch nicht lang, bis eine Holzbrücke gefahrlos ans Wasser leitet.

Vom Strand zum Grünen Jäger So ein feinsandiger Strand mit Dünen und ohne Remmidemmi ist schon etwas Besonderes in Schleswig-Holstein. Je besser man den üblichen Trubel der Ostseeküste kennt, desto dankbarer spaziert man diesen halben Kilometer bis zum nächsten Campingplatz. Der verfolgt keinerlei wirtschaftliche Interessen, sondern ist ein Verein. Die Natur- und Campingfreunde Lindhöft haben das Naturerleben ganz oben in ihrer Satzung

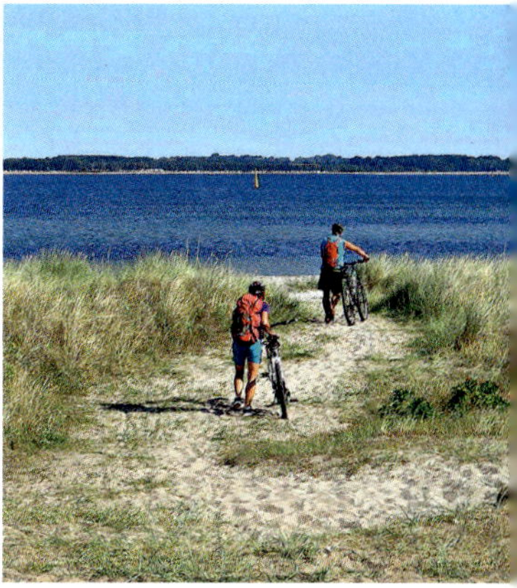

← **Wind, Wasser und Wolken**
→ **Wanderer sind klar im Vorteil.**

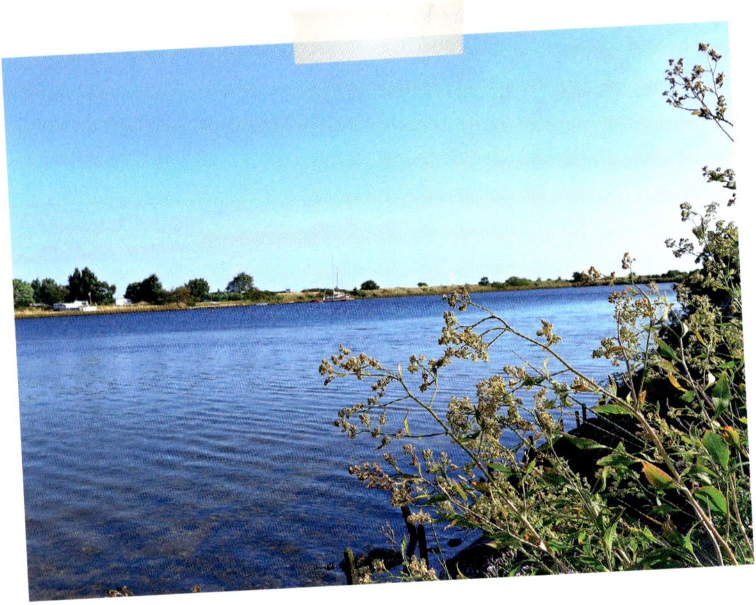

↑ **Verweile doch.**

verankert. Vielleicht hat das rustikale Strandlokal Seerose mitten auf dem Campingplatz geöffnet. Ansonsten müssen durstige und hungrige Wanderer bis zum Grünen Jäger warten. Er ist zwar noch fünf Kilometer entfernt. Doch die laufen sich viel schneller als die ersten sieben. Dafür einfach am Parkplatz Richtung Schweden beziehungsweise Finnland wenden und losmarschiert über E1 und E6, die hier eine ganze Weile gemeinsam verlaufen. Wo sie sich trennen, führt ein Weg linker Hand direkt auf den Startpunkt zu.

Tipp

Von der Ritterburg, dem ältesten Gebäude in Eckernförde, bis zur Nixe im Kurpark führt ein Rundgang zu allen historischen Highlights in der Innenstadt, am Hafen und am Strand. Der Flyer ist bei der der Touristeninformation erhältlich oder unter ostseebad-eckernfoerde.de

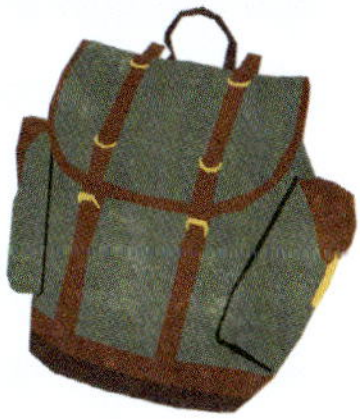

AUF EINEN BLICK

Tour 21: Tour ohne Uhr

Dauer: 3 Std.

Höhenmeter: 43 Hm

Länge: 12 km

Schwierigkeit: Leicht

Tourencharakter: Wald, Wasser, Wiesen und zumeist gut markierte Wanderwege machen diese Tour zum Vergnügen.

Ausgangs-/Endpunkt: Parkplatz am Grünen Jäger in Altenhof

Koordinaten: N 54.444429, E 9.903963

Anfahrt: Pkw: Ab Kiel über B 76
Bahn/Bus: Seltsam, seltsam. Die Buslinien 1 und 736 brauchen vom Bahnhof Eckernförde beinahe genauso lang wie Wanderer. Die spazieren einfach 3,3 Kilometer am Strand entlang bis zum Schellmarker Holz.

Einkehr: Traditionell: Grüner Jäger Altenhof. Großartig: Treib-Gut am Kiekut. Rustikal: Seerose Campingplatz Lindhöft

Information: ostseebad-eckernfoerde.de

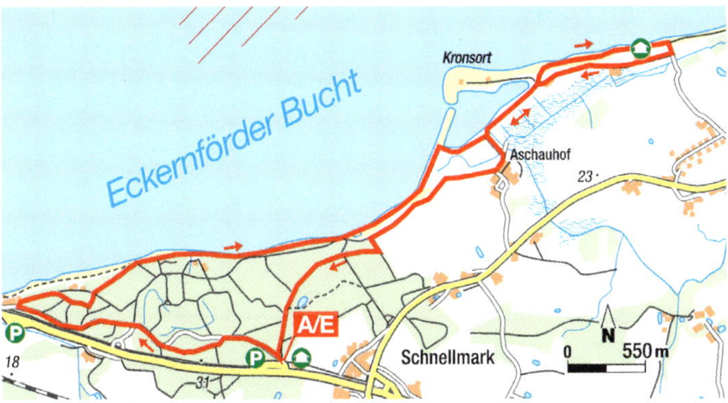

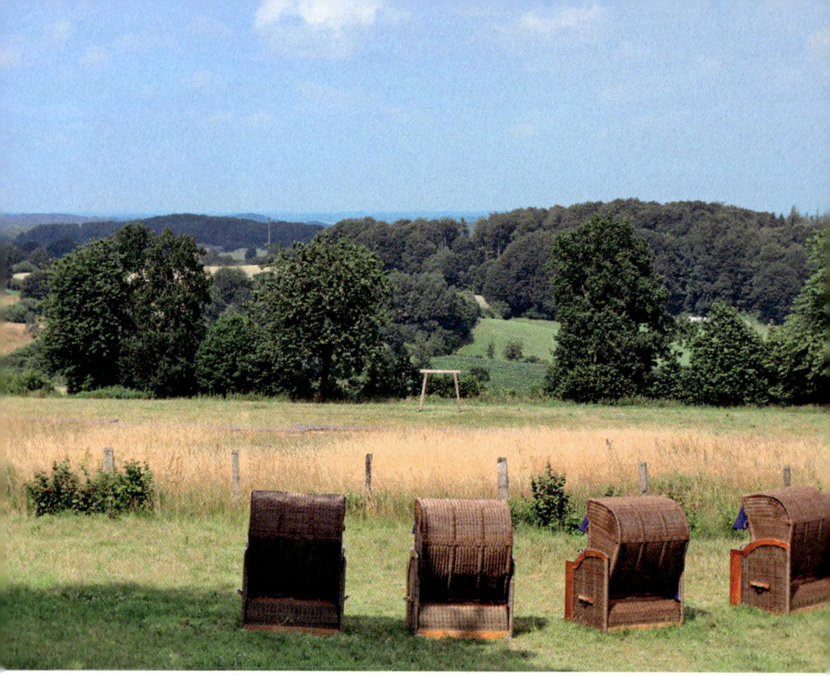

↑ Strandkörbe warten auf Bergsteiger. ↓ Die Eiszeit modellierte das Land.

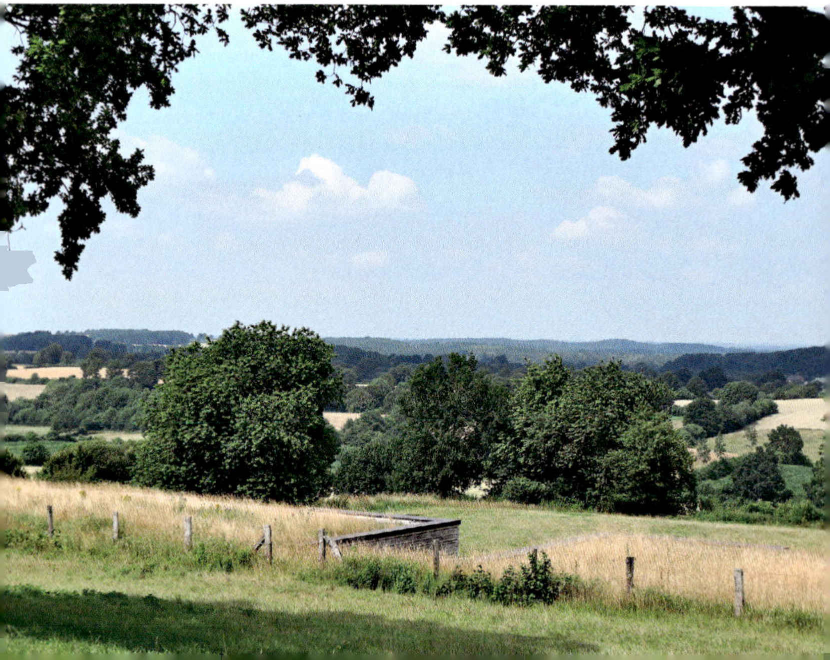

ABSTECHER INS HOCHLAND

Tour für TOUR 22 den Genuss

Genussgipfel in den Hüttener Bergen

Diese Tour kombiniert verschiedene Wanderrouten und geht ganz schön in die Beine. Sie lässt sich aber jederzeit abkürzen. Ausreichend Infotafeln zeigen, wie und wo. Aber selbst bei einer kurzen Runde gehören Kaminwurzen und Wasser ins Gepäck.

Bei uns in Tirol Startpunkt dieser Tour ist der Parkplatz auf dem Aschberg, mit 98 Metern über NN einer der höchsten Hügel des Naturparks Hüttener Berge. Bis zum Gipfel wären es nur einige hundert Meter die Straße hinauf. Doch den hebt man sich am besten für's große Finale auf. Jetzt geht es erst einmal auf den E 1 Richtung Silberbergen. Das Andreaskreuz führt zwischen Parkplatz und Jugendgästehaus in das gleichnamige Gehege. Nach etwa 1,5 Waldkilometern geht es durch hügelige Wiesen und Felder nach Schoothorst. Wo die Straße sich gabelt, trifft der E 1 auf die blaue Wanderroute Reh. Sie leitet rechter Hand zum Heidberg, der sogar noch einen Meter höher ist als der Aschberg und eine fantastische Aussicht über die Endmoränenlandschaft verspricht. Kurz nach dem Abstieg verbindet sich die blaue Route Reh mit der gelben Route Eichhörnchen. Auf letzterer geht es weiter, wenn die Wege sich trennen. Die Route stößt beim Scheelsberg auf die orangene Route Tanne, die sich im Uhrzeigersinn durch das schöne Tirol zieht. So heißt das Gebiet hier wirklich. Und das spürt man auch in den Beinen.

Reise über Jerusalem Die orangene Route Tanne schwingt im Bogen zurück zur gelben Route Eichhörnchen. Die passiert das Forsthaus Brekendorf und erreicht den Rammsee. Der Toteissee liegt romantisch mitten im Wald. Am Seeufer steht ein Wechsel auf die blaue Route Falke an. Sie umrundet den See mit Badestelle zur Hälfte und leitet nach einem weiteren Waldkilo-

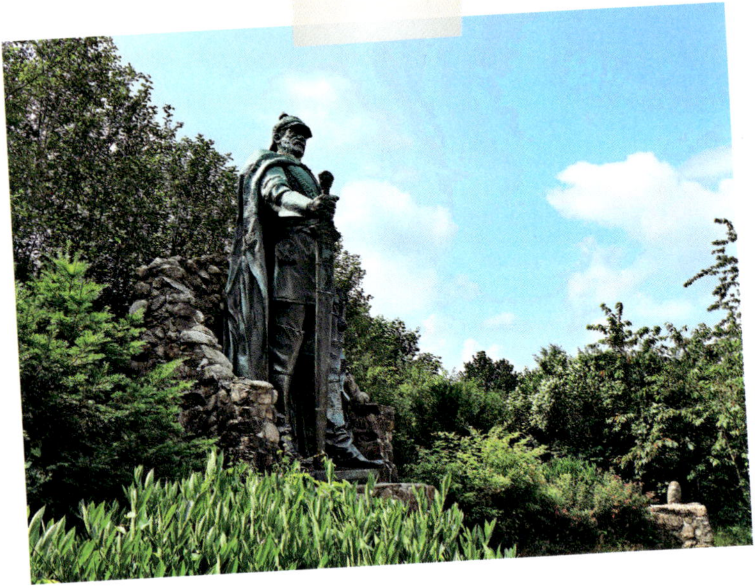

↑ Der Koloss vom Aschberg

meter auf die rote Route Eiche. Ihr folgen wir gegen den Uhrzeigersinn und gelangen so über Jerusalem nach Bethlehem. Wie es zu den ungewöhnlichen Ortsnamen kommt, ist nicht überliefert. Bei der Straße Lehmberg treffen Wanderer wieder auf die blaue Route Reh. Auf ihr geht es ins schon bekannte Schoothorst und weiter auf dem E 1 auf den Aschberg hinauf. Dort kann man nun in die Strandkörbe des Panorama-Hotels sinken und den Bergblick genießen.

Tipp

Zum Pflichtprogramm auf dem Aschberg gehört die 7 Meter hohe Bismarck-Statue. Von der Hotelterrasse führt ein Pfad zu dem Koloss. Auch der Aussichtsturm muss einfach bestiegen werden. Am oberen Hotelparkplatz ist eine Infohütte eingerichtet: Dort findet man etliche Broschüren und Ausflugsideen.

AUF EINEN BLICK

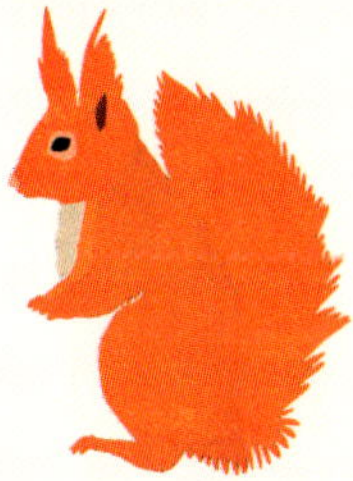

Tour 22: Tour für den Genuss

Dauer: 4 Std.

Höhenmeter: 167 Hm

Länge: 16 km

Schwierigkeit: Mittel

Tourencharakter: Wenn's noch einen Tick knackiger zugehen würde, müsste man von Mittelgebirgscharakter sprechen. Mittelschwer sind die Wald- und Wiesenwege allemal.

Ausgangs-/Endpunkt: Aschberg

Koordinaten: N 54.416869, E 9.695299

Anfahrt: **Pkw:** A 1 Ausfahrt Owschlag Richtung Eckernförde
Bahn/Bus: Bahn bis Eckernförde, Linie 725 bis Ascheffel Bergstraße

Einkehr: Panorama-Hotel auf dem Aschberg, Waldhütte in Brekendorf

Information: naturpark-huettenerberge.de

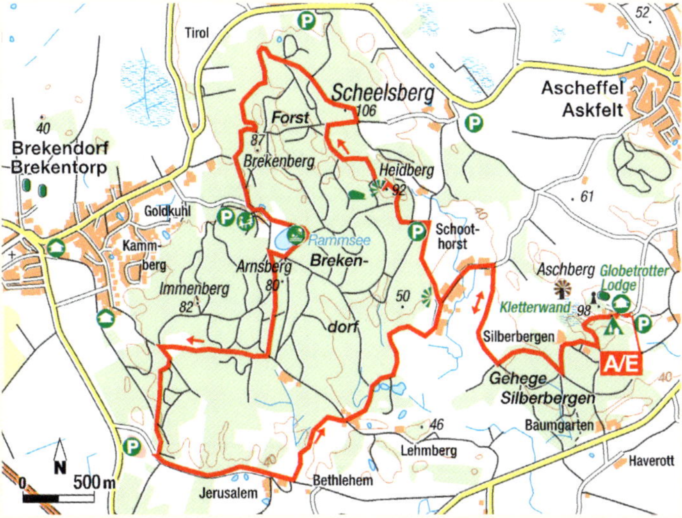

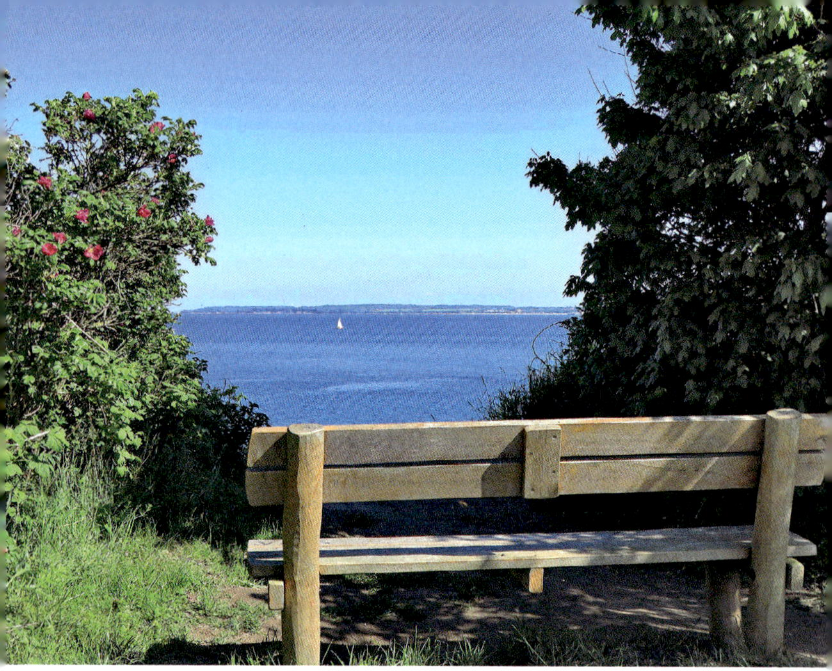

↑ Prima Plätze fürs Pausenbrot ↓ Schatten auf uralten Hohlwegen

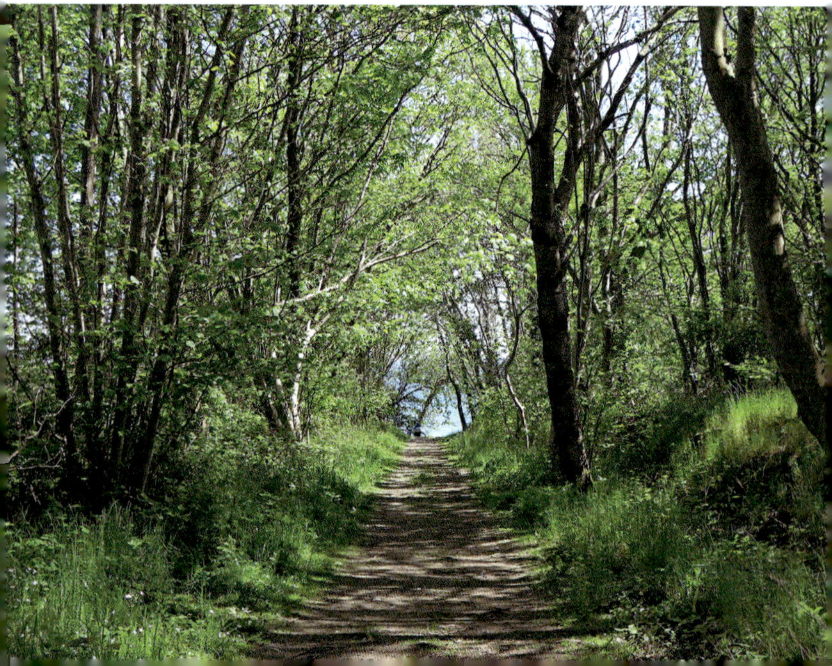

ZWISCHEN DEN ZELTEN

Tour TOUR 23 der Stille

Schleifenwanderung von Waabs

Die Gemeinde Waabs ist eine Ansammlung von Dörfern – und Campingplätzen auf der Halbinsel Schwansen. Außerhalb der Saison ist hier wenig los. Im Sommer knubbeln sich Urlauber in Sichtweite der Wohnwagen. Zwischen den Plätzen herrscht Ruhe.

Los geht's in Langholz Am idyllischen Strand von Langholz mit seiner maximal dänischen Atmosphäre sind verschiedene Wanderwege ausgewiesen. Einer führt beim Schullandheim die Straße Seebergen hinauf und weiter über Flintholm nach Kleinwaabs. Wo sich die Dorfstraße gabelt, folgen wir ihr rechts auf den Strandweg. Linker Hand ist nach wenigen Metern der größte Campingplatz der Gegend erreicht, beinahe schon eine kleine Stadt. Ein Wanderweg schwingt durch Felder nach Rittenrade – zum nächsten Campingplatz. Dieser ist eher klein und liegt abgeschieden. Wer sich schon immer gefragt hat, was Camper auf ihre Plätze zieht, erfährt in Waabs: Die Gründe reichen von unverfälschtem Naturerlebnis bis Remmidemmi.

Zwischen Kleinwaabs und Großwaabs Auf dem erhöhten Uferweg ließe sich bis ins fünf Kilometer entfernte Ostseebad Damp wandern. Wir verlassen ihn aber bereits nach 800 Metern, um auf einem uralten Hohlweg wieder landeinwärts zu spazieren. Besonders im Sommer sind die schattenspendenden Stauden und Gehölze eine Wohltat. Bei Waabs-Hof wird die Seestraße erreicht. Sie ändert im weiteren Verlauf einige Male den Namen, nicht aber die Richtung, bis sie als Strandstraße nach 1,5 Kilometern linker Hand einen Pfad in die Natur anbietet. Er leitet zum Fischleger. Und weil es hier wieder an den Strand geht, tauchen schon bald die ersten Wohnmobile, -wagen und Zelte auf. So ist das in Waabs.

Rückweg mit Meerblick Zurück geht es nun auf dem Uferweg. Die letzten 800 Meter vor Rittenrade kennen wir schon. Ein guter Grund, sich auf

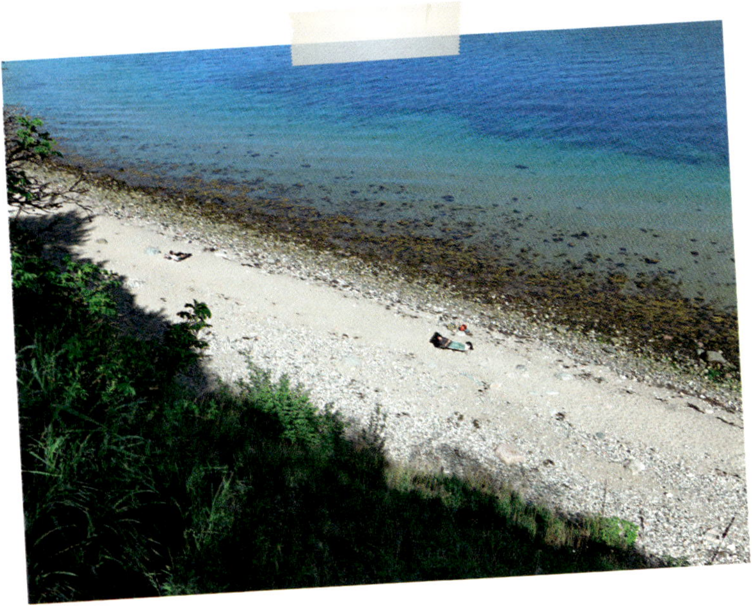

↑ **Platz am Strand; selbst in der Hochsaison**

einen gut 1,5 Kilometer langen Steinstrand-Spaziergang einzulassen. Ein Balanceakt im wahrsten Sinne. Wer ins Schwitzen gerät, freut sich über den Biergarten unter hohen Bäumen an der Badestelle von Kleinwaabs. Dort schlängelt sich ein Pfad die beachtliche Steilküste hinauf. Die Ausblicke von prima platzierten Holzbänken und -liegen mit Blick auf die Eckernförder Bucht sind grandios. Eine Treppe führt zum Strand von Langholz, dem Ausgangspunkt.

Tipp

Einer der entspanntesten Campingplätze Schleswig-Holsteins ist Camp Langholz. Er ist vom Ausgangspunkt nicht einsichtig, am Strand entlang spaziert aber nach wenigen hundert Metern erreicht. Die Karte im Café Strandräuber liest sich wie im Hamburger Schanzenviertel, der Kaufmannsladen Proviantamt setzt auf nachhaltige Waren.

AUF EINEN BLICK

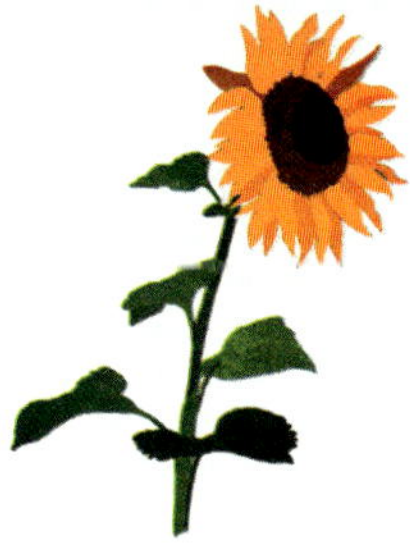

Tour 23: Tour der Stille

Dauer: 4 Std.

Höhenmeter: 37 Hm

Länge: 16 km

Schwierigkeit: Mittel

Tourencharakter: Feld-, Wald-, Wander- und Steilküstenwege. Ein wenig Asphalt. Ein bisschen Strand. Oder anders gesagt: wunderbar vielfältig.

Ausgangs-/Endpunkt: Langholzer Strand

Koordinaten: N 54.515114, E 9.985025

Anfahrt: **Pkw:** Aus Kappeln und Eckernförde über B 203, L 26

Einkehr: In der Saison auf jedem Campingplatz. Im Winter braucht es einen Abstecher zur Gastronomie von Kleinwaabs oder in die Fischerkate in Langholz.

Information: touristikverein-waabs.de

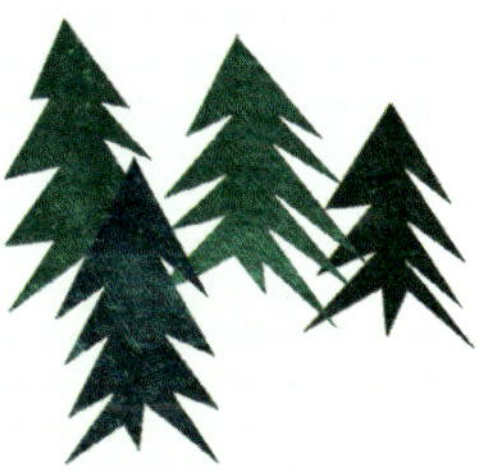

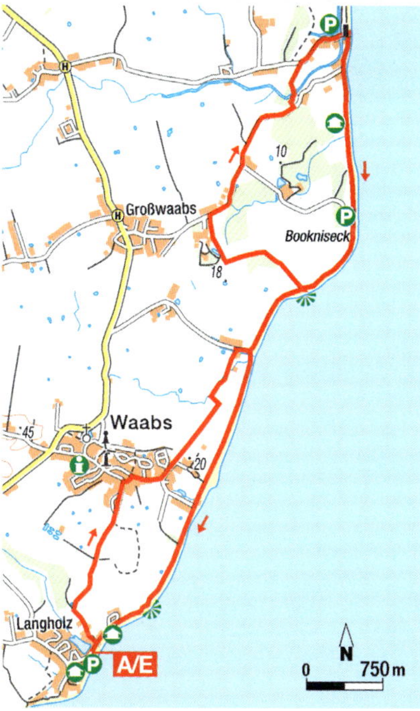

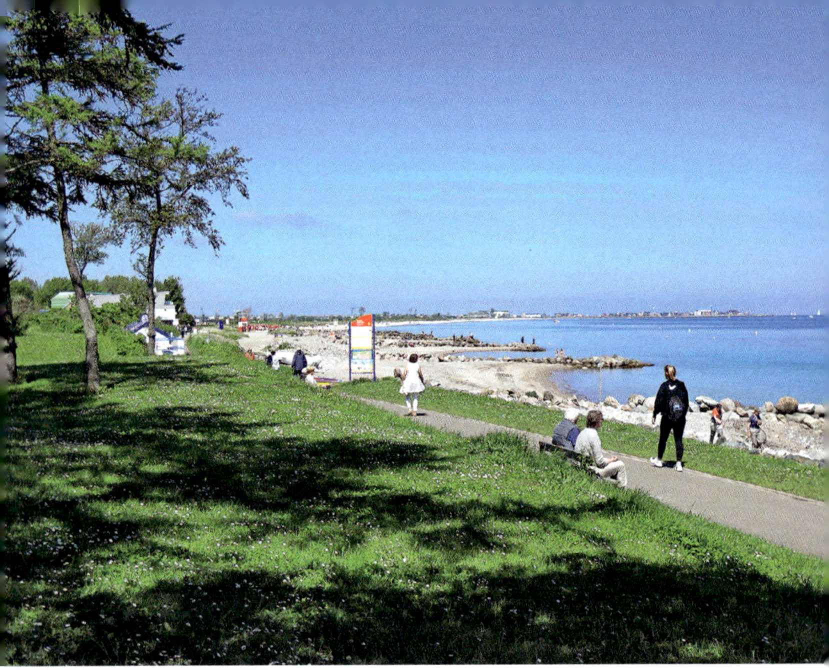

↑ Strandpromenade von Schönhagen ↓ Steilküstenpfad zur Rapsblüte

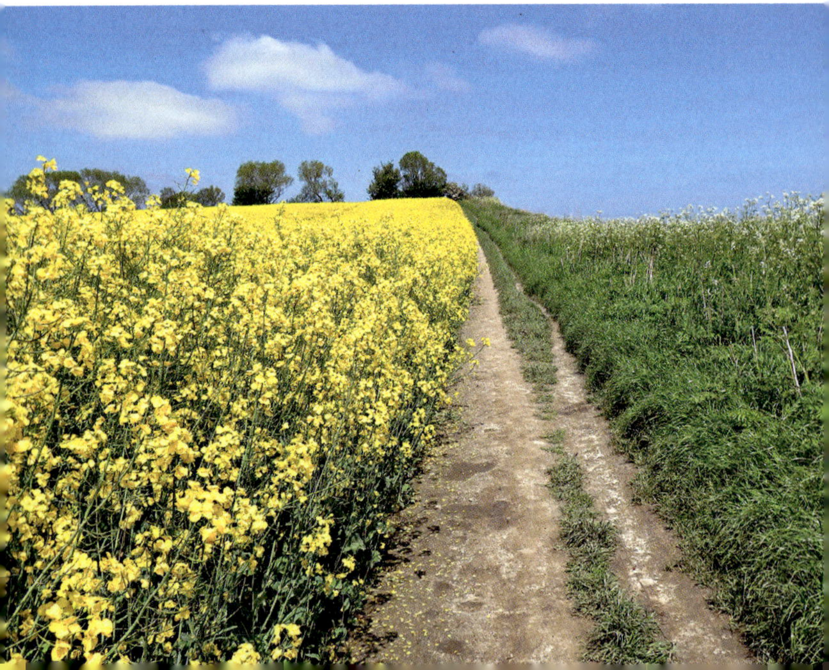

Tour
TOUR 24
ohne Uhr

NORDISCH GEHEN

Das Schönste von Schönhagen

Nehmen Sie sich viel Zeit für diese vielfältige Tour – besonders wenn Sie zu zweit oder mehreren unterwegs sind. Dann will die eine vielleicht hier und der andere dort verweilen, denn Geschmäcker sind bekanntlich unterschiedlich. Und der Norden auch.

Nordic Walking Am Strandparkplatz in Schönhagen findet sich eine Übersichtskarte mit vier Nordic-Walking-Routen. Die längste, Route 4, ist gut ausgeschildert, allerdings im Uhrzeigersinn. Ergänzt durch Tour 3 läuft sie sich in der Gegenrichtung aber besser – aus dramaturgischen Gründen. Also los: auf der Strandpromenade, die sich noch nicht allzu sehr dem Zeitgeist unterworfen hat. Ganz anders als das Ostseeresort Olpenitz am Horizont. Das Ferienzentrum wächst und wächst und wächst, wo bis vor wenigen Jahren noch gar nichts war. Dass sich der einst abgelegene Weidefelder Strand in eine Art City-Beach verwandelt hat, halten etliche Einheimische und treue Stammgäste für nicht gerade gelungen. Doch es gibt auch eine neue Klientel von Urlaubern, denen die Bebauung gefällt. Die Lage zumindest ist außergewöhnlich schön und wenigstens auf das Strandrestaurant Lobster können sich alle einigen. Es ist noch gar nicht so lange her, da war der Holzbau das einzige Gebäude weit und breit. Wie sich diese äußerste Spitze der Halbinsel Schwansen damals anfühlte, erahnt man noch, wenn man von der Strandstraße links in den Weidefelder Weg einbiegt.

Ab durch den Knick Auf diesem Teil der Strecke gibt es keinen Fußweg. Doch die Straße ist so wenig befahren und windet sich so herrlich durch Wiesen und Felder, dass der Naturgenuss nicht zu kurz kommt. In den Knicks singen die Vögel um die Wette und es grünt und blüht beinahe wie in Gärten. Knicks sind historisch gewachsene, wichtige Lebensräume, die während der Agrarreform um 1770 zur Flurstücksabgrenzung angelegt

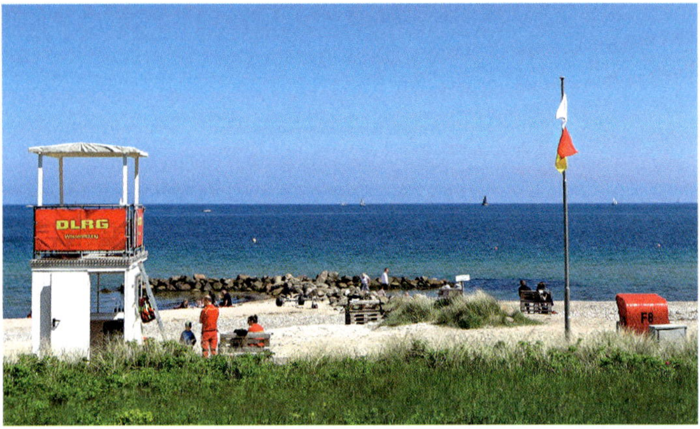

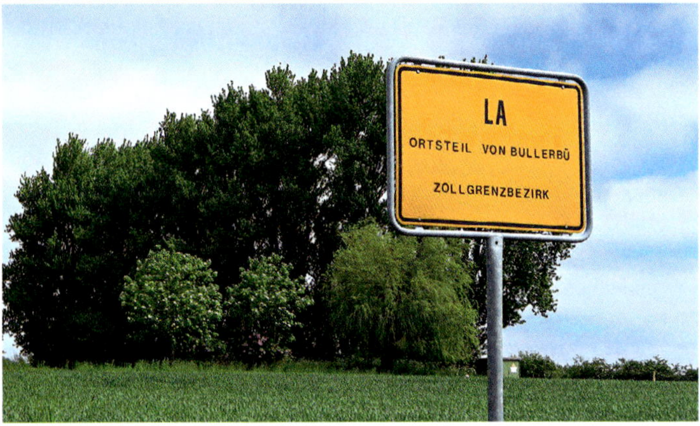

»Sehne Dich und wandere.«

Heinrich Freiherr von Stein (1857–1887)

wurden. Ein Knick besteht aus einem aufgeschütteten Wall, der mit heimischen Gehölzen bewachsen ist und bummelig alle zehn Jahre auf den Stock gesetzt (geknickt) wird. Kurz hinter dem Tierheim geht der Weidefelder Weg in den Wiesenredder über. Von ihm zweigt nach 500 Metern in einer Rechtskurve ein Wiesenpfad ab. Über Langacker geht es auf den Drasberger Weg, wo der Verkehr einen Tick zunehmen kann. Doch das ist nach wenigen hundert Metern schon wieder vorbei, wenn es bei zwei gigantischen Windrädern geradeaus auf einem Pfad querfeldein geht. Hier öffnet sich der Blick weit bis zur Ostsee und man könnte denken, schöner kann's nicht werden. Doch das Gegenteil ist der Fall.

Vom Schloss zum Schwanensee Der Pfad erreicht Schönhagen auf dem Eiskellerweg, der wiederum auf die Schloßstraße trifft. Hier heißt es, die Nordic-Walking-Route 4 verlassen. Rechts geht es zur Ostseestraße und nach Querung auf die Route 3. Sie startet auf einem kleinen Parkplatz, wo Texttafeln über das Naturschutzgebiet Schwansener See informieren. Vom dänischen Svans Sø (Schwanen See) hat die Halbinsel ihren Namen. Es sind vor allem Höckerschwäne, die sich hier – besonders im Spätsommer – in großer Zahl sammeln. Es kommen aber auch jede Menge anderer Wasser- und Watvögel zum Rasten, Brüten, Leben. Von der NABU-Naturstation kann man sie in der Ferne ausmachen. Noch etwas ferner ragen die Hochhäuser von Damp in den Himmel. 1968 als »Damp 2000« aus dem Boden gestampft, wirkte die Anlage schneller als geplant hoffnungslos unmodern. Inzwischen hat sich das Ostseebad einen gewissen Charme erarbeitet. Wer sich davon überzeugen will, muss 4 Kilometer zu dieser Tour addieren; einfache Strecke. Doch man sollte nie, wirklich niemals mit Kindern nach Damp wandern. Gut mög-

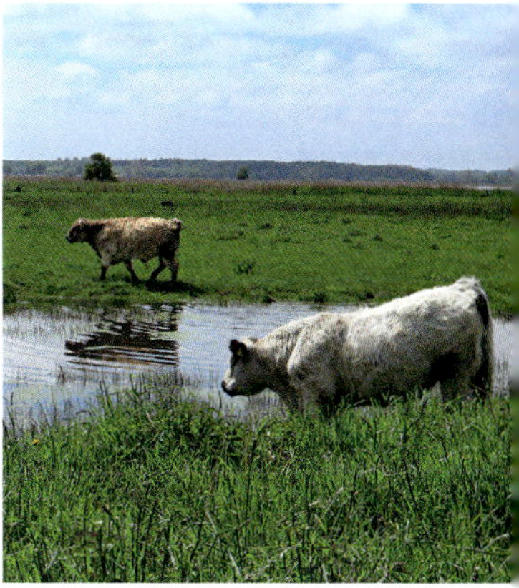

↑ Im Sommer wird es trubelig am Strand.
↓ Das Hinterland bewahrt die Ruhe.
→ Robustrinder pflegen die Landschaft.

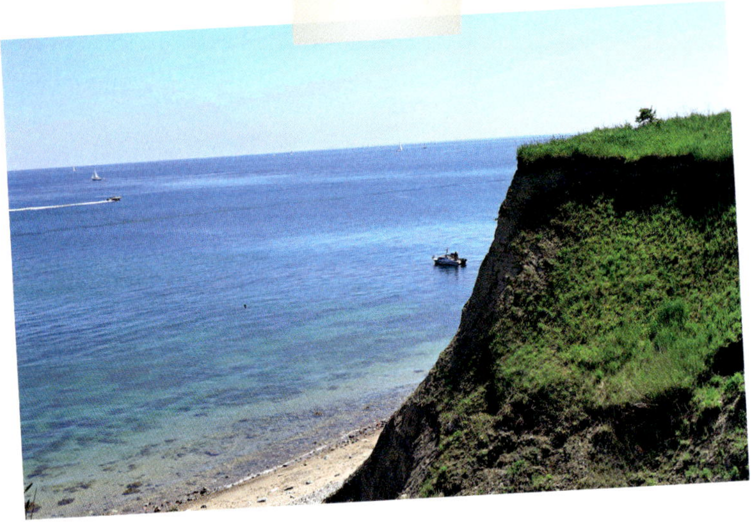

↑ Die Ostsee spiegelt Himmelsfarben.

lich nämlich, dass die dank Wikingergolf, Skatepark, Entdeckerbad und anderen Spiel- und Sportmöglichkeiten nie wieder wegzubekommen sind.

Die Steilküste Die letzten 2,5 Kilometer dieser Wanderung sind vielleicht die herrlichsten. Denn nun geht es hinauf auf die bis zu 18 Meter hohe Steilküste, wo einem Uferschwalben um die Ohren sausen. Bei klarer Sicht sind am Horizont die dänischen Inseln zu sehen. Der Klippenpfad ist ganz Wanderern vorbehalten und geht an seinem Ende auf die Strandpromenade von Schönhagen über. Dort endet die Tour in einem Strandlokal oder mit einem Bad in der Ostsee.

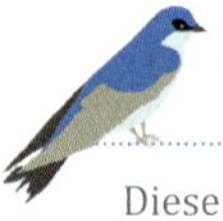

Tipp

Diese Tour kombiniert zwei Nordic-Walking-Routen und ist darum nicht nur in aller Ruhe herrlich, sondern ebenso wunderbar geeignet, um die Sommertrainingsmethode der Langläufer und Biathleten einmal auszuprobieren. Stöcke verleiht die Touristinformation Schönhagen gegen ein kleines Pfand.

AUF EINEN BLICK

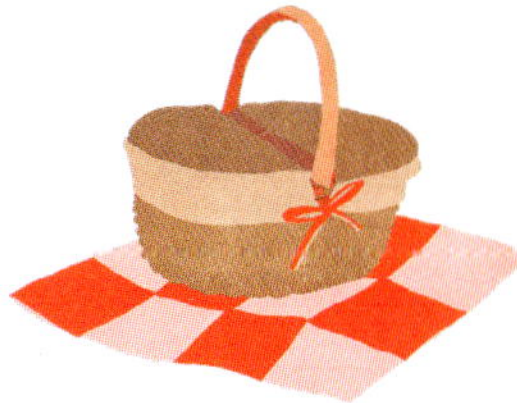

Tour 24: Tour ohne Uhr

Dauer: 3 Std.

Höhenmeter: 41 Hm

Länge: 13 km

Schwierigkeit: Leicht

Tourencharakter: Auf dieser Tour sind neben Pfaden und Wegen auch etliche Kilometer auf Asphalt zu absolvieren.

Ausgangs-/Endpunkt: Besucherparkplatz am Schönhagener Strand

Koordinaten: N 54.635054, E 10.029548

Anfahrt: **Pkw:** Von Süden über A 7 bis Rendsburg/Büdelsdorf, weiter über B 203. Von Norden bis Schleswig, weiter über B 201
Bahn/Bus: Sehr zeitaufwändig. Bahn bis Eckernförde, von dort 1.15 Std. mit der Buslinie 711 bis Schloss Brodersby bei Kappeln

Einkehr: Weidefeld: Strandrestaurant Lobster, Schönhagen: Strandgastronomie

Information: schoenhagen-ostsee.de

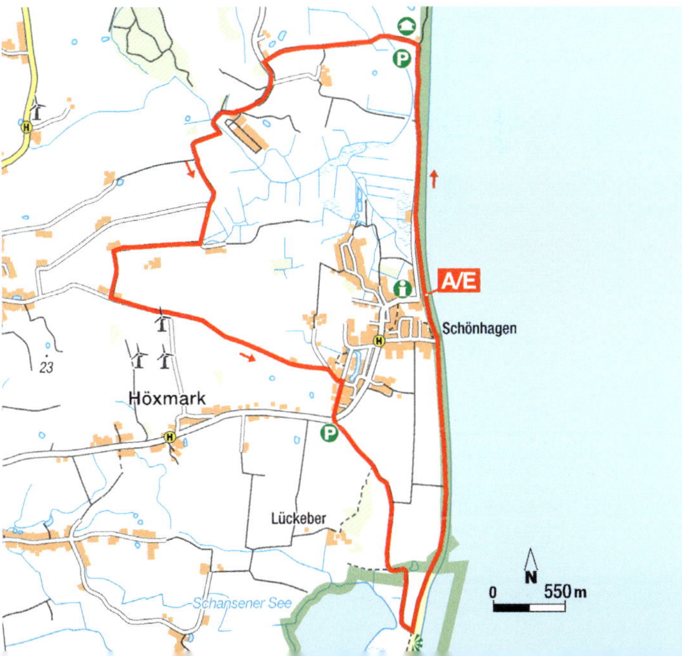

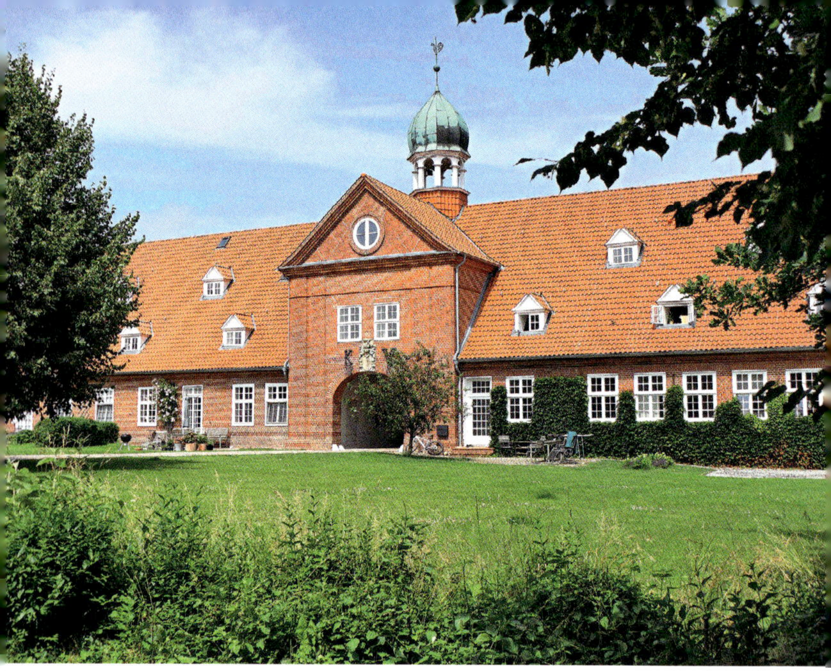

↑ Torhaus von Gut Stubbe ↓ Es geht mitten durch die Felder.

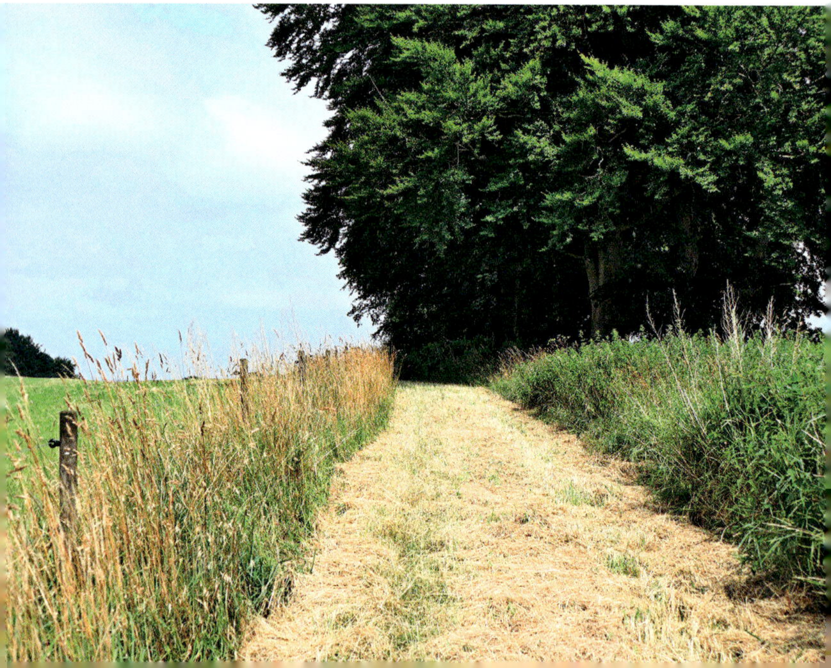

ZAUBE(E)RHAFTE SCHLEIIDYLLE

Tour für den Genuss

TOUR 25

Rund um Gut Stubbe

Kuchen und Torten gehören auf einer Wanderung an der Schlei einfach dazu. Besonders köstlich wird auf dem Obsthof Gut Stubbe aufgetischt, wo Selbstpflücker mit Traktoren zur Ernte kutschiert werden und Nachhaltigkeit selbstverständlich ist.

Von der Plantage zum Gut Diese Wanderung beginnt oder endet mit der Ernte von Erdbeeren, Blaubeeren, Äpfeln, Birnen, Pflaumen oder Quitten. Schöner als auf dem Obsthof Gut Stubbe gleich an der Lindaunisbrücke, geht es kaum. Auf der Plantage direkt an der Schlei können Selbstpflücker Segelschiffe zählen, während sie ihre Körbe füllen. Und wer sich lieber an den gedeckten Kaffeetisch setzt, freut sich auf duftenden Blechkuchen und Tortenspezialitäten im Café. Ein schlechtes Gewissen ist nicht vonnöten. Wandert man doch einige Kalorien gleich wieder ab. Der erste Kilometer auf dem kombinierten Rad- und Fußweg die Landstraße hinauf ist noch nicht weiter der Rede wert. Aber dann knickt in der Kurve rechts die Allee zum Gut ab. Und da wird die Welt ganz zauberhaft.

Auf dem Schleiwanderweg Auf Gut Stubbe leben 17 Familien, Pferde, Rinder, Hühner, Schweine, Gänse, Katzen und Hunde. Die Bewohner sind dankbar, wenn man ihre Privatsphäre respektiert. Ein Wegweiser schickt am imposanten Torhaus mit dem Glockenturm vorbei auf den Schleiwanderweg. Kurz, bevor es hinunter an den Meeresarm geht, aufgepasst: Im Marmeladenregal der Manufaktur Zaubeerhaft kann man sich mit den Kreationen von Corinna Jäckel eindecken. Auf Stubbe aufgewachsen kennt sie sich bestens aus mit den heimischen Früchten. Sie mischt mal Pfeffer, mal Minze unter die Erdbeeren der Saison, zaubert Holunderblüten ins Glas, mixt Sauerkirschen mit Johannisbeeren. Großartig.

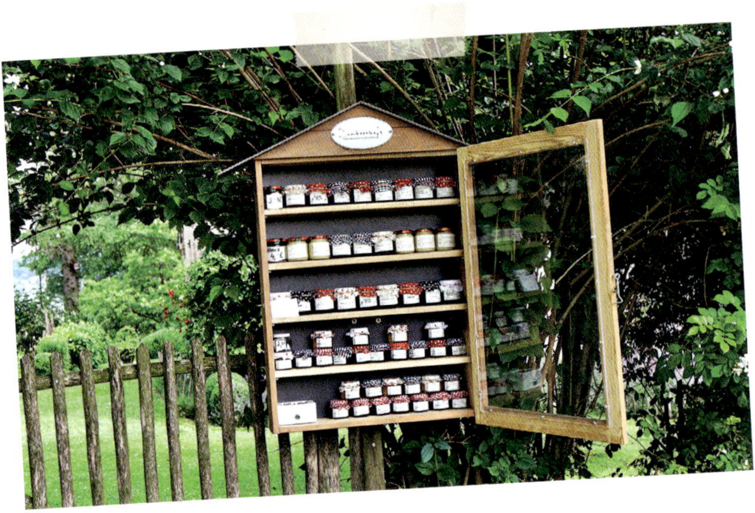

↑ Marmelade to go

Querfeldein zwischen den Gütern Das Schleiufer ist bei Stubbe von dichtem Buchenwald und einigen Steilküstenabschnitten geprägt. Etwa drei Kilometer bleibt der Wanderweg meist dicht am Ufer, bevor bei Gut Büstorf der Richtungswechsel ansteht. Nun geht es durch sanft geschwungene Wiesen und Felder. Wenig lenkt dabei vom Wesentlichen ab. Was macht der Mais? Wie steht das Korn? Das sind die wichtigsten Fragen auf dieser Tour. Wer Sommergemüse oder deftige Eintöpfe der Kaffeetafel vorzieht, unternimmt diese Wanderung am besten am Vormittag. Dann kommt man pünktlich zum Mittagstisch im Hofladen vom Obsthof Stubbe an.

Tipp

Die Erntezeit beginnt an der Schlei im Juni mit Stachelbeeren und Erdbeeren. Die pflückt man auch noch im Juli zusammen mit Himbeeren, Süßkirschen und Johannisbeeren. Im August landen Sauerkirschen, erste Zwetschgen, Birnen und Äpfel im Korb. Andere Sorten sind im September dran, genau wie Brombeeren. Die letzten Lageräpfel und Quitten versüßen den Oktober.

AUF EINEN BLICK

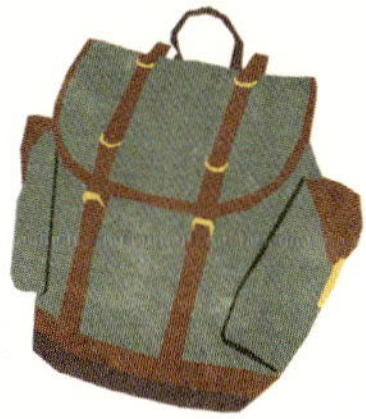

Tour 25: Tour für den Genuss

Dauer: 2.45 Std.

Höhenmeter: 29 Hm

Länge: 11 km

Schwierigkeit: Leicht

Tourencharakter: Leichte Wald- und Wiesenwanderung am Ufer der Schlei. Nach Regenfällen können Schilfbereiche und kleine Bäche für nasse Füße sorgen.

Ausgangs-/Endpunkt: Parkplatz Obsthof Gut Stubbe

Koordinaten: N 54.579813, E 9.824396

Anfahrt: **Pkw:** A 7 bis Ausfahrt Büdelsdorf, weiter über B 203 nach Eckernförde, von dort Eckernförder Landstraße bis Rieseby, Ausschilderung zur Lindaunisbrücke folgen.

Einkehr: Obsthof Gut Stubbe am Start/Ziel, auf dem Weg keine

Information: ostseefjordschlei.de

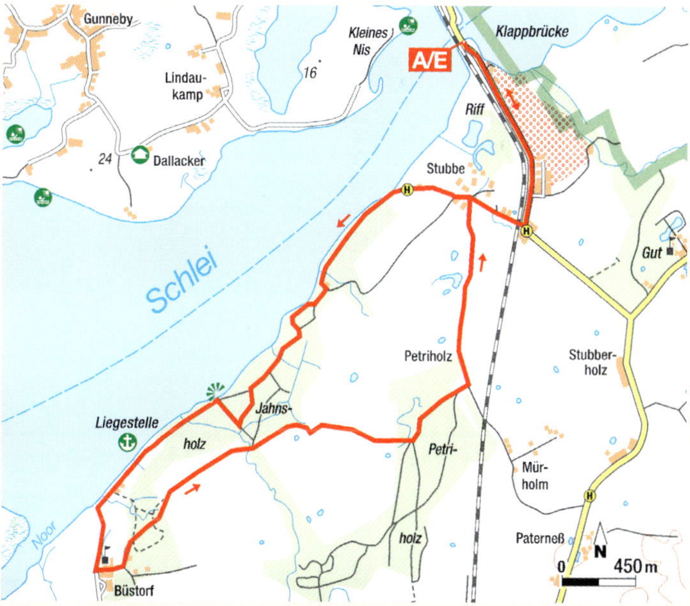

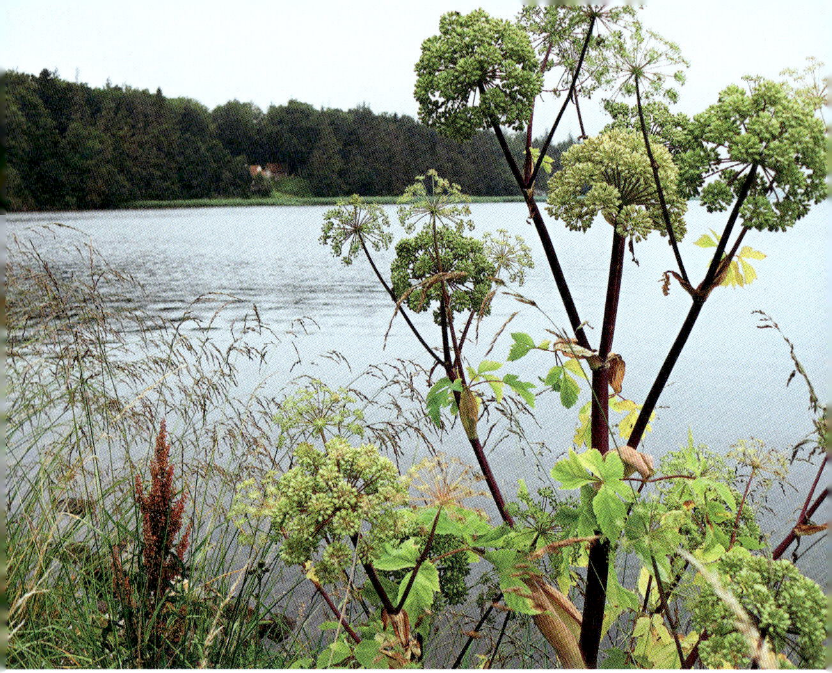

↑ Die Schlei ist ein Meeresarm. ↓ Birkenlund ist überall.

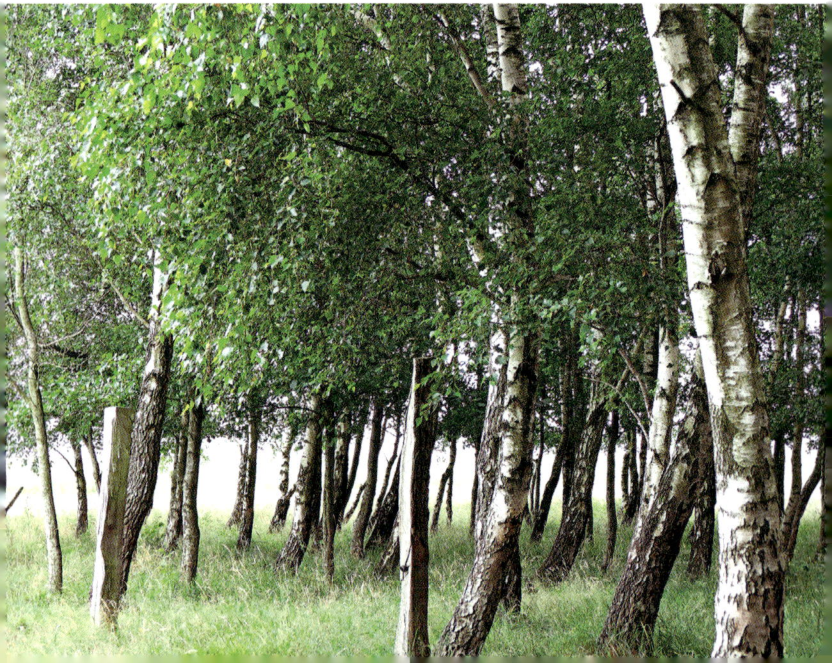

Tour für die Sinne

TOUR 26

DIE GROSSE BREITE

Schleidörfertour von Missunde

Abgesehen vom Wert kleiner Reetdachkaten scheint sich gar nicht so viel verändert zu haben, seit Theodor Fontane am Schleiufer die Feder zückte. Die Rundwanderung am Schleiufer von Missunde nach Weseby und zurück durch den Wald ist herrlich nostalgisch.

Von der Enge zur Breite Als »malerisch, aber ärmlich« beschrieb Theodor Fontane das Dorf Missunde am südlichen Ufer der Schlei. Hier führt die Fährstraße direkt ins Wasser – beziehungsweise auf die Fähre, die an einem Drahtseil über die längste und schmalste Förde Schleswig-Holsteins gleitet. 42 Kilometer streckt sich der Meeresarm von der Ostsee nach Schleswig. Die Missunder Enge misst gerade einmal 135 Meter und gleicht einem Fluss. Folgt man dem Fußpfad am alten Fährhaus, öffnet sich nach nur wenigen Schritten die Große Breite. Hier weitet sich die Schlei auf mehr als vier Kilometer, was ihr einen seeartigen Charakter verleiht.

Schlei- und Waldbaden Die Schlei ist nicht nur ein beliebtes Seglerrevier, sondern auch toll zum Plantschen und Schwimmen. Flach abfallend und feinsandig zeigt sich die erste Badestelle der Tour in Nähe der Ferienhaussiedlung. Ob Fontane die älteren unter den kleinen Wochenendrefugien meinte, als er Missunde ärmlich nannte? Falls ja, hat der Zeitgeist ihn längst überholt. Ohnehin scheint man hier aus der Zeit zu fallen, wenn der Uferwanderweg in Waldesstille eintaucht. Die nächste Straße ist weit entfernt. Am besten genießt man die Herrlichkeit bis Weseby ganz bewusst und in aller Ruhe. Mal geht es dicht am Steilhang entlang, mal entfernt sich der Weg von der Schlei, um Naturschutzflächen zu umrunden.

Vom Naschikönig zum Fährhaus Am Wesebyer Badestrand endet der Wanderweg. Die Straße Zum Strand führt zum Naschikönig. Dort gibt es Bockwurst, frische Waffeln und mehr, viel mehr Auswahl für eine bunte

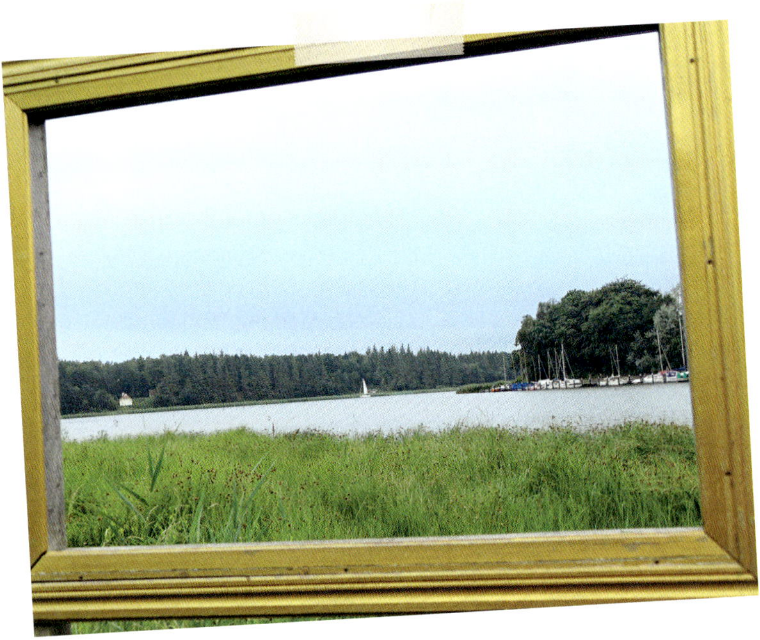

↑ **Fotospot Große Breite**

Tüte Süßigkeiten als man je vernaschen könnte. Die Straße Schleiblick führt vom Kiosk durch den Ort wieder zum Wald. Hier geht es rechts und dann fünfhundert Meter bis zum Waldweg. Wer vor dem Ende dieser Tour noch ein Seebad nehmen möchte, geht einfach noch zweihundert Meter weiter geradeaus bis zum Langsee. Auf dem Waldweg ist der Ausgangspunkt nach knapp zwei Kilometern erreicht.

Tipp

Das Fährhaus Missunde (faehrhaus-missunde.de, Reservierung ratsam) am nördlichen Ufer der Schlei ist einen Tick teurer als in der Gegend üblich – die regionale Küche ist es aber wert und der Blick von der Terrasse sowieso unbezahlbar. Dafür spart man bei der Überfahrt. Sie kostet für Fußgänger nur 60 Cent.

AUF EINEN BLICK

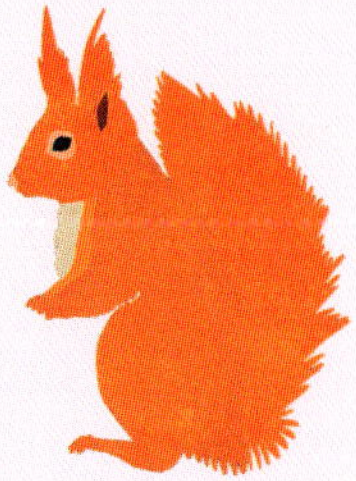

Tour 26: Tour für die Sinne

Dauer: 1.45 Std.

Höhenmeter: 19 Hm

Länge: 7 km

Schwierigkeit: Leicht

Tourencharakter: Leichte Wald- und Wiesenwanderung am Ufer der Schlei auf Pfaden, Wegen und kürzeren Abschnitten auf Asphalt

Ausgangs-/Endpunkt: Parkplatz Fähre Missunde

Koordinaten: N 54.523029, E 9.7183029

Anfahrt: Pkw: A 7 bis Ausfahrt Büdelsdorf, weiter über B 203 nach Eckernförde, B 76 bis Missunde
Bahn/Bus: Bahn bis Eckernförde, Buslinie 721 Fleckeby, Fahrzeug fährt weiter als Linie 713 bis Missunde, Alter Schulweg

Einkehr: Naschikönig Weseby, Fährhaus Missunde Brodersby

Information: ostseefjordschlei.de

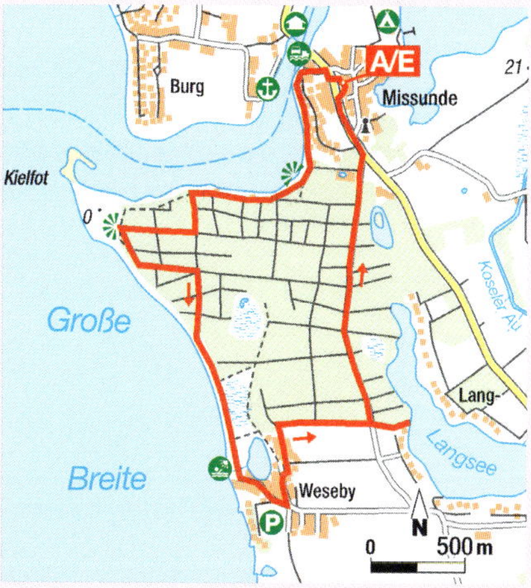

ANGELN

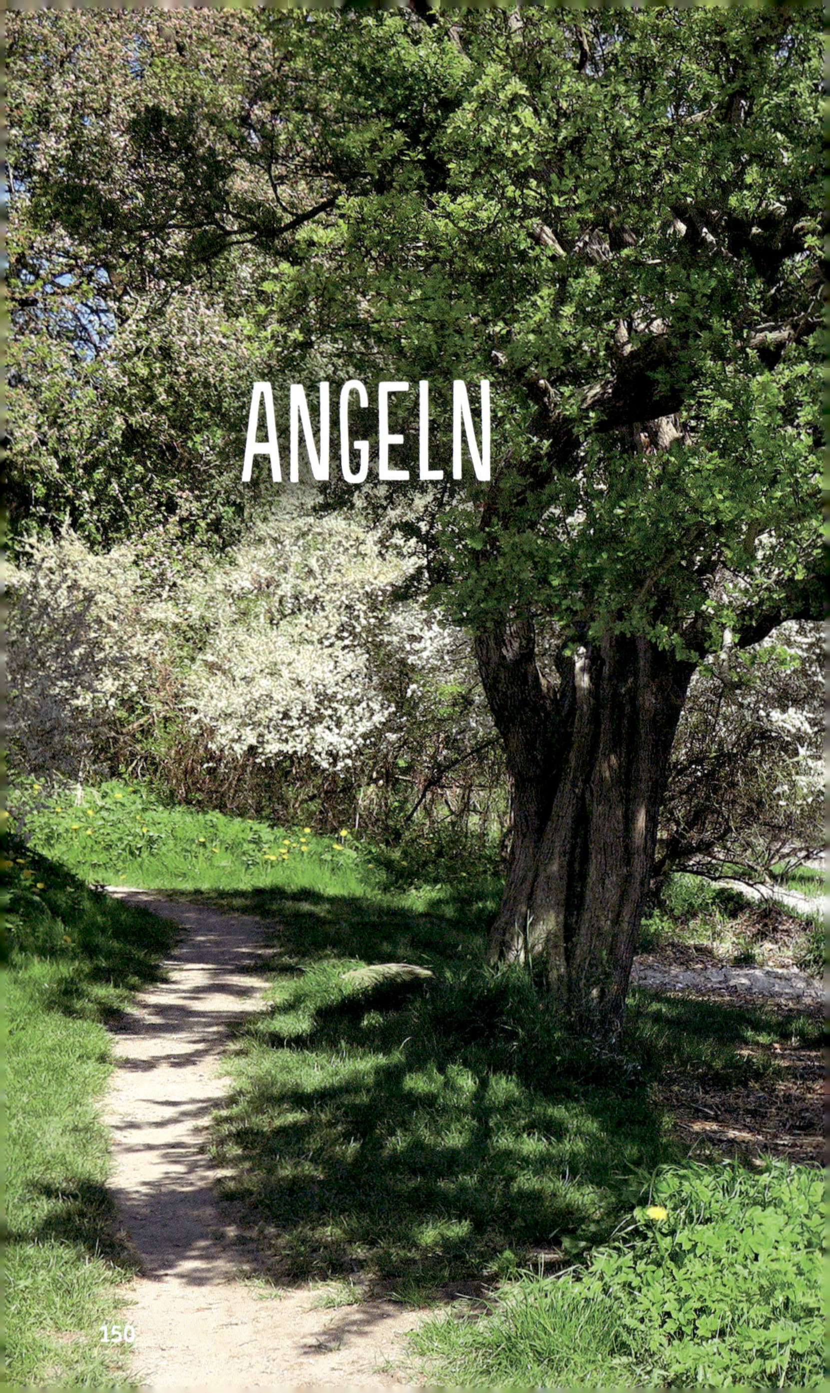

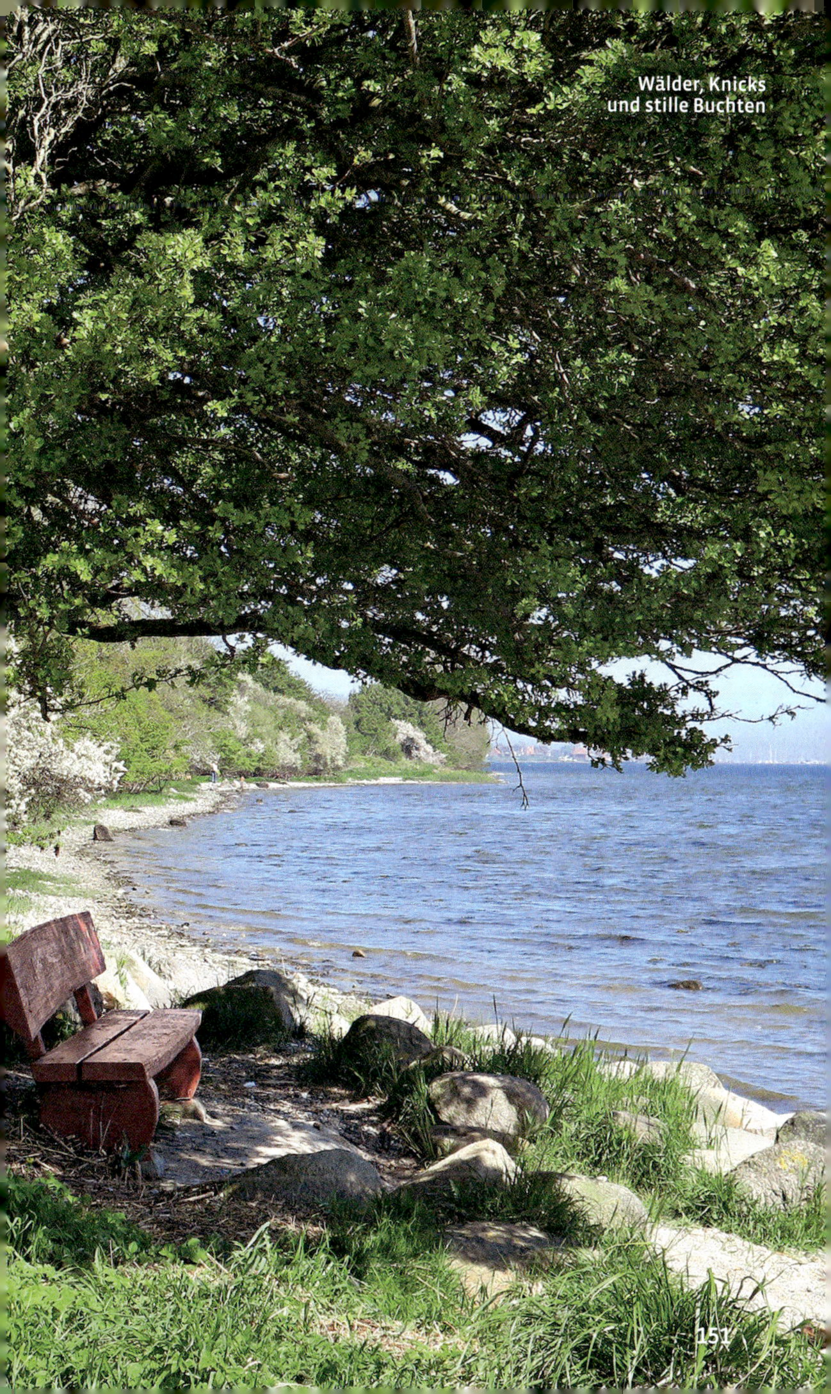

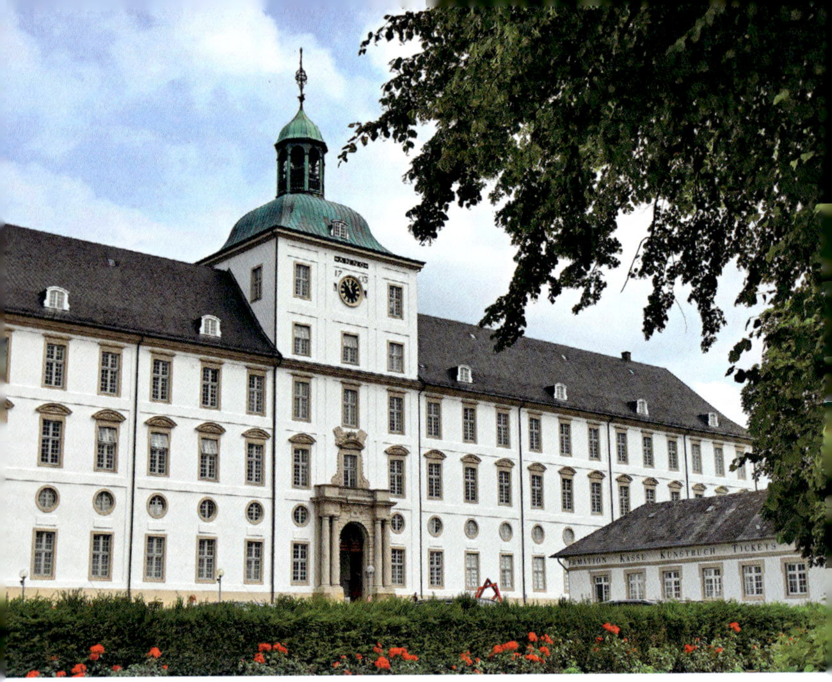

↑ Herzogliche Residenz Schloss Gottorf ↓ Barockgarten mit Herkulesteich

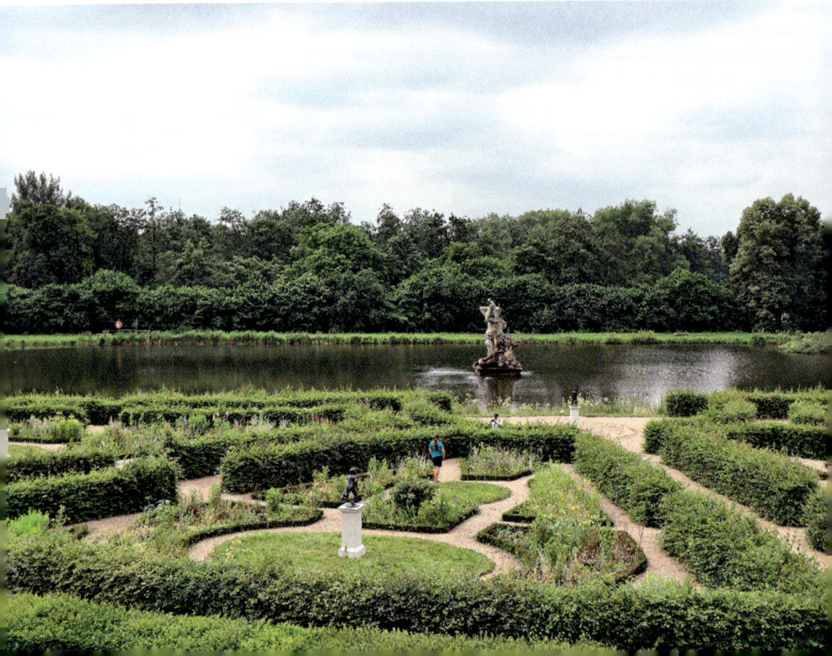

SCHLESWIGER GARTENKUNST

Tour
TOUR 27
ohne Uhr

Schloss-, Barock- und Tiergartentour

Da es ohnehin unmöglich ist, alles Sehenswerte auf Schloss Gottorf bei nur einem Besuch aufzunehmen, kann man sich auch gleich entspannen und einen Schwerpunkt setzen – zum Beispiel auf Kunst, Geschichte und Kultur in Parkanlagen, Gärten und Wald.

Auf der Schlossinsel Schleswig-Holsteins größtes und prächtigstes Schloss liegt auf einer Insel am Ende der Schlei. Den Burgsee ließ Herzog Adolf I. 1582 durch einen Damm abtrennen. Eine Allee verbindet ihn mit der heutigen Museumsinsel. Schloss Gottorf beherbergt die Landesmuseen für Archäologie sowie für Kunst und Kulturgeschichte. Sie zählen zu den bedeutendsten Sammlungen Nordeuropas. Im Reitstall und den früheren Stallungen finden zudem hochkarätige Sonderausstellungen statt. Falls vor oder nach dieser Wanderung keine Zeit für den Besuch bleibt, sollte wenigstens die Umrundung der Schlossinsel mit auf den Plan. Die Parkanlage präsentiert mehr als 50 Werke der Bildhauerkunst vom Ende des 19. Jahrhunderts bis in die Gegenwart. Und das bei freiem Eintritt.

Im Barockgarten Vom Schlosshof leitet die rund 500 Meter lange Schlossallee zur Kleinen Kaskade im Neuen Werk. Herzog Friedrich III. ließ den terrassierten Barockgarten ab 1637 anlegen. Er war berühmt für seine exotischen Pflanzen und im Ursprung um einiges größer. Seit der Rekonstruktion 2007 möchte man auf jedem nur möglichen Weg spazieren. Das Zusammenspiel historischer Gartenkunst und zeitgenössischer Skulpturen, wie etwa einer Affenbande von Jörg Immendorff, macht einfach Freude. Kostenpflichtig ist lediglich der Besuch des Gottorfer Globus. Die begehbare Kugel, das erste Planetarium der Menschheit, galt im 17. Jahrhundert als Weltwunder. Heute reist man in einer Replik in den Nachthimmel.

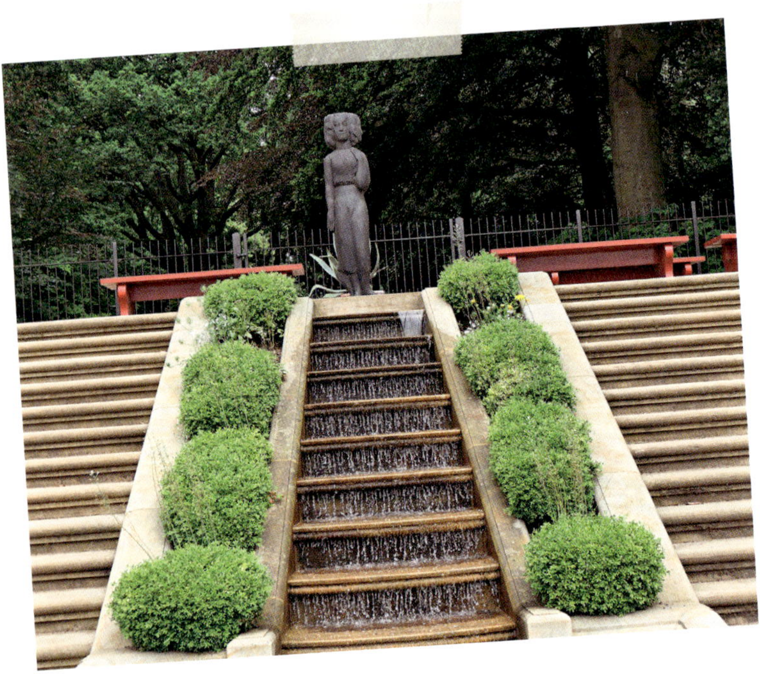

↑ Kleine Kaskade

Durch den Tiergarten Oberhalb des Gottorfer Globus weist die Jakobsmuschel den Weg. Das alte Wildgehege der Herzöge schließt direkt an den Barockgarten an. Nach nur 500 Metern auf dem Jakobsweg geht es bei der zweiten Möglichkeit links. Nun immer der Ausschilderung nach – über Kolonnenweg, Wickeltal, Königs Abels Grab – zurück zum Barockgarten und von dort wie gekommen.

Tipp

Lust zum Weiterwandern? Vom Schloss sind es nur knapp drei Kilometer zu einem ganz anderen Highlight von Schleswig: der historischen Fischersiedlung Holm. Dafür einfach dicht am Ufer schleiabwärts spazieren – vorbei an Luisenbad, Königswiesen und Seglerhäfen.

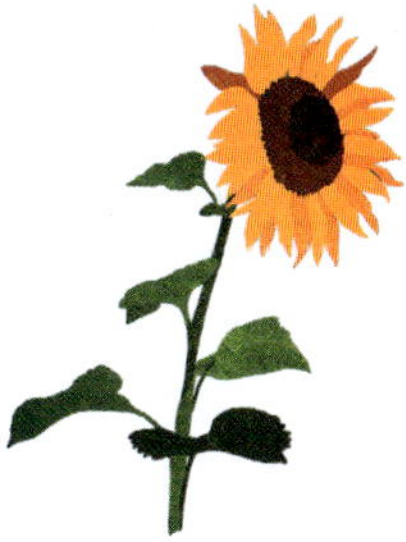

AUF EINEN BLICK

Tour 27: Tour ohne Uhr

Dauer: 1.45 Std.

Höhenmeter: 42 Hm

Länge: 7 km

Schwierigkeit: Leicht

Tourencharakter: Gut zu gehende Wege durch Parkanlagen und Wald mit etlichen geschichtlichen und künstlerischen Höhepunkten

Ausgangs-/Endpunkt: Parkplatz Schlossinsel Gottorf

Koordinaten: N 54.511812, E 9.540442

Anfahrt: **Pkw:** A 7 bis Ausfahrt Schleswig/Jagel; der Ausschilderung folgen
Bahn/Bus: Bahn bis Schleswig, 1,4 km zu Fuß

Einkehr: Konditorei und Brasserie Occo im Schlosspark, Eis und Waffeln am Minigolfplatz beim Barockgarten

Information: schloss-gottorf.de

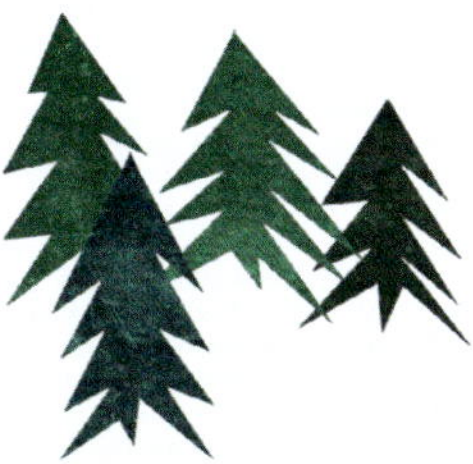

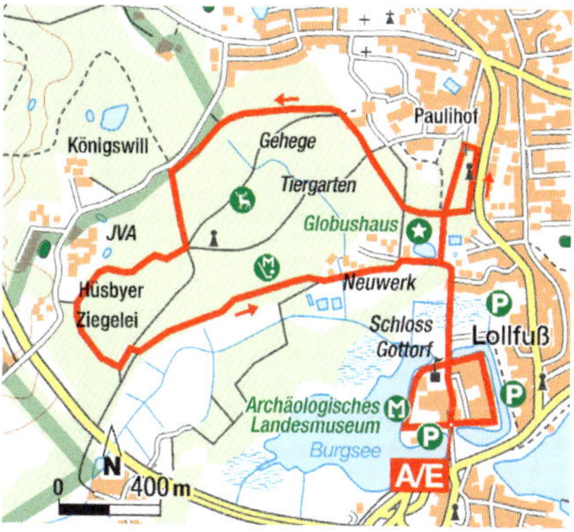

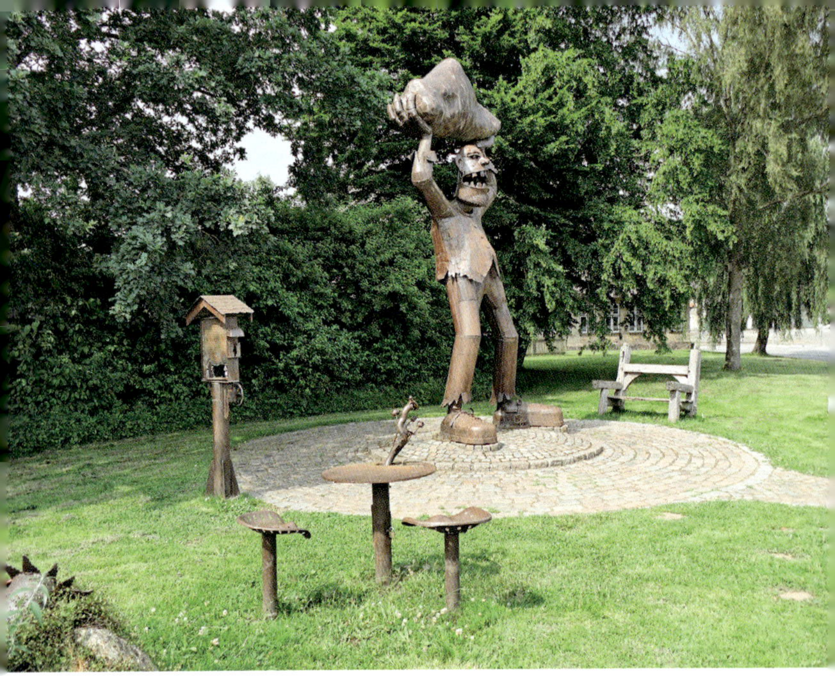

↑ Der Riese von Ulsnis ↓ Wiesenweg an der Schlei

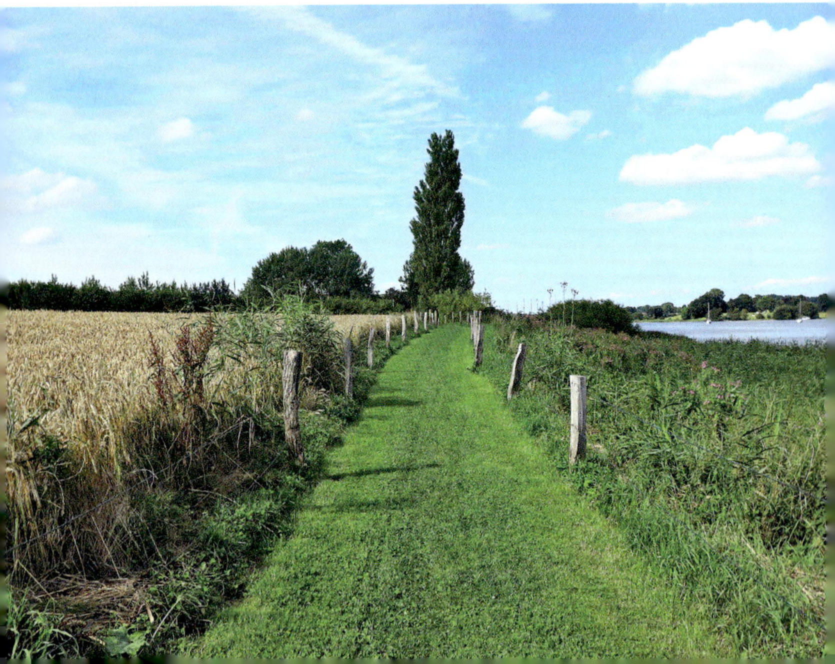

KURZE RIESENRUNDEN

Tour TOUR 28 der Stille

Ulsnis an der Schlei

Die Schleidörfer in Angeln sind mindestens so niedlich wie die in Schwansen. Jedoch sind sie noch etwas weniger auf Wanderer eingerichtet. Ausnahme ist Ulsnis. Dort hat man einfach jede Straße, jeden Weg, jeden Pfad zum Wanderweg erklärt – und kommt so auf 22 Routen.

Ein Vorzeigedörfchen In Ulsnis ist alles klein. Abgesehen von der Skulptur des Riesen an der Schleidörferstraße, wo diese Tour beginnt. Geschaffen hat sie Andi Feldmann, Steel-Artist, Drehbuchautor, Synchronsprecher, Einwohner von Ulsnis und Bruder von Rötger Feldmann, dem Erfinder der Werner-Comics. Gegenüber führt die Süderholzstraße zum gleichnamigen Wäldchen. Kurz vor der Schlei knickt linker Hand ein Weg ins Gehölz. Er leitet auf die Straße Ulsnisstrand. So heißen hier unten alle Straßen. Aber so viele sind es ohnehin nicht.

Ulsnisstrand und Strand von Ulsnis Vor hundert Jahren gab es hier noch ein Fährhaus und ein Strandhotel mit großem Festsaal. Davon sind nur die sommerliche Schiffsverbindung geblieben und einige Villen am Wasser; untypisch großbürgerlich für die Region. Erfrischungen muss man selbst mitbringen. Auf der Wiese beim kleinen Sandstrand wartet ein Picknickplatz. Dort findet sich auch eine Wanderkarte mit 22 Touren. Ein Abstecher lohnt sich besonders. Schräg gegenüber leitet die Straße (natürlich) Ulsnisstrand etwa 700 Meter ins Grüne und verspricht herrliche Schleiblicke.

Wandern an der Schlei Nun geht es landeinwärts über (natürlich) Ulsnisstrand und Strandweg. Rechts knickt Hagab ab und läuft am Ende in den (zweiten) Strandweg über. Die kleine Badestelle am Waldrand ist wirklich idyllisch. Allerdings mit mehr als drei Familien schon überlaufen. Ein gepflegter Wiesenweg begleitet das Ufer bis zum Wassersportverein

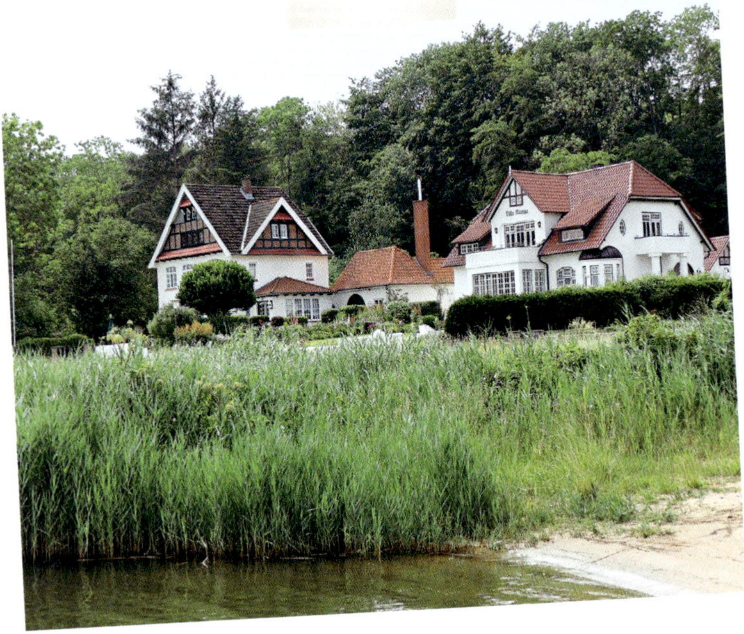

↑ **Das alte Strand-Hotel**

Stauertwedt. Vom kleinen Club geht es über die gleichnamige Straße nach Ulsnis-Kirchenholz weiter. Beim ersten Haus führt links ein Wanderweg durch die Felder zum Pastorat. Von dort zieht sich ein schnurgerader Pfad zur entzückenden Wilhadi-Kirche. Eine Bank am hölzernen Glockenturm lädt zur letzten Pause ein, bevor es in aller Ruhe über die Schleidörferstraße zurück zum Ausgangspunkt geht.

Tipp

Diese Tour lässt sich prima mit einer Schifffahrt kombinieren. Die »Wappen von Schleswig« steuert von Mitte Mai bis Anfang Oktober einmal pro Tag Ulsnis an (schleischifffahrt.de). Die Hin- oder Rückreise erfolgt mit dem Bus. Das funktioniert übrigens auch mit Tour 26.

AUF EINEN BLICK

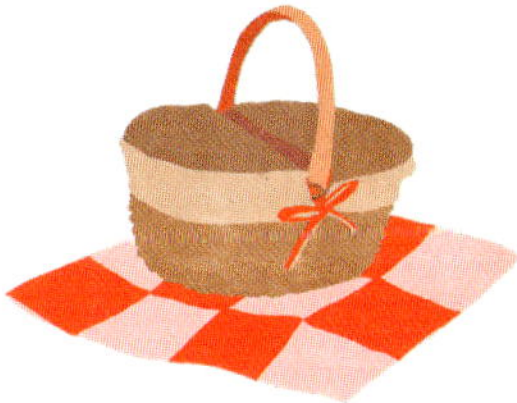

Tour 28: Tour der Stille

Dauer: 2 Std.

Höhenmeter: 26 Hm

Länge: 8 km

Schwierigkeit: Leicht

Tourencharakter: Es gilt, einigen Asphalt zu meistern, aber auch schöne Naturwege zu erleben – und tolle Ruheplätze mit Schleiblick.

Ausgangs-/Endpunkt: Riese von Ulsnis

Koordinaten: N 54.568905, E 9.747826

Anfahrt: **Pkw:** A 7 bis Ausfahrt Schleswig/Schuby, weiter auf B 201 und Schleidörferstraße
Bahn/Bus: Bahn bis Schleswig oder Süderbrarup, von beiden Bahnhöfen Buslinie 1625 bis Ulsnis Schleidörferstraße

Einkehr: Keine

Information: Dass Ulsnis irgendwie anders ist, merkt man schon auf ulsnis.de.

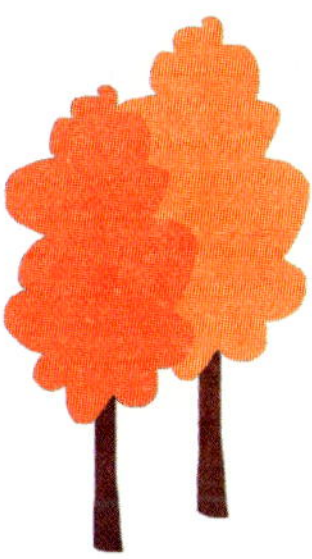

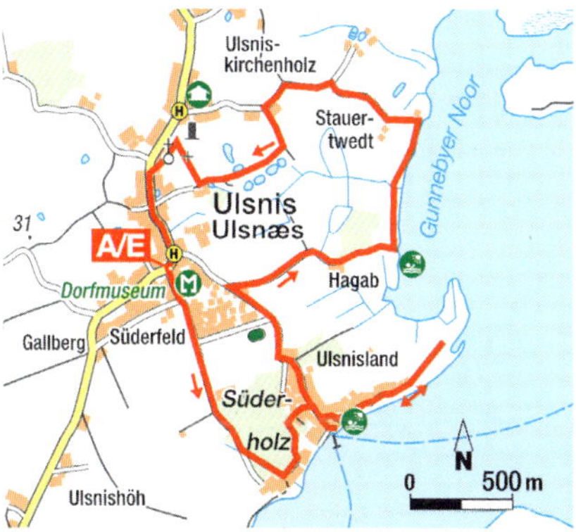

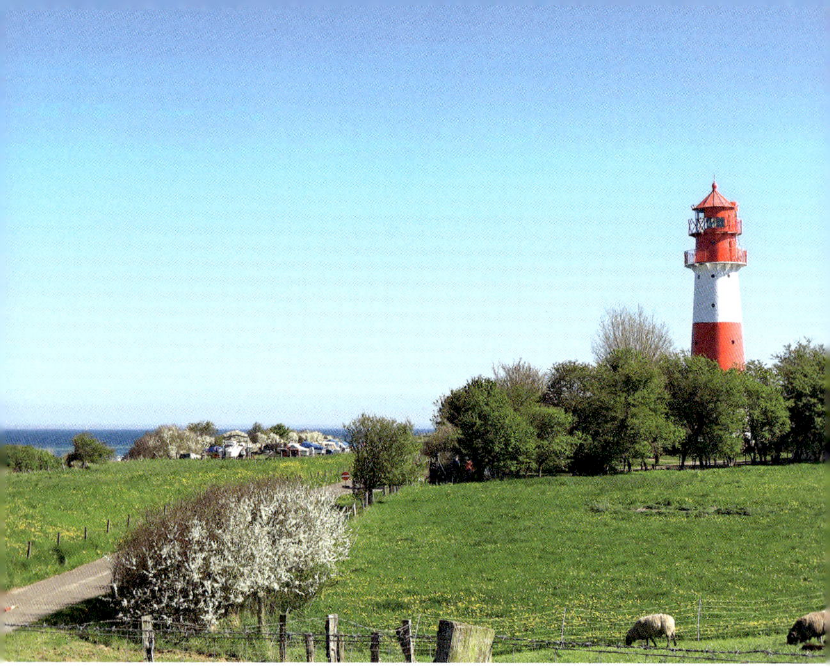

↑ Leuchtturm von Falshöft ↓ Frühling in Angeln

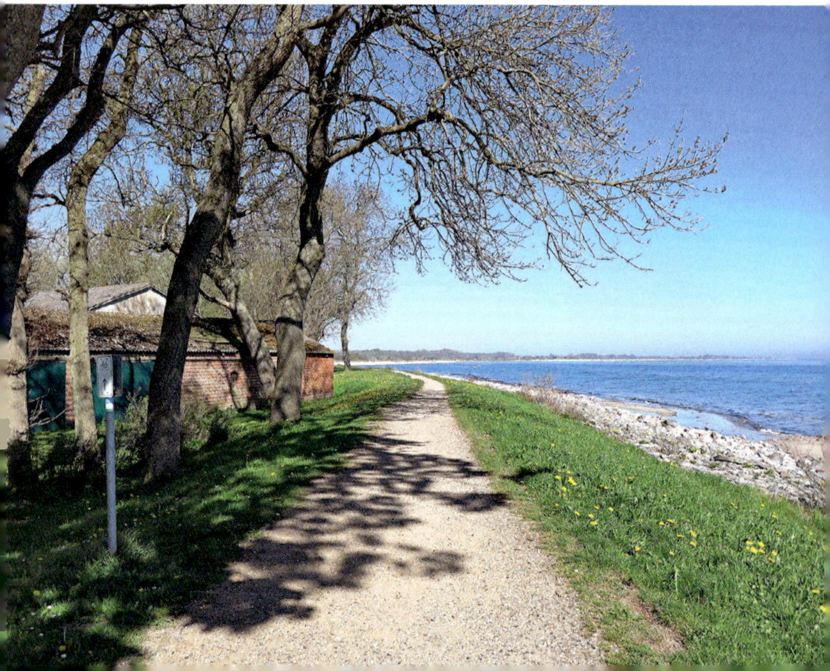

Tour für

TOUR 29

die Sinne

AUF DEM OSTSEESTEIG

Von Maasholm nach Falshöft

Angelns Küste ist von Förden geprägt. Nur der Abschnitt zwischen Schleimündung und der Geltinger Bucht liegt an der offenen Ostsee. Grund genug für einen ausgedehnten Strandlauf – ob Streckenwanderung oder Rundweg, entscheiden Lust und Laune.

Vom Noor zum Strand Der Wanderparkplatz Exhöft liegt gegenüber des Wormshöfter Noors. Der seeartige Ausläufer der Schlei wird von einem Rad- und Fußweg begleitet. Auf ihm geht es ein kurzes Stück nördlich, bis der Oeher Weg auf der anderen Straßenseite zum Gutshof führt. Die ersten Häuser sind schon zu sehen, wo links ein Pfad über die Wiesen zum Strand leitet. Die Besichtigung hebt man sich am besten für die Rückkehr – vor allem mit Einkehr – auf. Von nun an geht es parallel zum Strand, mal auf dem Deich, mal geschützt hinter Dünenwällen, an Campingplätzen vorbei und schnickschnacklosen Strandlokalen. Im Winter ist hier gar nichts los. In der Hochsaison wird es spätestens nach 5,5 Kilometern deutlich einsamer, wenn der Promenadenweg endet.

Auf dem Uferpfad Am Strand mit dem denkbar unromantischen Namen Pottloch beginnt ein wundervoller Küstenabschnitt. Nach Querung der Wiese, die im Sommer als Parkplatz genutzt wird, beginnt ein Uferpfad, auf dem nur wenig vom Wesentlichen ablenkt. Einzig beim Feriendorf Golsmaas hat das Deutsche Erholungswerk vielleicht eine Handvoll Strandkörbe aufgestellt. Ansonsten bleibt nur: tief einatmen, weit übers Meer blicken, den Wind spüren, den Seevögeln lauschen. Beim asphaltierten Gammeldamm ist Falshöft erreicht. Rund um die Integrierte Station der Geltinger Birk kann es trubelig werden; nicht nur in den Sommermonaten. Etliche Ausflügler starten hier in die Birk (siehe Tour 30) oder besuchen den Leuchtturm. Wer die rot-weiß geringelte Schönheit besichtigen möchte, checkt vorher die Termine unter leuchtturm-falshoeft.de.

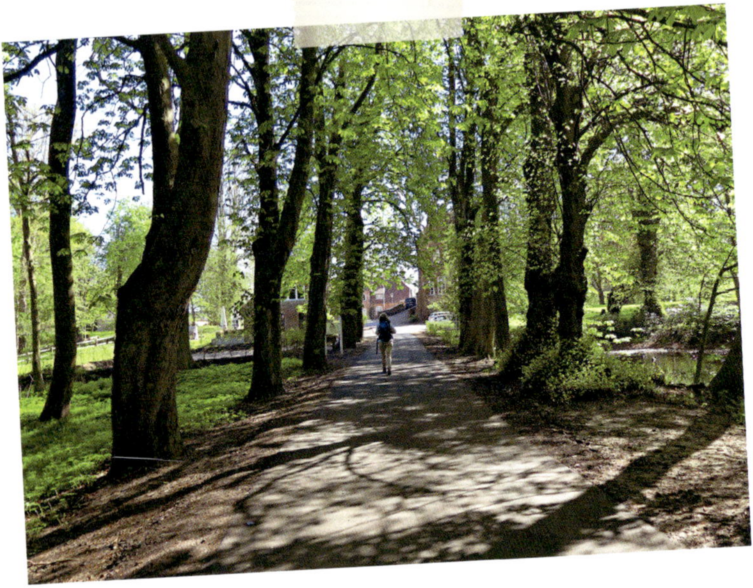

↑ Der Abstecher zum Gut Oehe lohnt sich

Durch die Wellen Der Rückweg kann nun zum Strandtest werden, am besten mit den Füßen im Wasser. Während Baden in der Ostsee einige Menschen selbst im Hochsommer Überwindung kostet, ist das Spazieren durch die Wellen von Frühling bis Herbst ein Hochvergnügen. Das macht so richtig Bärenhunger auf die fabelhafte Küche und Backstube von Gut Oehe. Auch ohne Einkehr lohnt sich ein Blick auf die schöne Anlage, bevor es auf dem Rad- und Fußweg durch den Naturerlebnisraum von Maasholm zurück zum Wanderparkplatz geht.

Tipp

Das Fischerdorf Maasholm liegt auf einer ehemaligen Insel, die weit in die Schleimündung ragt. Der ausgeschilderte Spaziergang »de Maas rund« bezaubert mit historischen Kahnstellen, einer Kirche am Wasser und natürlich einem Fischerhafen.

AUF EINEN BLICK

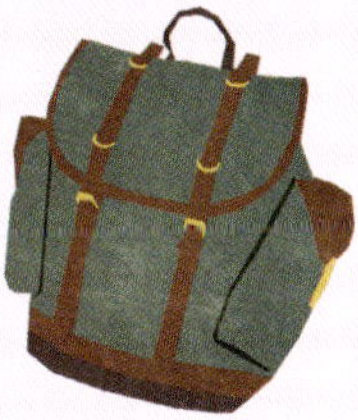

Tour 29: Tour für die Sinne

Dauer: 4.30 Std.

Höhenmeter: 8 Hm

Länge: 18,5 km

Schwierigkeit: Mittel

Tourencharakter: Strandwanderung ganz ohne Risiko, sich zu verlaufen, dafür aber mit großer Chance, sich im Moment zu verlieren.

Ausgangs-/Endpunkt: Wanderparkplatz Exkhöft

Koordinaten: N 54.695392, E 9.994043

Anfahrt: **Pkw:** Aus Flensburg oder Kappeln über die Nordstraße B 199 bis Schwackendorf, dort der Ausschilderung nach Maasholm folgen

Bahn/Bus: Es ist kompliziert – von Kappeln fährt ein Bus. Aber dahin muss man ja auch erst einmal kommen. Ehrlich: Das Auto ist hier leider nötig.

Einkehr: Am Start/Ende Gut Oehe, entlang der Strecke die Gastronomie der Campingplätze – allerdings nicht in den Wintermonaten; in Maasholm etliche gute Lokale

Information: ferienlandostsee.de

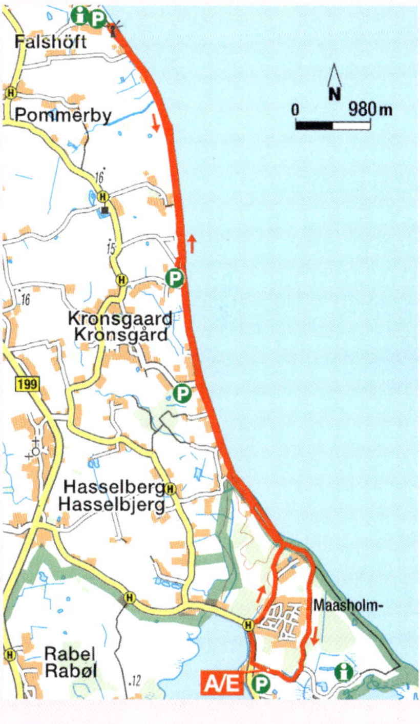

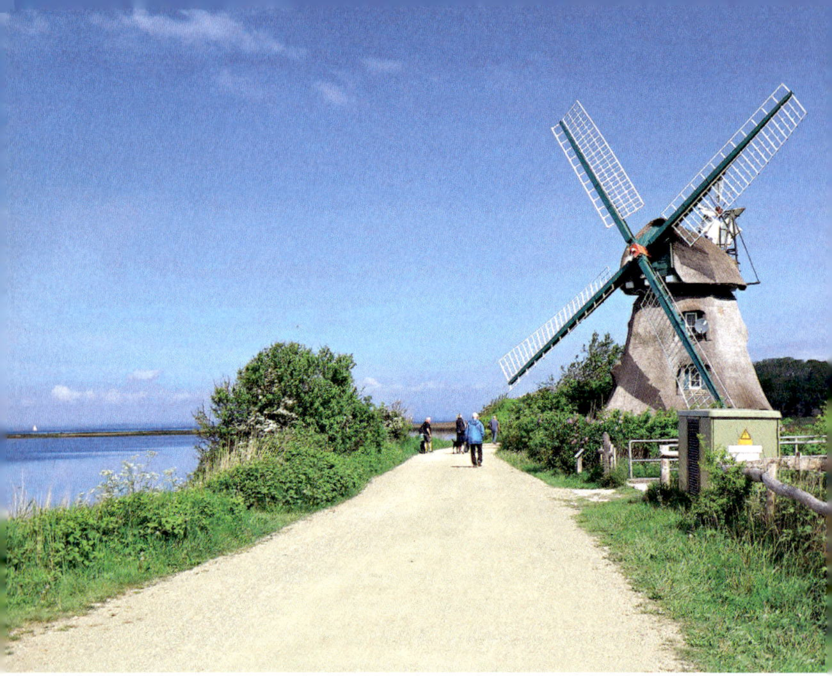

↑ Bei Mühle Charlotte geht's in die Birk. ↓ Als Gärtner fungieren Ziegen.

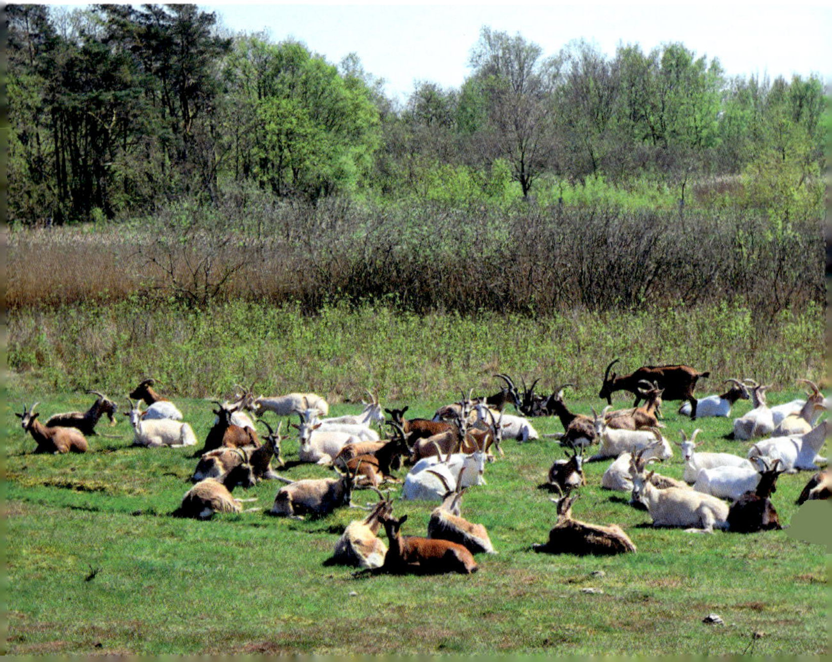

TIERISCH GLÜCKLICH

Tour für den Genuss
TOUR 30

Durch die Geltinger Birk

Vielen gilt die Umrundung der Geltinger Birk als schönstes Pflichtprogramm von Angeln. Für die Kür verlässt man abschnitts- und ausnahmsweise gern die Wasserkante, um in das Herz des Naturschutzgebietes einzutauchen, wo die wilden Tiere wohnen.

Koniks und Möwen Ausgangspunkt ist der Birkparkplatz. Dort macht die Picknickstation Birklein mit veganem Kuchen und kleinen Speisen schon Lust auf die Rückkehr. An einer Infotafel sind die Wanderwege verzeichnet, die durch das Naturschutzgebiet führen. Konik- und Möwenweg leiten gemeinsam an der Mühle Charlotte vorbei in das kleine Paradies. Koniks sind Wildpferde. Sie leben hier beinahe ohne menschliche Hilfe. Und mit ein bisschen Glück kommt man einer Herde sehr nah. Wo der Konikweg rechts abzweigt, folgen wir aber erst einmal dem Möwenweg.

Hochlandrinder und Ziegen An der NABU-Hütte auf der Lehminsel Beveroe steht ein Fernglas zur Vogelbeobachtung zur Verfügung. Dicht am Wasser geht es zur windzerzausten nordöstlichen Spitze Angelns: Birk-Nack. Der Möwenweg verläuft nun gemeinsam mit dem Hochlandrindweg. Vielleicht sieht man ja einige der urwüchsigen Galloways, die hier die Landschaft pflegen. Zur Hilfe kommen ihnen dabei afrikanische Ziegen. Kurz hinter dem Aussichtsturm mit Blick auf die dänischen Inseln geht es durch ein Klapptor auf die Wilden Weiden.

Kröten und Eulen Auf dem Krötenweg sind Wanderer ganz für sich – und überhaupt nicht traurig, E-Biker und Radfahrer hinter sich zu lassen. Nur zu Fuß darf man sich den Weidegründen der tierischen Birkbewohner nähern. Wo die Markierung Kröte auf Hochlandrind und Möwe trifft, geht es rechts. Bald stößt der Eulenweg dazu und dann wieder der Konikweg. Ihm folgend gelangt man zur Brücke über den urwüchsigen Meta Norgaardts

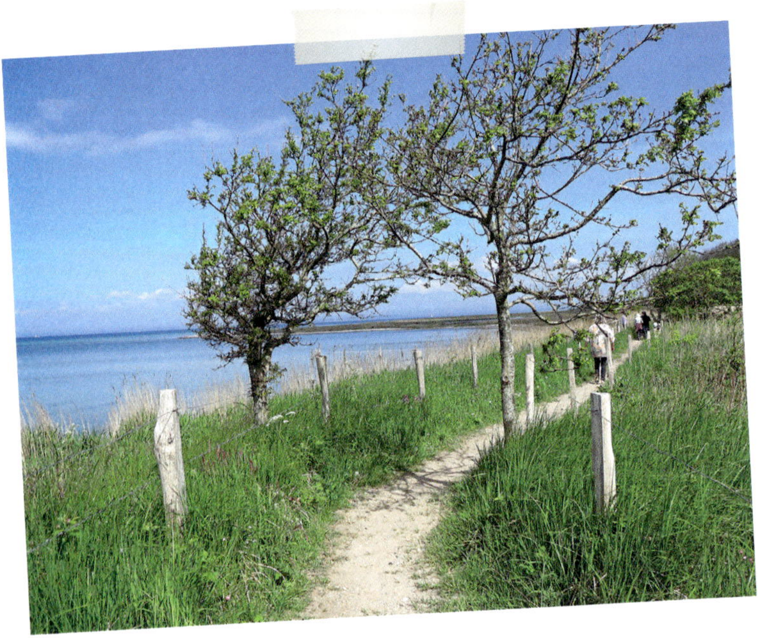

↑ **Pfade winden sich durch das Schutzgebiet.**

Bruch. Am anderen Ufer steht man schon wieder auf Beveroe in der Nähe der NABU-Hütte. Das ist Absicht. Diesen Weg geht man nämlich gern noch einmal wie gekommen, weil der Blick auf die Halbinsel Quisnis so reizvoll ist. Dorthin führt übrigens die folgende Tour 31. Aber jetzt locken erst einmal Linsensüppchen oder Karottenkuchen in Bioqualität im Birklein am Ausgangspunkt.

Tipp

Die Geltinger Birk ist ein Naturschätzchen. Allerdings ist der Besucherdruck an Wochenenden und in den Ferien erheblich. Schlechtes Wetter ist darum gutes Wetter in der Birk; Frühling und Herbst viel schöner als der Sommer – schon allein wegen der Seevögel, die dann in Schwärmen kommen oder gehen.

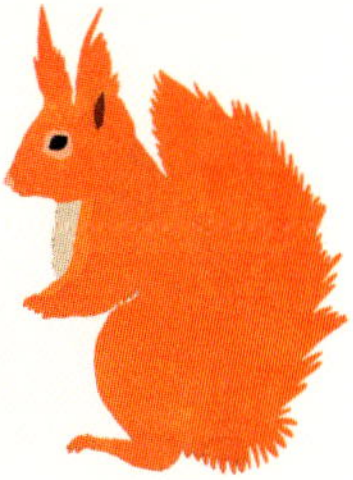

AUF EINEN BLICK

Tour 30: Tour für den Genuss

Dauer: 2.30 Std.

Höhenmeter: 11 Hm

Länge: 10,5 km

Schwierigkeit: Leicht

Tourencharakter: Im Paradies der Wildpferde, Robustrinder, Seevögel und seltener Pflanzen darf man sich ausschließlich auf den gut ausgeschilderten Wegen und Pfaden bewegen.

Ausgangs-/Endpunkt: Geltinger Birk Parkplatz

Koordinaten: N 54.769057, E 9.908439

Anfahrt: **Pkw:** B 199 bis Gelting, von dort der Ausschilderung Geltinger Birk/ Mühle Charlotte folgen

Einkehr: Birklein Picknickstation; für Öffnungszeiten Instagram checken. Ein eigenes Picknick mit Meerblick schmeckt natürlich auch wunderbar.

Information: geltinger-birk.de

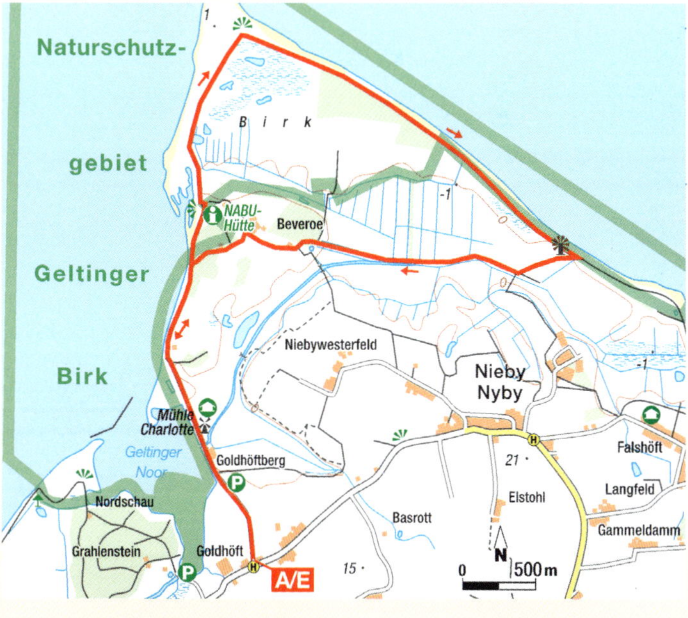

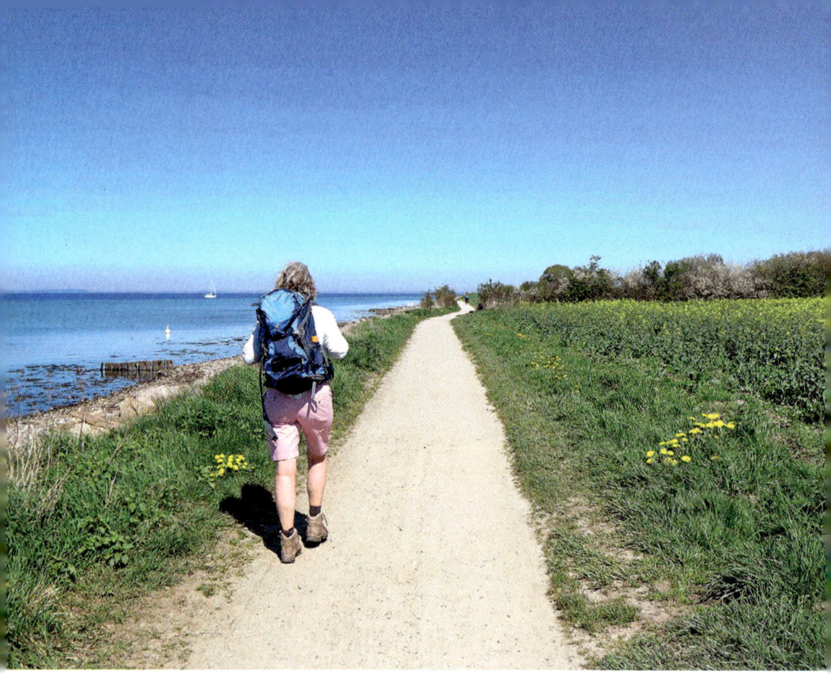

↑ Strandweg zur Halbinsel Quisnis ↓ Wackerballig bietet sich als Rastplatz an.

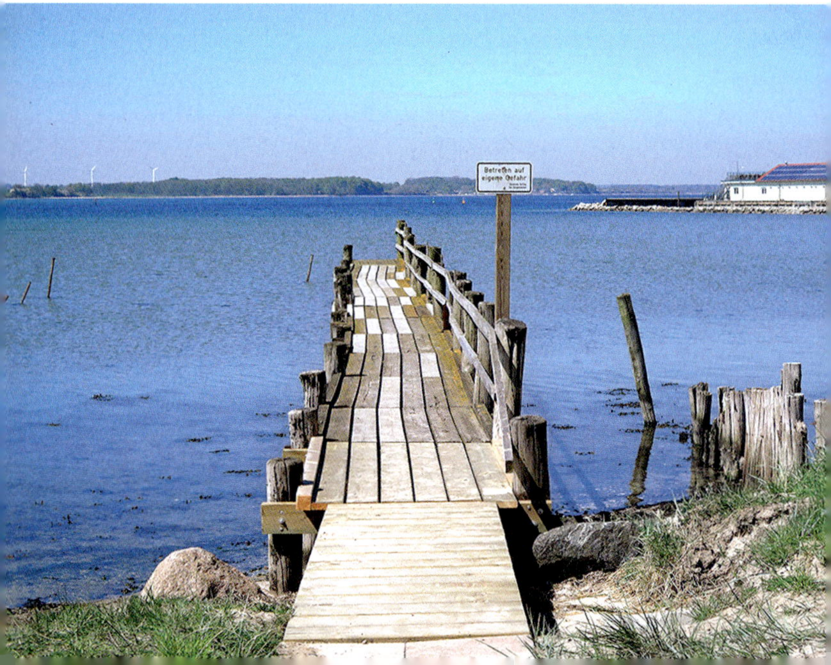

HIMMELS- UND WASSERFARBEN

Tour für die Sinne
TOUR 31

Rundtour an der Geltinger Bucht

Wenn am Abend die rote Sonne in Angeln versinkt, sitzt es sich besonders nett an der Geltinger Bucht. Ebenso am Morgen, wenn sie aufgeht. Oder wenn sie hoch am Himmel steht. Und wenn sie gar nicht scheint, ist diese Runde immer noch toll.

Geltinger Bucht Eigentlich ist er keine Schönheit, der Sportboothafen Gelting Mole. Zumal ihn nur freies Feld von der lauten Nordstraße abgrenzt. Dennoch hat er alle Gefühle im Gepäck, die man an der Ostsee erleben kann. Die Stimmungspalette reicht von herrlich öde bis fröhlich karibisch. Das richtet sich nach den Himmelsfarben. Und kein Tag ist schlechter als der andere, um südwärts auf dem Rad- und Wanderweg zum benachbarten Jachthafen Wackerballig zu ziehen. Mit mehr als 200 Bootsplätzen, Campern, Kitern und SUP-Stationen ist der Gemeindeteil das Wassersportrevier der Geltinger Bucht. Baden kann man hier natürlich auch. Und auch wenn man noch nicht lange unterwegs ist, drängen sich die Strandkörbe von Dat Strandhus geradezu zur Einkehr auf.

Geltinger Noor Der mit einem Schwan markierte Wanderweg braucht eigentlich keine Ausschilderung. Geht es doch einfach immer an der Wasserkante weiter. Am Deichweg laden etliche Bänke ein, die Aussicht zu genießen. Am Ende liegt die Halbinsel Quisnis, die Bucht und Noor voneinander trennt. Auf dem gegenüberliegenden Ufer ist die Windmühle Charlotte zu sehen (siehe Tour 30). Der angrenzende Nordschauwald ist ein letztes Relikt des Urwaldes, der Angeln bis ins Mittelalter bedeckte. Heute ist der Waldrand schon nach einem Kilometer beim Herrenhaus Grahlenstein erreicht. Der Schwanenweg leitet über Düstnishy auf die Strandzufahrt nach Wackerballig. Hier geht es links nach Gelting.

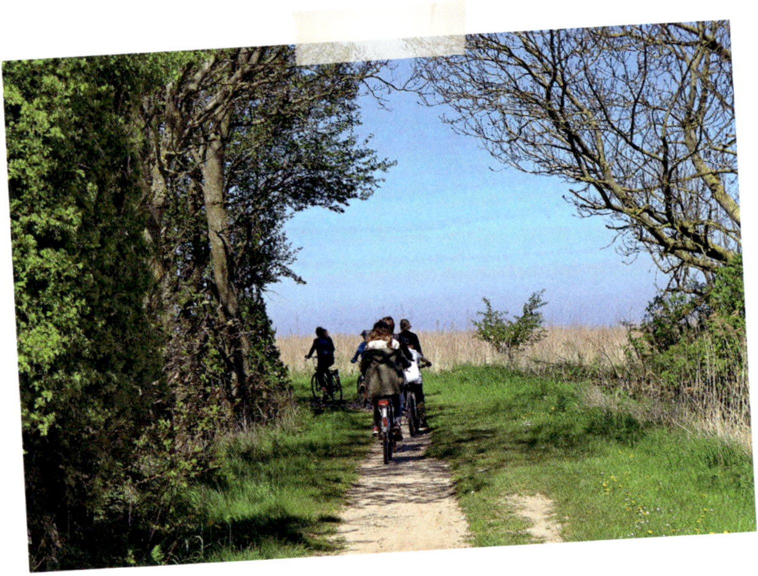

↑ Am Nordschau-Wald

Geltinger City Am Norderholm konzentrieren sich die meisten Geschäfte und Restaurants von Gelting. Über den Kirchhof der gotischen St.-Katharinen-Kirche gelangt man in den Bürgerpark. Als Kneippkurort hat Gelting natürlich auch ein Wassertretbecken zu bieten. Gleich hinter der kleinen Kneippanlage geht es auf die Schmiedestraße, die linker Hand in den Verlobungsweg mündet. Er bringt zurück nach Wackerballig. Zum Abschluss eine Einkehr mit Blick auf die Bucht? Das geht super in Dat Strandhuus. Aber auch in Gelting Mole wartet ein Restaurant und gleich zwei in Hunhoi nur einige Schritte vom Ausgangspunkt entfernt.

Tipp

Großartig ist der Uferwanderweg auch in nördliche Richtung bis ins etwa fünf Kilometer entfernte Steinberghaff. Dort wartet im Strandhotel oder bei Jenny auf dem Campingplatz ein Kaltgetränk. Der Rückweg erfolgt wie gekommen.

AUF EINEN BLICK

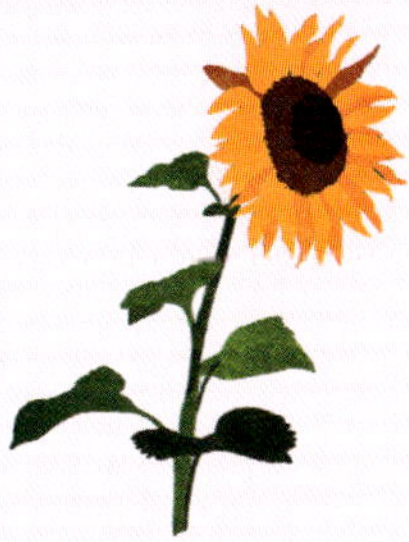

Tour 31: Tour für die Sinne

Dauer: 3 Std.

Höhenmeter: 22 Hm

Länge: 11,5 km

Schwierigkeit: Leicht

Tourencharakter: Uferwege, Waldwege, Wanderwege und die Straßen von Gelting – bequemes Schuhwerk ist angesagt

Ausgangs-/Endpunkt: Parkplatz Gelting Mole

Koordinaten: N 54.752039, E 9.864059

Anfahrt: **Pkw:** Von Kappeln und Flensburg B 199 bis Gelting Mole
Bahn/Bus: Bahn bis Flensburg, Buslinie 800 bis Sportboothafen Gelting Mole

Einkehr: Etliche, siehe Text

Information: ferienlandostsee.de

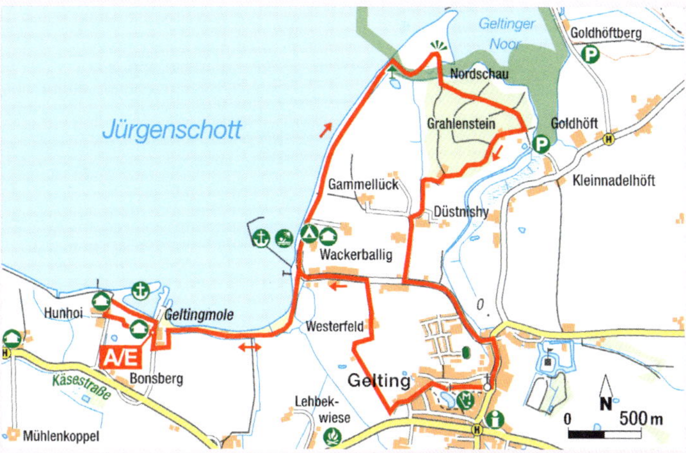

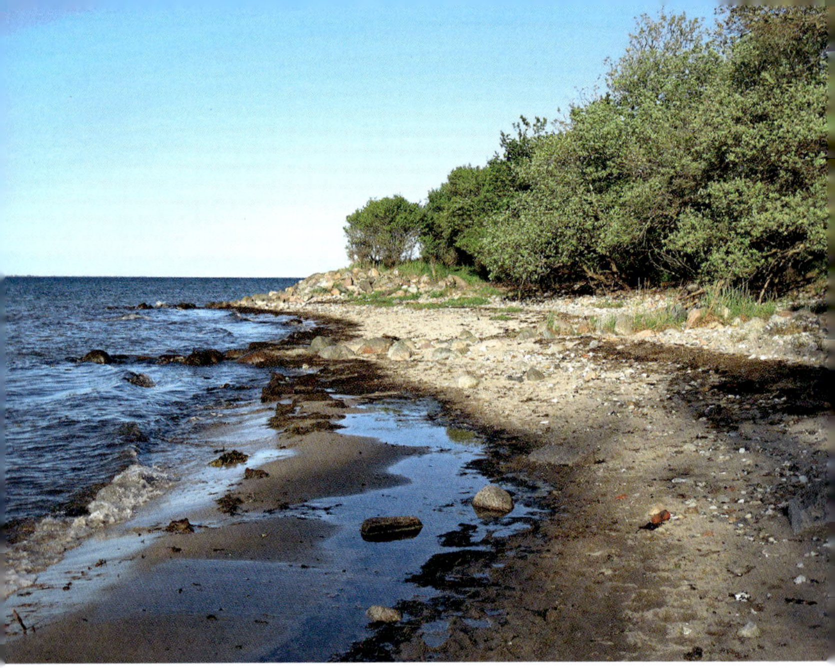

↑ Wildromantischer Naturstrand ↓ Sommerhaus des Malers Erich Heckel

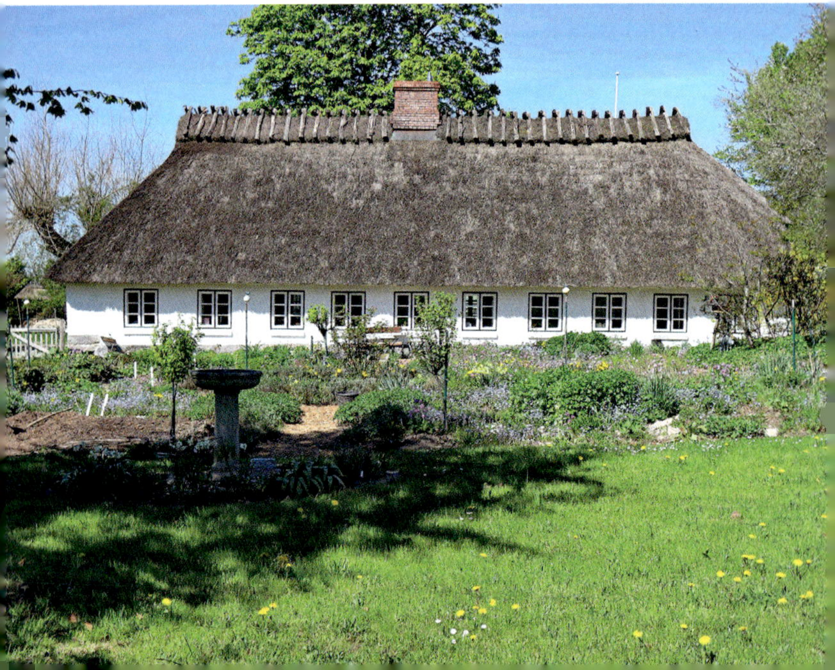

LIEBLINGSTOUR

Tour TOUR 32 der Stille

Westerholz, Osterholz, Dollerupholz

Wenn der Wind günstig steht, kann der Rückweg dieser Tour am Strand erfolgen. Sollten Wellen das Weiterkommen unmöglich machen, ist das aber auch kein Unglück. Den bereits bekannten Weg durch das stille Land hoch über der Flensburger Förde kann man gar nicht oft genug genießen.

Von Westerholz ins Idyll Diese Tour beginnt am Strand von Westerholz auf dem Fördesteig. Der vom NABU konzipierte Fernwanderweg folgt auf 95 Kilometern der Küstenlinie von Flensburg nach Kappeln. Nur selten entfernt er sich vom Wasser. So wie eben am Strandparkplatz von Westerholz, wo die Haffstraße steiler ansteigt, als man das vom Norden gewöhnt ist. Die Wegmarkierung zeigt die Silhouette der Flensburger Förde und schickt Bei den Lücken nach links. Die Straße führt direkt auf einen Wanderpfad zu. Er führt leicht bergan nach Osterholz, in eine andere Welt und Zeit. Weit weg von allem, was laut und schnell ist.

Von Osterholz in die Vergangenheit Die Abgeschiedenheit von Osterholz wusste schon der Brücke-Maler Erich Heckel zu schätzen. Am Gartenzaun seines einstigen Sommerhauses befindet sich eine verwitterte Infotafel des Historischen Wanderwegs Westerholz. Es ist nicht die einzige Karte auf dieser Tour, die den Rückweg als gestrichelte Linie am Strand verzeichnet. Bei Ostwind soll das unmöglich sein. Wer es mal bei Süd-, Nord-, Westwind oder völliger Flaute probiert hat, meldet Zweifel an. Doch dazu später mehr. Jetzt geht es erst einmal durch eine wunderbar geschwungene Landschaft, weite Wiesen, Felder und ein kleines Gehölz, teils auf Pfaden, Wiesen- und Wanderwegen, auch mal auf Asphalt, aber dass ein Auto sich näherte, wäre Zufall. Hin und wieder erhascht man einen Blick auf die blaue Förde, öfter auf das nahegelegene Dänemark. Aber selbst die treusten Dänemark-Fans bleiben ausnahmsweise gern auf deutschem Boden.

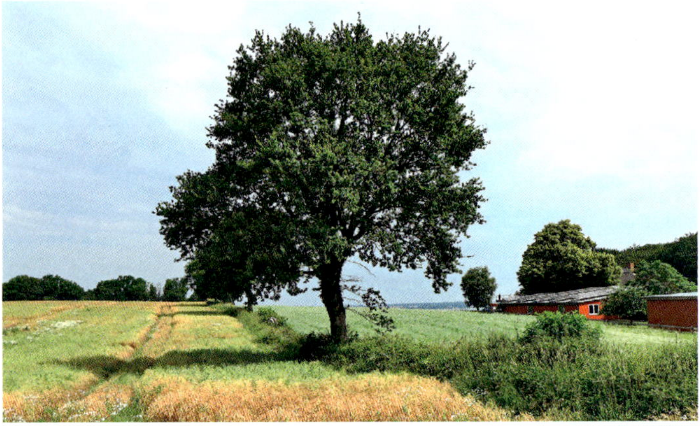

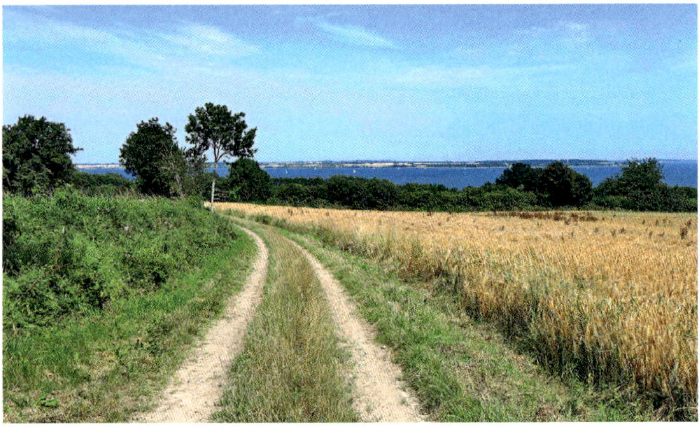

»Natur spricht laut in Wort und Schrift,
Du musst nur Windeswehen.
Und Duft und Klang und Trift und
Fels und Meer verstehen.«

Hermann Rollett (1819–1904)

Von Dollerupholz in den Wald Im Rücken der Gärten von Dollerupholz führt der Fördesteig zu einem kleinen Parkplatz mit Sanitärgebäude. Hier geht es rechts auf der Hafflücke zur Fördestraße. Nach Querung taucht der Weg in den Wald und nach etwa zwei Kilometern beim Jagdschloss Friedrichstal wieder hinaus. Am Wochenende kann man dort – und zwar auf der gesamten Strecke nur dort – vielleicht einen Kaffee ergattern. Sodann verlässt man den Fördesteig und wendet sich über die Straße Friedrichstal meerwärts. Noch einmal muss die Fördestraße überwunden werden, um jenseits über den Mühlendamm einen zauberhaften Pfad zu erreichen, der zur kleinen Badestelle führt.

Zurück am Strand? Am Strand spaziert, wäre der Ausgangspunkt nach etwa vier Kilometern erreicht. Aber das ist eine Frage von Wind, Wellen und Wagemut. Die ersten Schritte auf dem Wiesenweg sind noch leicht zu gehen. Doch er endet bald und es wird ein wenig beschwerlicher. Steine pflastern die Naturstrände an der Flensburger Außenförde, darunter riesige Findlinge aus dem Norden, die mit der letzten Eiszeit gekommen sind. Den größten allerdings, den Fünenstein, hat ein Riesenweib von Dänemark herübergeschleudert. Es nahm sein Strumpfband als Zwille. Das kann man gerade noch auf der alten Infotafel des Historischen Wanderwegs entziffern. Die Badestelle von Dollerupholz ist schon zu sehen und oft auch zu erreichen. Im Sommer ragt hier eine Badebrücke in die Förde. Bald wird der Strand noch unwegsamer. Mag sein, dass an einigen wenigen Tagen das Weitergehen möglich ist. Doch meist ist bei einem kleinen Bootshaus Schluss. Da hat man einige Schritte zuvor schon eine Treppe passiert, die über den Soldatenstieg und einen kleinen Buchenwald wieder auf den Fördesteig bringt.

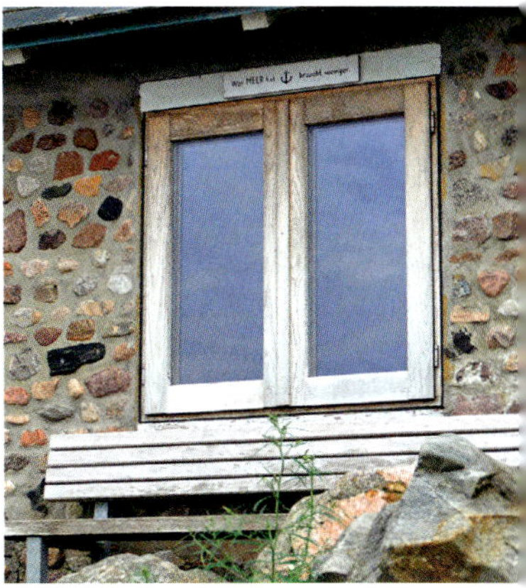

↑ **Grenzenlose Stille**
↓ **Dänemark vorm Balkon**
→ **Meer ist Mehr.**

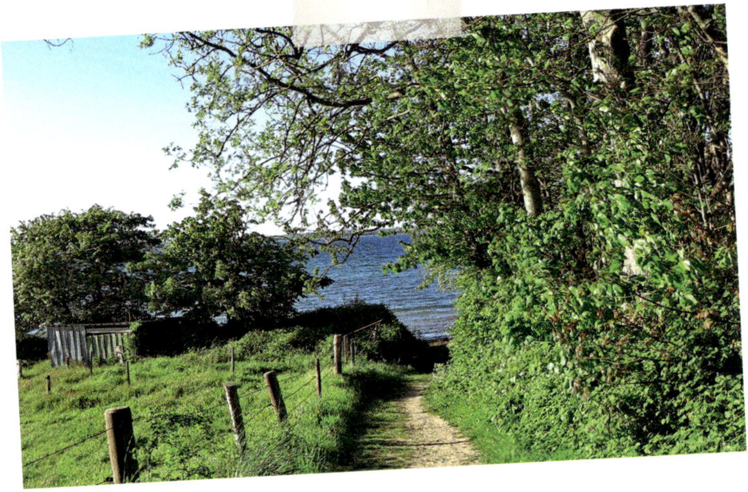

↑ Versteckte Wege sind die besten.

Zurück auf dem Fördesteig Die folgenden 1,5 Kilometer bis Osterholz kennt man dann schon. Und freut sich, weil sie schön sind. Der Schritt ist hier so beschwingt, dass Puste bleibt, um beim letzten Haus dem Wegweiser hinunter an den Strand zu folgen. Der Pfad ist noch verschlungener und noch verwunschener als die anderen, der Strand noch einsamer und perfekt für eine letzte Pause. Weit ist es nun nicht mehr bis zum Ausgangspunkt. Am Strand einen guten Kilometer, falls möglich. Falls nicht, sind es noch knapp zwei. Sie führen aus Osterholz hinaus, auf der zweiten Straße mit dem Namen Zu den Lücken rechts und dann noch bummelig 200 Meter bis zur Strandbude Strandgut.

Tipp

Das dänische Fördeufer wird von einem der schönsten Fernwanderwege Dänemarks begleitet: dem Gendarmstien (Gendarmenweg). Zusammen mit dem Fördesteig summiert sich die Entdeckung der Flensburger Förde auf etwa 180 Kilometer oder viele, viele kurze Touren, die glücklich machen (gendarmsti.dk und foerdesteig.de).

AUF EINEN BLICK

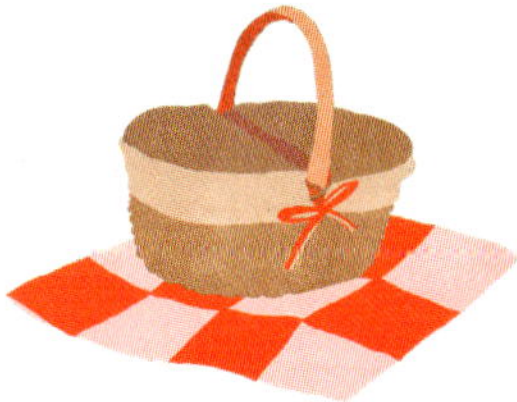

Tour 32: Tour der Stille

Dauer: 3.30 Std.

Höhenmeter: 70 Hm

Länge: 13,5 km

Schwierigkeit: Mittel

Tourencharakter: Der Fördesteig ist toll ausgeschildert und super zu gehen. Die Strandkilometer erfordern einige Trittsicherheit und festes Schuhwerk.

Ausgangs-/Endpunkt: Strand von Westerholz

Koordinaten: N 54.820382, E 9.664484

Anfahrt: **Pkw:** Von Flensburg über B 199 nach Langballig, weiter über Hauptstraße, Langballigauer Straße, Haffstraße
Bahn/Bus: Bahn bis Flensburg, Buslinie 810 Westerholz Feuerwehr

Einkehr: Am Startpunkt liegt der vielleicht malerischste Imbiss der Welt – die Strandbude Strandgut. An den Stränden von Westerholz und dem angrenzenden Langballigau ist immer etwas los und ein Bistro/Restaurant/Café geöffnet. Auf der Strecke nur am Wochenende Jagschloss Friedrichstal.

Information: flensburger-foerde.de

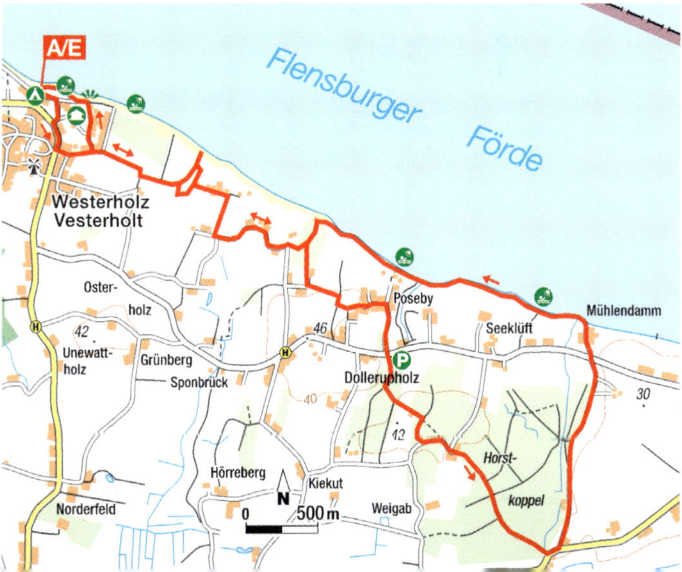

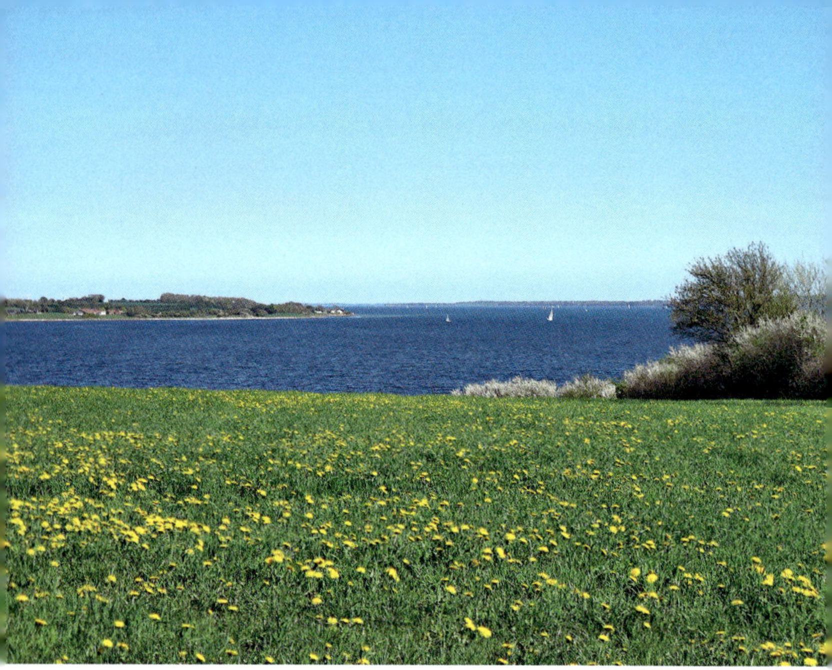

↑ Dänemark zum Rüberschwimmen nah ↓ Infohütte unterhalb des Kliffs

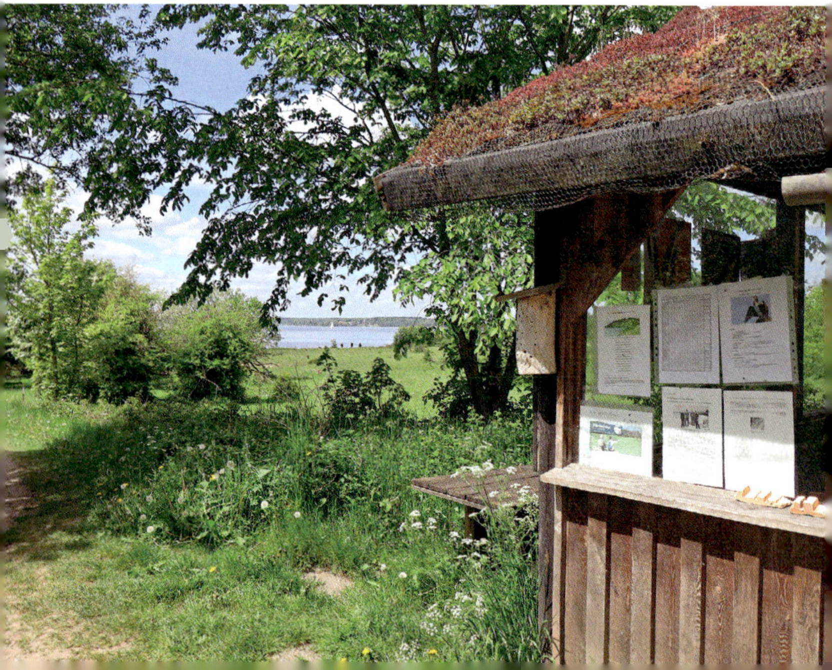

HOLNIS SPITZE

Tour
TOUR 33
ohne Uhr

Zwischen Innen- und Außenförde

Der Moment ist das Ziel rund um die eiszeitliche Schönheit von Holnis. Auf der Halbinsel in der Flensburger Förde schmiegen sich unterschiedliche Landschaftsformen aneinander; jede das Verweilen wert. Dafür darf der Rucksack gern besonders sorgsam bestückt werden.

Pack Kamera und Fernglas ein Je blauer der Himmel, desto mehr ist los am Jachthafen von Schausende. Doch es fällt auf der Landzunge nicht schwer, darüber hinwegzusehen. Lenken Natur und Flensburger Förde doch alle Blicke auf sich. In der Marina schaukeln die Boote auf der Innenförde. Zur Außenförde sind es über Am Leuchtturm und Kobbellück nicht einmal 1,5 Kilometer. Der Weg markiert gleichsam den Übergang zweier Naturschutzgebiete: der Halbinsel Holnis und des Pugumer Sees mit Umgebung. Der ehemalige, dicht eingewachsene Strandsee kann von einer Aussichtsplattform eingesehen werden und ist wie beinahe jeder Meter auf dieser Tour ein Paradies für die Vogelwelt. Welche Arten sich auf den Salzwiesen, im offenen Weideland, entlang der Strände, Lagunen und auf dem Kliff besonders wohlfühlen, verraten Objekttafeln. Was Urlauber und Ausflügler besonders anzieht, ist ganz ohne Hinweisschilder ersichtlich: der Strand von Drei, wohin die gleichnamige Straße leitet.

Badesachen nicht vergessen Der Flachwasserbereich an der Ostseite der Halbinsel lädt im Sommer zum Plantschen ein. Dann ist der Strand kurabgabepflichtig. Mit Strandkörben, SUP-Station, Gastronomie und der sich weit öffnenden Außenförde kommt Urlaubsfeeling auf. Auf dem deutschen Ufer ist in der Ferne der Hafen von Langballigau auszumachen. Im Norden liegt Dänemark. Darauf geht es jetzt zu. Entweder direkt am Strand oder auf dem begleitenden Promenadenweg. Er führt zum alten Fährhaus. Der ehemalige Bauernhof in Top-Lage soll Theodor Fontane zu seinem Roman Unwiederbringlich inspiriert haben. Unten am Strand legte von

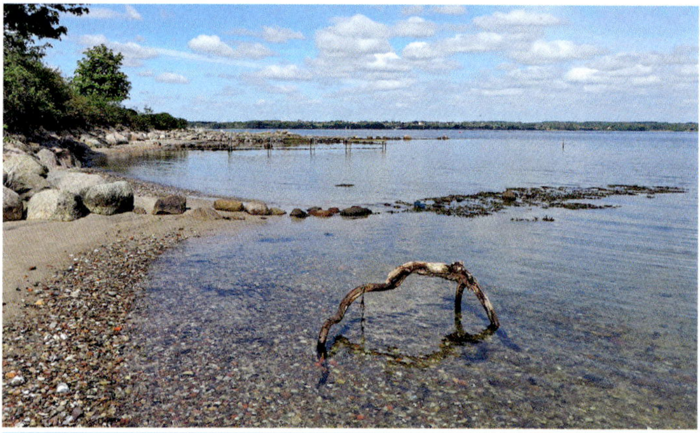

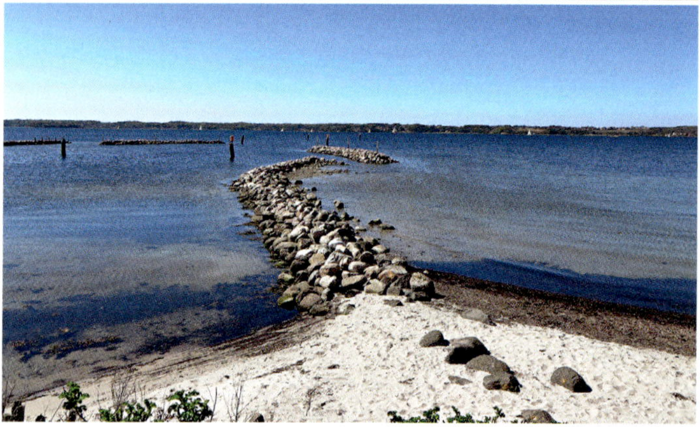

»Es war ein solcher Vormittag,
wo man die Fische singen hörte;
kein Lüftchen lief, kein Stimmchen störte,
kein Wellchen wölbte sich zum Schlag.«

Christian Morgenstern (1871–1914)

1209 bis in die 1940er die Fähre nach Brunsnæs ab. Man gelangt an die Stelle über einen Stichpfad, der sich hinter dem Gebäude durch die Wiesen schwingt. Versteckt gelegen und steinig kann man diesen Uferabschnitt selbst bei Heldenwetter ganz für sich haben. Hyggelig würden unsere nordischen Nachbarn das nennen. Und das passt. Ist man dem dänischen Festland hier doch näher als dem deutschen.

Picknickplätze wie Perlen an der Schnur Zurück auf der Holnisser Fährstraße geht es nun zum nordöstlichsten Zipfel Deutschlands. Ein von Hecken und Gehölzen gesäumter Pfad führt auf die pfeilartige Holnis-Spitze. Wie weit man von dort am ursprünglichen Naturstrand weitergehen kann, ist von Wind, Wetter und dem eigenen Spaß an der Sache abhängig. Es geht über Algenteppiche, Steine, Baumwurzeln und Muschelfelder. Wer's beschwerlich findet, dreht nach wenigen hundert Metern ab vom Strand. Es lohnt sich aber, weiter zu stapfen, mindestens bis zum Seemannsgrab. Bei bestimmtem Wasserstand muss man dabei an der einen oder anderen Stelle einige Schritte durch die Wellen waten. Oder vielleicht taucht man auch gleich ganz unter. Und wenn man wieder auftaucht, hört man nichts als Möwengeschrei und Schwalbengezwitscher. Die sandige Steilwand eignet sich perfekt für ihre Brutröhren. Der westlichste Strandabschnitt ist daher auch ganz der Vogelwelt vorbehalten. Ein Zaun weist Wanderer daraufhin, dass sie nun das Kliff erstürmen dürfen.

Alle Hektik zu Hause lassen Der Wanderweg führt durch die geschützten Salzwiesen. An der zweiten Möglichkeit rechts stoßen Radfahrer dazu. Seit sie mit Elektroantrieb durch die Landschaft sausen, hat sich der Besucherdruck auf das

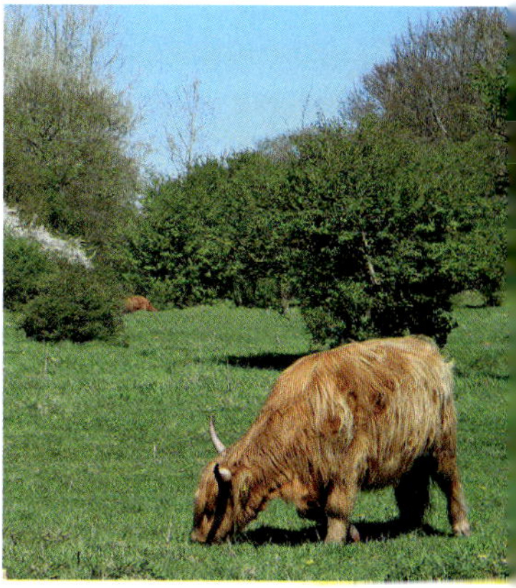

↑ Am Ende der Innenförde
↓ Badesachen sind mal wieder Pflicht.
→ Sanfte Giganten

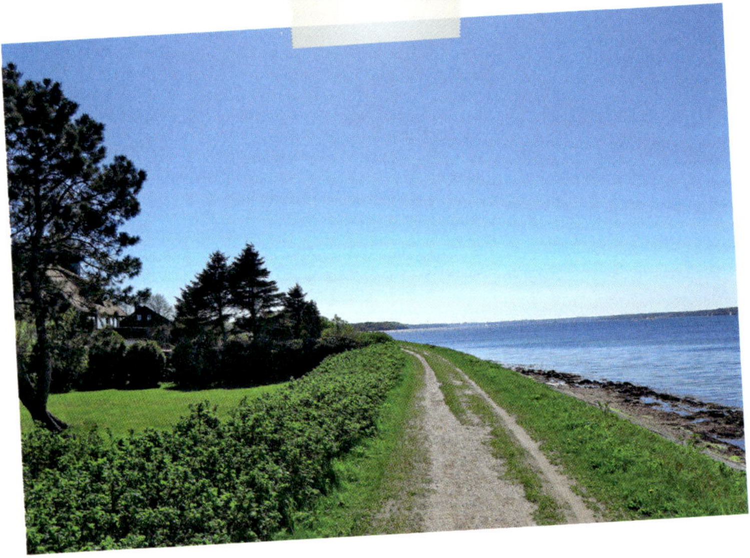

↑ **Es stimmt: Der Weg ist das Ziel.**

markante Kliff deutlich erhöht. Es ist auch wirklich eine Bilderbuchlandschaft, die sich von der Kuppe gesehen auftut. Darum bloß nicht von der allgemeinen Eile anstecken lassen, sondern bewusst genießen, wie die Förde und das kleine Noor glitzern. Der letzte Wegabschnitt ist von hier oben beinahe in Gänze zu sehen. Er führt auf einem schmalen Damm zwischen dem ehemaligen Strandsee und der Flensburger Förde über die Noorbrücke nach Schausende. Dort lädt ein Steg am Leuchtturm zu einem Bad ein. Der Ausgangspunkt ist nur einen Katzensprung entfernt.

Tipp

Wanderern muss man das eigentlich ja gar nicht sagen. Aber nur zur Sicherheit: Bleiben Sie bitte auf den ausgewiesenen Wegen und beachten Sie das Betretungsverbot in den geschützten Bereichen. Wenn Sie der Natur einen großen Gefallen tun möchten, nehmen Sie etwaigen Abfall selbst wieder mit.

AUF EINEN BLICK

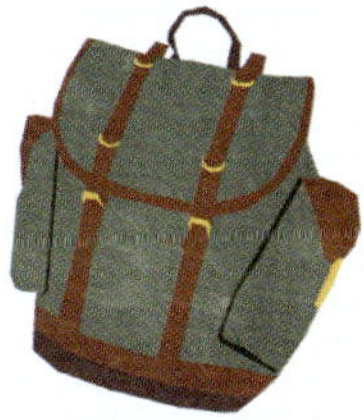

Tour 33: Tour ohne Uhr

Dauer: 2.30 Std.

Höhenmeter: 27 Hm

Länge: 10 km

Schwierigkeit: Leicht

Tourencharakter: Beinahe immer am Wasser entlang auf Straßen, Wegen, Pfaden und am Strand

Ausgangs-/Endpunkt: Parkplatz Am Leuchtturm, Schausende

Koordinaten: N 54.856706, E 9.571499

Anfahrt: **Pkw:** A 7 bis Abfahrt Glücksburg. Weiter über B 200 und B 199 bis Schausende
Bahn/Bus: Bahn bis Flensburg, Buslinie 21

Einkehr: Das Restaurant Am Leuchtturm ist etwas für den großen Hunger. Am Strand von Drei findet sich typische Strandgastronomie. Eventuell ist auch das Alte Fährhaus nach Betreiberwechsel und Renovierung eine Einkehr wert.

Information: flensburger-foerde.de

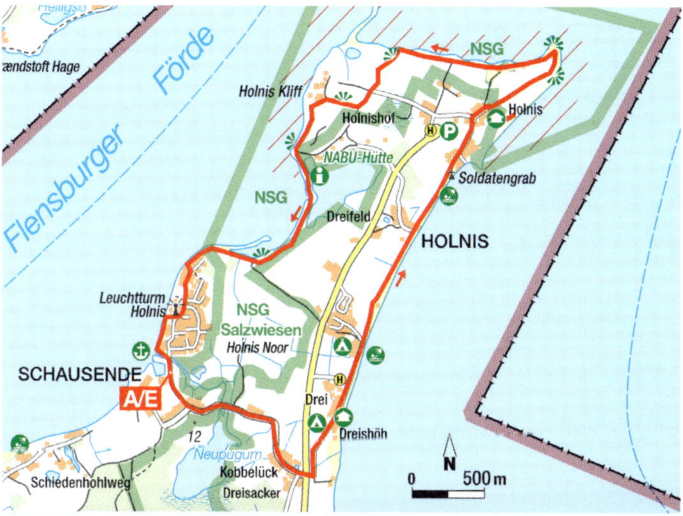

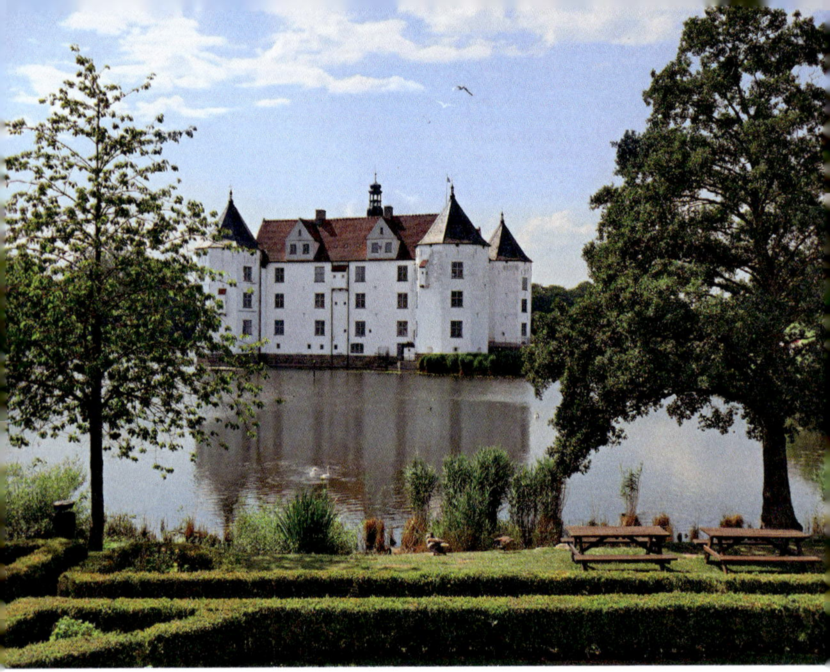

↑ Das historische Wasserschloss Glücksburg ↓ Sommerfrische in Sandwik

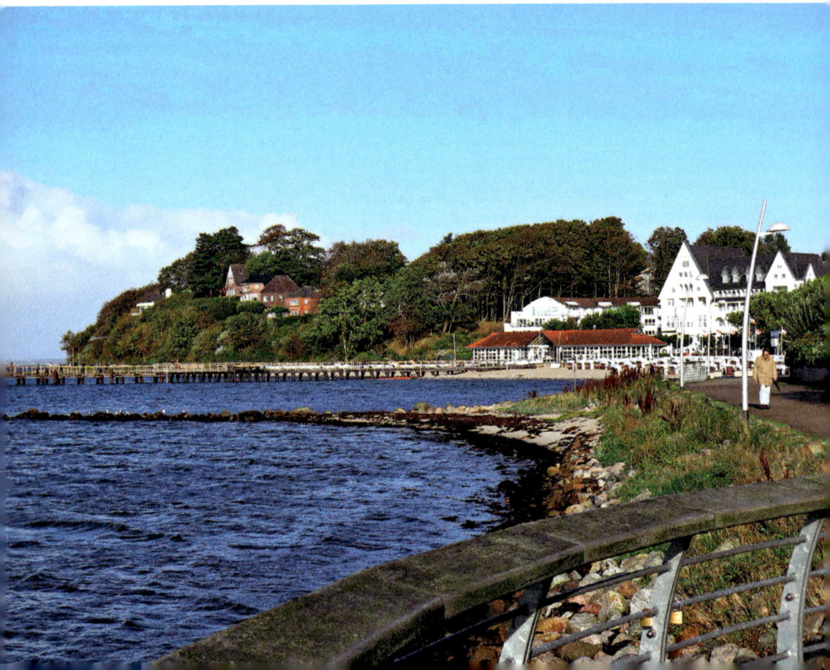

GLÜCK AHOI

Tour für den Genuss
TOUR 34

Highlights von Glücksburg

Natur, Kultur, Architektur und Gastronomie – Glücksburg ist in jeder Hinsicht ein Genuss. Auch beim Wandern macht die Stadt an der Flensburger Förde mit verwunschenen Laubwäldern, eleganten Parks und Promenadenweg und natürlich dem Schloss ihrem Namen alle Ehre.

Märchenschloss und Mönchssee Startpunkt ist das größte Wasserschloss Deutschlands in Deutschlands nördlichster Stadt. Eine Führung sollte man sich gönnen; vielleicht ja im Anschluss an diese Tour. Auf dem Uferweg des Schlossteichs geht es im Uhrzeigersinn bis zur Wilhelminenstraße; an ihrem Ende rechts. Für einige hundert Meter folgt man der Uferstraße, bis zum Waldzugang auf der gegenüberliegenden Straßenseite. Der breite Waldweg leitetet zum Roikier See. Er wurde im 13. Jahrhundert von Mönchen des Glücksburger Zisterzienserklosters angelegt. Hält man sich nach etwa zwei Kilometern rechts, gelangt man an die Förde. Im Westen ist der Strand Solitüde schon zu sehen, der unbedingt den Abstecher lohnt.

Einsamkeit und Strandleben In Solitüde geht es sehr viel weniger einsam zu, als der Name vermuten lässt. Er gehört schon zu Flensburg. Nicht minder beliebt ist der Glücksburger Strand von Sandwig, das nächste Etappenziel. Auf dem rund fünf Kilometer langen naturnahen Uferweg zwischen den beiden Stränden findet man aber wunderbar zur Ruhe. Er ist gut ausgeschildert mit der Markierung des Fördesteigs. Besonders lauschig ist es unter den hohen Buchen des Forsts Wille, der auch als Ruhewald genutzt wird. Unterhalb des Andachtsplatzes staunt man über bizarr gewachsene Bäume. Windflüchter werden sie genannt. Nach Abstieg ins Quellental leitet eine weiße Brücke auf den Förde-Boulevard.

Kurstrand und Kurpark Beim Flanieren auf Glücksburgs Promenade, vorbei an Jachthafen und Traumhäusern, kommt automatisch Urlaubsstim-

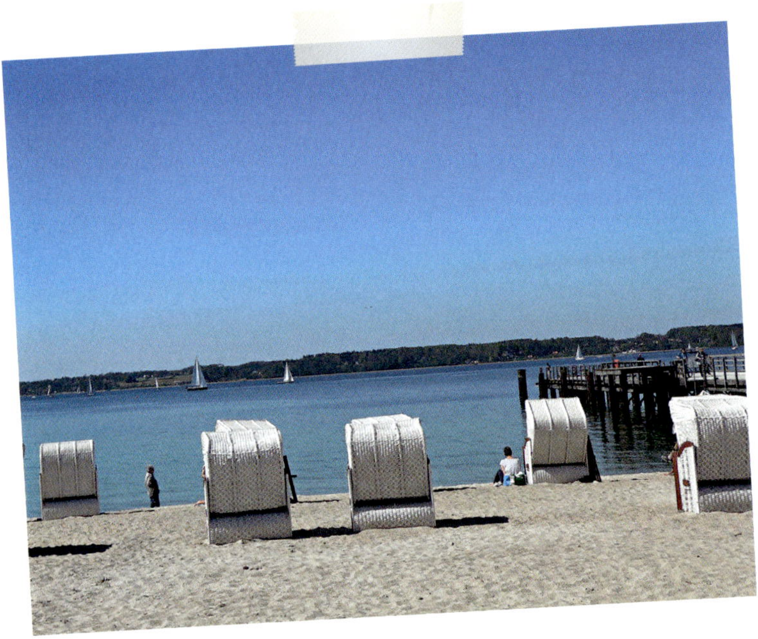

↑ **Manchmal braucht es nur einen Strand, um glücklich zu sein.**

mung auf. An der Seebrücke mit Blick auf die dänischen Ochseninseln lässt es sich aushalten. Aber das ist ja überall in Glücksburg so, wie man jetzt schon weiß. Und das ändert sich auch nicht auf dem letzten Stück, das durch den Kurpark und über Sandwigstraße, Strandweg, Wilhelminenstraße zurück zum Schlossteich führt – und dem Finale im Schlosspark.

Tipp

Gastroperlen an der Förde: Italienisch isst man im Ristorante Acquarello Solitüde, Sterneküche lockt in die Meierei im Alten Meierhof, lässig geht's im Strandbistro Sandwig zu, für Sushi und Fusion steht das Gudlak ebendort, gehobene Küche gibt's im Restaurant Felix des Strandhotels, nordisch-edel ist das Glückselig einen Promenadenspaziergang vom Schiffsanleger entfernt.

AUF EINEN BLICK

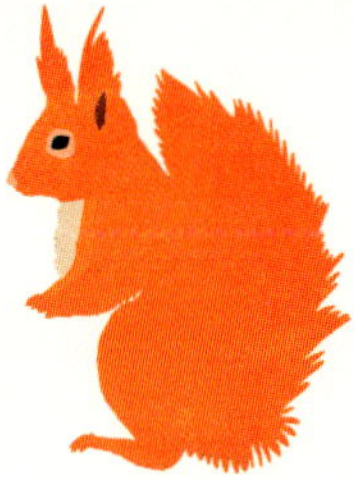

Tour 34: Tour für den Genuss

Dauer: 3.30 Std.

Höhenmeter: 62 Hm

Länge: 14 km

Schwierigkeit: Leicht

Tourencharakter: Stadtwanderungen können großartig sein – wenn sie wie diese auf gut gepflegten Wegen durch Wälder und Parks, über Strände und Steilufer führen.

Ausgangs-/Endpunkt: Schloss Glücksburg

Koordinaten: N 54.831858, E 9.545491

Anfahrt: Pkw: A 7 Flensburg, weiter auf B 199 bis Glücksburg Schloss
Bahn/Bus: Bahn bis Flensburg, Buslinie 21 bis Glücksburg Schlosspark/Rathaus

Einkehr: Siehe Tipp

Information: flensburger-foerde.de

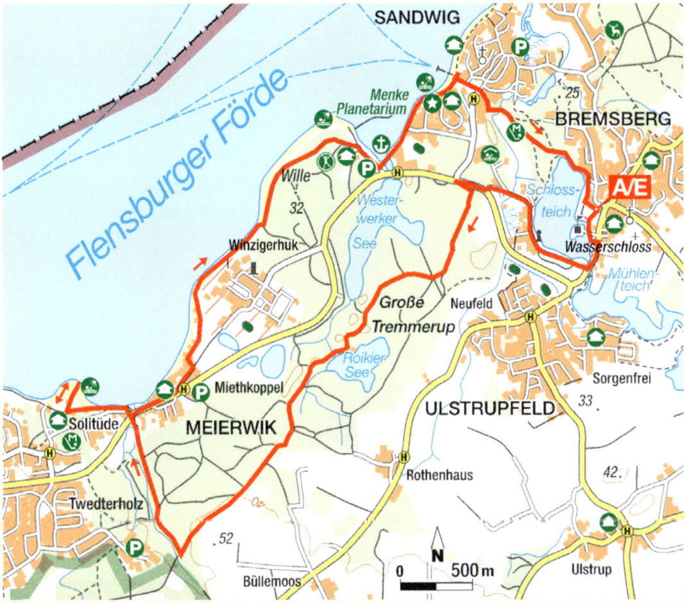

REGISTER

A
Alt Bülk 114
Altenhof 123, 127
Aschauer Lagune 123, 125
Aschberg 129 ff.

B
Behler See 85
Behrensdorf 69, 71
Bethlehem 130
Bottsand 93, 95 f.
Brasilien 75 f.
Brodau 41
Brodtener Steilufer 23
Bülker Leuchtturm 113 ff.

D
Dänischer Wohld 12, 104, 114, 119
Dänisch-Nienhof 117, 119, 121
Dieksee 37, 39, 85
Diekseeholm 86
Dodauer Forst 33 ff.
Dollerupholz 173, 175
Dummersdorfer Ufer 17, 21

E
Eckernförder Bucht 113, 117, 119 f., 123, 134
Edebergsee 83, 85
Eutin 27, 29, 31, 33 f.
Eutiner See 27, 30

F
Falckensteiner Strand 109, 111
Falshöft 161
Fehmarn 45, 47, 51, 54 f.
Fehmarnsund 45, 47
Fissau 30
Flensburger Förde 120, 173, 176, 179, 182, 185
Fördesteig 173, 175 ff., 185
Fördewanderweg 96, 99, 101
Friedrichsort 109

G
Gammendorf 51, 55
Gelting 169 ff.
Gelting Mole 169 ff.
Geltinger Birk 165 ff.
Geltinger Bucht 161, 169
Geltinger Noor 169
Glücksburg 185 ff.
Gottorf 153 ff.
Graswarder 57, 59
Grömitz 41 ff.
Großenbrode 45, 49
Großenbrode-Kai 48
Großenbroderfähre 45, 47, 49
Großer Madebrökensee 85
Großwaabs 133
Grüner Brink 51
Gut Stubbe 143, 145
Gut Weissenhaus 66

H

Heidkate 72, 75
Heikendorf 99, 101, 103
Heiligenhafen 57, 59 ff., 71
Höftsee 85
Hohwacht 65 ff., 69, 73
Holnis 179
Holsteinische Schweiz 11, 27, 30 f., 83
Holzberg 37
Hunhoi 170
Hüttener Berge 129

J

Jerusalem 129 f.

K

Kalifornien 75 f.
Kellersee 30
Kiel 76, 102, 107, 109, 119
Kieler Förde 99, 101 f., 110, 114, 120
Kitzeberg 101
Kleinwaabs 133 ff.

L

Laboe 93, 96 f., 99, 102 f.
Langholz 133 ff.
Langsee 85, 148
Lindhöft 125, 127
Lübecker Bucht 27

M

Maasholm 161 ff.
Malente 33, 37, 83, 86 f.
Malente-Gremsmühlen 37, 39, 86 f.
Marina Wendtorf 95 ff.
Missunde 147 ff.
Mönkeberg 99, 101 ff.

N

Naturschutzgebiet »Altarm der Schwentine« 90
Neversfelde 37
Niederkleveez 85, 87
Niendorf 23 ff.

O

Oppendorfer Mühle 89 ff.
Orthfeld 45
Osterholz 173, 176

P

Plön 11, 62, 65, 79 ff., 83, 87
Plöner See 79, 83
Prinzeninsel 80 f.
Priwall 20
Probstei 11, 62, 75, 77, 93, 99
Puttgarden 51, 53, 55

Q

Quisnis 166, 169

R

Radlandsichten 37
Rammsee 129
Rittenrade 133
Rosenfeld 89

S
Sandwig 185 f.
Schausende 179, 182 f.
Schellmarker Holz 123, 127
Schilksee 107, 110 f.
Schlei 12, 120, 143 ff., 147 ff., 153, 157, 161
Schleswig 147, 153 f.
Schönberger Strand 75 ff., 99
Schönhagen 137, 139 ff.
Schwansener See 139
Schwedeneck 117, 119, 121
Schwentine 30, 89 f.
Schwentinetal 89
Sehlendorfer Strand 65
Sibbersdorf 27
Sielbeck 30
Silberbergen 129
Solitüde 185 f.
Steilküste von Stohl 113
Stein 95 ff.
Steinwarder 59
Strande 110, 113, 115
Strandhusen 57, 61
Suhrer See 85
Surendorf 119, 121

T
Timmendorfer Strand 24
Tirol 129
Traveförde 17, 120
Travemünde 17, 20, 23, 25

U
Ukleisee 29
Ulsnis 157 ff.

W
Waabs 133, 135
Wackerballig 169 f.
Wangels 65, 67
Weseby 147, 149
Westerholz 173, 177

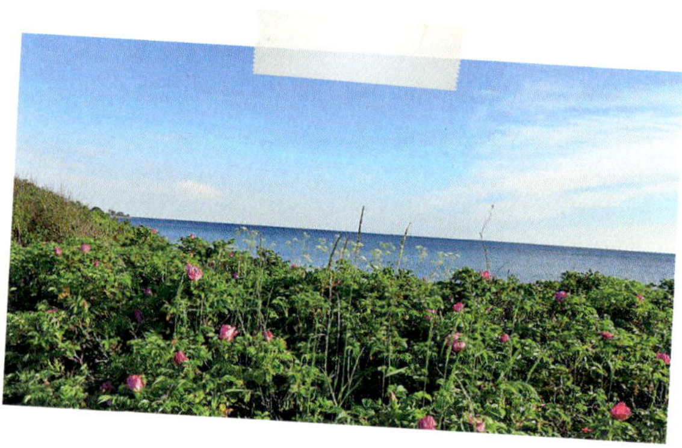

↑ **Passt prima zu Himmelblau: Rosa rugosa**

IMPRESSUM

Verantwortlich: Stefanie Krüger
Redaktion und Lektorat: Daniela Hansjakob
Layout: Elke Mader
Umschlaggestaltung und Illustrationen: Eva Wünsch
Repro: P.R.O. Medien Produktion GmbH
Kartografie: Bruckmann Verlag GmbH, Heidi Schmalfuß
Herstellung: Alexander Knoll
Printed in Slovenia by Florjancic

★★★★★

Sind Sie mit diesem Titel zufrieden? Dann würden wir uns über Ihre Weiterempfehlung freuen. Erzählen Sie es im Freundeskreis, berichten Sie Ihrem Buchhändler oder bewerten Sie bei Onlinekauf. Und wenn Sie Kritik, Korrekturen oder Aktualisierungen haben, freuen wir uns über Ihre Nachricht an Bruckmann Verlag, Postfach 40 02 09, D-80702 München oder per E-Mail an lektorat@verlagshaus.de.

Unser komplettes Programm finden Sie unter www.bruckmann.de

In diesem Buch wird aus Gründen der besseren Lesbarkeit das generische Maskulinum verwendet. Weibliche und anderweitige Geschlechteridentitäten werden dabei ausdrücklich mitgemeint, soweit es für die Aussage erforderlich ist.

Empfehlung der Redaktion
Sie sind auf der Suche nach weiterführender Literatur? Dann empfehlen wir Ihnen den Titel »Mystische Pfade Schleswig-Holstein« von Stefanie Sohr und Volko Lienhardt. Oder Sie werfen einen Blick in die Zeitschrift BERGSTEIGER. Hier werden Sie bestimmt fündig.

Bildnachweis
Alle Fotos im Innenteil stammen von Volko Lienhardt und Stefanie Sohr.

Die Deutsche Nationalbibliothek verzeichnet diese Publikation in der Deutschen Nationalbibliografie; detaillierte bibliografische Daten sind im Internet über http://dnb.d-nb.de abrufbar.

Infanteriestraße 11a
80797 München

ISBN 978-3-7343-2322-5